싱크 심플

Think Simple

이 도서의 국립중앙도서관 출판예정도서목록(CIP)은 서지정보유통지원시스템 홈페이지(http://seogi.nl.go.kr)와
국가자료공동목록시스템(http://www.nl.go.kr/kolisnet)에서 이용하실 수 있습니다.
(CIP제어번호: CIP2016027881)

싱크 심플
Think Simple

비즈니스 리더 40인이 선택한 최고의 경영 전략

켄 시걸 지음 박수성 옮김

문학동네

제러미에게,
언젠가 꼭 호주에 데리고 가마. 약속할게.
먼저 이 책부터 끝내고 말이야.

차례

일러두기

1. 본문의 각주는 모두 옮긴이주이며, 원주는 번호로 표기해 본문 뒤에 별도의 주로 처리
   했다.
2. 외래어는 국립국어원의 외래어표기법을 따랐으나, 일반적으로 통용되는 표기가 있을
   경우 이를 참조했다.

심플함은 심플하지 않다

심플함이란 가장 오해하기 쉬운 개념 중 하나다.

심플함이 소비자들을 끌어들이고, 직원들에게 동기를 부여하고, 경쟁사를 앞지르고, 새로운 효율을 창조해내는 등 비즈니스를 하는 데 있어 가장 강력한 무기임에는 틀림없다. 하지만 심플함은 겉보기와는 다르게 그리 단순하지 않다.

심플해지기 위해서는 노력이 필요하다. 그러나 세계적으로 점점 더 많은 기업들이 간파하고 있듯이, 심플함의 투자수익률은 놀라울 정도로 높다. 심플함은 한 회사가 괄목할 만한 성장을 이뤄내는 동력이 될 수 있으며, 복잡함이라는 구렁에 빠진 회사를 부활시킬 수도 있다.

고객사 그리고 개별 소비자는 심플함을 최종 결과물로서 접할 뿐이지만, 실제로 그것은 훨씬 더 큰 의미를 지닌다. 심플함은 하나의 철학이자 방법론이며, 어느 조직의 어떠한 단계에도 적용될 수 있다.

9

심플함은 한 기업을 내부적으로 변화시킬 수 있으며, 그 기업에 대한 사람들의 인식도 바꿀 수 있다.

나는 가끔 내 일이 지구상에서 가장 쉬운 직업이라는 생각이 든다. 나는 전 세계를 상대로 심플한 것이 좋은 것이라고 납득시킬 필요가 없다. 우리 모두 그 사실을 알고 있기 때문이다. 분명 소비자들은 보다 간편한 솔루션을 제시하는 회사에 끌린다. 근무환경이 덜 복잡할 때 직원들의 사기는 더욱 높아지며, 절차가 빠르고 명확할 때 성공 가능성은 제일 높아진다.

이는 기정사실이다. 문제는 한 회사가 '현재 처한 상황에서 심플함이라는 목표로' 어떻게 제대로 나아갈 수 있는가다. 그것이 바로 이 책이 말하고자 하는 전부다.

복잡함은 또다른 기회다

복잡함이 단단히 자리잡게 된 것은 놀랍지 않다. 거의 수천 년간 그래왔다. 복잡성은 실제로 문명화의 폐단이라고도 할 수 있다.

우리가 더 많이 알아낼수록, 더 많이 발명할수록, 더 많이 발전할수록, 삶은 더욱더 복잡해진다. 지금까지 일어난 수많은 혁신이 우리의 삶을 보다 간소화하는 방향으로 이루어졌다는 점을 고려하면, 참 아이러니한 일이다.

이렇게 복잡한 상황을 기술의 발전 탓으로 돌리기는 쉽다. 하지만 이제 사실을 직면해야 한다. 진짜 주범은 우리 자신이다. 우리 인간 말이다. 보다 심플한 것을 선호하는 DNA가 있음에도, 우리는 너무나 자주 복잡성의 문을 열어버린다.

쉽게 복잡해지는 것은 그 때문이다. 상황을 보다 단순하게 만드는 일은 점점 어려워지고 있으며, 종종 경시되기도 한다. 특히 비즈니스의 세계에서는 더욱 그러하다.

회사가 성장할수록 우리는 관리하고 조직하고 커뮤니케이션하고 경쟁하기 위해서 새로운 방안을 찾는다. 좋은 의도를 가지고 행하더라도, 그 과정에서 상황은 점점 더 꼬이기 일쑤다. 내부 구조는 더욱 복잡해진다. 생산라인은 확장된다. 거쳐야 할 절차는 급증한다. 직급체계는 늘어난다. 사람들은 자기 영역을 방어하기 시작한다. 우리의 하루는 끊임없이 이어지는 회의로 뒤덮이기 시작한다.

지속적이면서도 거듭되는 성공을 이루겠다는 포부로 이 모든 것을 하지만, 그 과정에서 우리는 심플함을 희생하는 대가를 치른다. 마찰도 자주 발생한다. 회사 창립 당시의 아름답던 사명은 이제 벽에 걸린 명판이나 50장짜리 직원 매뉴얼에 적힌 내용에 불과하다.

복잡함의 조짐이 드러난다 해도, 당신의 회사만 그런 것은 아니다. 사실 당신의 회사는 이 세상의 수많은 비슷한 회사들 중 하나일 뿐이다. 좋은 소식은, **복잡함**이 있는 곳에 기회 또한 있다는 것이다.

당신이 바로 심플함의 매개자가 될 수 있다. 시간이 지나며 뿌리내린 복잡함을 다시 없애기 위한 여정에 당신의 회사를 동참하게 할 수 있다. 혹은 현재 회사가 심플함의 열매를 한껏 맛보고 있다면, 앞으로 불가피하게 나타날 복잡성의 요소를 확실히 억제할 수 있도록 기반을 다질 수 있다.

전작 『미친듯이 심플』은 내가 12년 동안 넥스트^{NeXT}에서, 그후 애플에서 광고대행사 크리에이티브 디렉터로 스티브 잡스와 함께 일하며 관찰한 것을 토대로 쓴 책이다. 나는 잡스가 모든 것을 심플함의 관점으로 본다는 사실을 직접 경험했다. 심플함에 대한 잡스의 집착은 애플의 제품들뿐 아니라, 애플이 내부를 조직·혁신하고, 제품을 광고하고, 매장에서 판매하고, 고객서비스를 제공하는 모든 방식에서 나타났다.

실제로 심플함은 잡스의 가장 강력한 경영 무기였다. 그것은 애플이 자사의 제품을 차별화하고 완전히 새로운 범주의 상품을 만들어내는 데 기여했으며, 애플과 경쟁사들 간의 격차를 크게 벌려놓았다. 애플이 심플함의 힘으로 성공한 회사의 훌륭한 본보기이긴 하지만, 그러한 회사는 비단 애플만이 아니다.

'심플함의 영웅들'을 찾아서

심플함의 힘으로 성공하게 된 애플의 방식에 영감을 받은 나는 같은 길을 가고 있는 다른 회사의 사례를 찾아보기 시작했다. 그 회사를 이끄는 리더들의 사고방식에 대해서 더 많이 알고 싶었다. 만약 단순화를 성공적으로 실현한 리더들의 경험을 연대순으로 기록할 수 있다면, 그와 같은 길을 가고자 하는 다른 리더들에게 귀중한 지침서가 되리라고 생각했다.

이 책은 세계 곳곳의 회사들에 감춰진 심플함의 법칙을 찾아 떠난 여정의 결과물이다. 3년의 집필 기간 동안, 나는 가능한 한 가장 똑똑하고 가장 창의적인 심플함의 대표주자들을 물색했다. 어떤 인터뷰는 고전적 방식인 '애원'을 통해 성사되었다. 리더의 예전 동료와 고객들의 의견을 받기도 했고, 유능한 연구원에게 귀한 전망을 전해 듣기도 했다.

무척 즐거웠다는 사실을 숨기지 않겠다. 개인적으로 오랫동안 존경해왔던 많은 리더들을 만나는 영광을 누렸고, 정말로 매력적인 기업을 이끄는 리더의 말에 예상치 못하게 눈이 번쩍 뜨이는 경험도 했다.

이 책에 소개된 '심플함의 영웅들' 중 다수는 독자들이 예상하지 못했던 인물일 것이다. 프로젝트를 마무리할 즈음 나는 여러 국가와 다양한 산업 분야의 40여 명이 넘는 남녀 리더들과 대화를 나누었다. 크고 작은 회사, 저명한 기업과 이제 막 떠오르는 신흥기업, 유명한 회사와 잘 알려지지 않은 곳 등 다양한 회사의 리더들이었다. 자국에서만 활동하는 기업뿐만 아니라, 글로벌기업, 지역의 회사 들도 살펴보았다.

모든 리더는 심플함의 요소가 자사가 성장하는 데 얼마나 도움이 되었는지, 경쟁사들과 어떻게 격차를 벌렸는지에 대해 매력적인 견해를 지니고 있었다. 앞으로 살펴보겠지만, 각각은 독특하면서도 흥미로운 유사점이 있다.

우리는 벤앤제리스Ben&Jerry's의 설립자 제리 그린필드로부터 회사가 초점을 잃거나 심플함의 가치를 저버리지 않고 어떻게 지역사업체에서 글로벌기업으로 발전했는지 들을 것이다. 호주의 대형은행 중

한 곳의 CEO는 심플함이 어떻게 고객들을 끌어들일 수 있는지 전해 줄 것이다. 또 애플의 전 수석부사장 론 존슨은 어떻게 단순한 아이디어 하나가 세계적인 애플스토어 네트워크를 탄생시켰는지 이야기할 것이다.

또한 컨테이너스토어The Container Store와 홀푸드마켓Whole Foods Market 의 대표에게 심플함이라는 요소가 어떠한 영향을 미쳤는지도 알게 될 것이다. 패션, 자동차, 엔터테인먼트, 기술 분야의 사례에서도 심플함을 실현하기 위한 통찰력을 얻을 것이다. 심지어 복잡함이 뿌리내리기 전에 미리 차단시키는 전략을 쓴 블루맨그룹the Blue Man Group의 푸른 머릿속도 들여다볼 것이다.

내 목표는 이러한 리더들의 경험과 성공을 활용하여 사업 분야에 상관없이, 심지어 단순화 작업을 시작하기도 전에 여러분을 돕는 것이다. 이들의 생각은 여러분의 비즈니스를 새롭게 조명하도록 영감을 줄 것이다. 바라건대 보다 '심플하게' 말이다.

심플함의 진실

신생기업이나 작은 회사들이 심플함의 힘을 더 쉽게 활용할 수 있다는 것은 분명하다. 시간이 흐르면서 드러나는 복잡성의 폐해와 아직 맞닥뜨리지 않았기 때문에, 작은 조직이 심플함이라는 요소에 더욱 집중하는 것은 당연한 이치다.

이러한 회사들의 난관은 그들만의 더 심플한 경영 방식을 갖추는 것의 중요성을 이해하고, 조직이 점점 커져가도 그러한 방식을 고수하는 일이다.

대기업의 경우, 심플한 경영 방식을 실행에 옮기는 것은 굉장히 어려운 일로 여겨진다. 많은 이들이 수천 명의 직원들이 근무하는 세계적인 기업을 단순화하는 일은 불가능한 목표라고 생각한다. 그렇지 않다. 쉽지는 않지만, 결코 불가능한 일은 아니다. 다시 한번 말하자면 그 좋은 본보기가 바로 애플이다.

쫓겨난 지 11년 만인 1997년에 스티브 잡스가 다시 애플로 돌아왔을 때, 그의 앞에는 처참한 지경에 놓인 어느 세계적인 조직이 있었다. 혁신적이고 반짝이던 애플은 비대하고 시시한 회사가 되어 있었다. 파산을 불과 90여 일 앞둔 때였다.

우리는 그후 어떤 일이 벌어졌는지 잘 안다. 잡스는 대대적인 정비를 마치고 단 14년 만에 애플을 세계에서 가장 가치 있는 기업으로 바꾸어놓았다. 잡스는 많은 면모를 갖췄다. 그는 선지자, 이상주의자, 혁신가, 그리고 타고난 리더였다. 하지만 마술사는 아니었다. 그는 상식적이며 한 번에 한 걸음씩 나아가는 방식으로 애플을 바꾸었다.

그는 목적의식이 불분명한 조직을 모든 직원이 자신 앞에 놓인 여정과 맡은 역할을 명확히 이해하는 조직으로 변화시켰다. 그는 회사의 조직체계를 단순화했고, 생산라인을 단순화했고, 마케팅 방식을 단순화했다. 애플이 글로벌기업이 되고 난 후 잡스는 애플을 가리켜 "세계에서 가장 큰 스타트업 회사"라고 표현했다.

모든 기업의 리더가 스티브 잡스는 아니다. 하지만 모든 비즈니스 리더는 애플의 변화에서 영감을 얻을 수 있고, 심플함의 힘을 동력

삼아 극적인 성공을 이룰 수 있다는 걸 깨닫게 될 것이다.

진실은, 모든 회사는 심플함의 법칙을 실현함으로써 이익을 얻는다는 것이다. 제품을 심플하게 만들 수는 없더라도, 조직은 분명 심플하게 만들 수 있다. 그 회사의 근본적인 업무 방식, 내부적으로 커뮤니케이션하는 방식, 그리고 소비자들과 접촉하는 방식 등에서 말이다.

인식 vs. 현실

아이러니한 점은 심플함이 실제로는 심플하지 않게 나타나는 경우가 많다는 것이다.

예를 들어 어떤 제품, 서비스, 또는 웹사이트가 심플해 보이더라도 그건 헌신적인 조직이 오랜 기간에 걸쳐 열정적인 토론을 벌이고 최대한의 노력을 기울여 이루어낸 결과인 경우가 많다. 소비자들은 보지 못한다. 그들이 보는 것은 심플함을 구현한 결과물일 뿐이다.

그러므로 진실은, 심플함이란 실제로 존재하지 않는다는 것이다. 우리가 이야기하는 것은 심플함이라는 **인식**이다. 그건 바로 소비자가 경험을 통해 느끼는 것이다.

자신이 신뢰하는 태블릿 PC 제품에 담긴 기술을 설명할 수 있는 사람은 드물다. 그저 역사상 가장 심플한 개인용 컴퓨터를 쓸 뿐이다. 자동차의 복잡한 시스템을 이해하는 사람은 드물지만 운전은 쉽게 해낸다. 전력장치의 작동원리를 모르더라도 누구나 가볍게 스위치를 켤 수 있다.

심지어 아이스크림처럼 굉장히 단순해 보이는 상품에도 이면에는 복잡성이 숨어 있다. 내가 벤앤제리스의 공동설립자인 제리 그린 필드와 마주앉았을 때, 먼저 등장한 주제 중 하나는 '인식 대 현실'이었다.

심플함에 대해 이야기할 때 제 머릿속에 떠오른 것은, 어떤 면에서 벤앤제리스는 조금 반대편에 있다는 점이었습니다. 우리는 다른 회사들이 기꺼이 하려는 것이나 심지어 시도해보려는 것보다 좀더 복잡한 일을 하기로 결정했지요. 우리 아이스크림의 특징은 커다란 덩어리의 쿠키와 사탕, 소용돌이무늬가 주는 독특한 맛에 있습니다. 그전까지 아이스크림 기계는 작은 조각들만 처리하도록 설계되어 있었습니다. 큰 덩어리의 재료를 아이스크림에 넣는 방법을 개발해낸 건 우리 회사가 처음입니다. 이걸 대규모로 생산하는 건 생각보다 무척 복잡하지만, 소비자들에게는 단순해 보이겠지요.

그것이 바로 심플함의 경이로운 점이다. 어쩌면 인식에 불과할 수 있지만, 그 인식이 기업을 움직인다.

더 빠르고, 더 훌륭하고, 더 저렴하게
내가 초기에 만들었던 광고 중 하나는 IBM의 PC광고였다. 당시 나는 업무 경험도 적었고 자신감도 심하게 부족했다. 그래서 가능한 한 모든 것을 흡수하고 배우고 싶었다.

첫번째 교훈은 로스앤젤레스에서 일할 때 조금 광적인 면이 있던 광고디렉터로부터 얻었다. 제작 준비단계에서 그는 테이블 위에 선 채 그 대행사의 크리에이티브팀과 제작자들, 회계 담당자들, 그리고 IBM 마케팅팀 직원들에게 연설을 했다.

처음에는 차분하게 시작했지만 곧 무서울 정도로 온 힘을 다해 고함치던 그의 연설이 수십 년이 지난 지금까지도 생생하게 기억난다. 그의 요점은 디렉터로서 자신이 세 가지를 갖춘 광고를 만들어야 한다는 것이었다. 바로 높은 질, 저렴한 비용, 빠른 제작속도였다. 좋지 않은 소식은 우리는 그중 단 두 가지만 선택할 수 있다는 점이었다.

"선택하세요!" 그가 소리쳤다. "만약 제게 저렴하면서 멋진 광고를 빠른 속도로 만들라고 한다면, 별로 훌륭한 작품이 나오지 않을 겁니다. 멋진 결과물을 신속하게 얻고 싶다면, 비용을 좀더 많이 들이셔야 할 겁니다⋯⋯" 등등.

솔직히 말해서, 나는 결국 우리가 무엇을 골랐는지 잘 기억나지 않는다. 그 광고는 내가 전력을 기울이지 않은 유일한 작업이었기 때문이다. 내 기억에 셋 중 가장 덜 고려된 요소는 질이었다.

얼마간 나는 이 선택이 광고 제작뿐만 아니라 비즈니스 전반의 기본 규칙이라고 믿었다. 하지만 수년이 지나고 몇몇 고객사를 거친 후에, 나는 그 규칙이 당신이 그것을 규칙으로 받아들이는 경우에만 해당한다는 것을 증명해 보인 사람과 함께 일을 시작했다. 바로 스티브 잡스였다. 잡스는 질, 비용, 속도가 꽤 멋지게 공존할 수 있다는 사실을 몇 번이고 증명했다. 비결은 복잡함이 앞길을 막아서지 못하게 하는 것이다.

잡스는 소수의 똑똑한 사람들과 일하기를 선호했고, 그 그룹에서 나오는 창의적인 발상을 철저히 보호했다. 소수의 사람들이 관여했고 과잉 분석이 없었던 덕에 비용이 적게 들었다. 끝없이 이어지는 승인과 수정절차가 없었기에 더 빠르게 제작할 수 있었다. 그 결과 탄생한 작품의 질은 상을 받을 만큼 훌륭했다.

우리는 어떤 제한도 없이 최종결정권자인 잡스에게 접근할 수 있었고, 어떤 광고도 포커스그룹* 테스트를 거치지 않았다.

그 결과는? 델, 인텔, 마이크로소프트의 세계에서는 필수적이라 할 수 있는 세세한 권력 견제와 균형이 없었음에도, 우리는 그들보다 훨씬 더 나은 광고를 만들어냈다. 애플은 제품의 성격을 고객에게 인상깊게 전달하는 흥미로운 광고를 제작하여 끊임없이 관심을 사로잡았다. 높은 수준의 작품이 복잡하지 않은 시스템에서 나온 것은 우연의 일치가 아니다.

누군가 당신에게 '더 빠르고, 더 좋고, 더 저렴한' 것은 불가능하다고 말하지 못하게 하라. 하지만 복잡한 절차에 매여 있는 조직에서는 절대 이루어질 수 없다는 사실 또한 명심하라.

몰입, 심플함을 만드는 비결

심플함은 모든 비즈니스에서 제 역할을 한다. 문제는 심플함이 언제

---

* focus group. 시장조사나 여론조사를 위해 뽑은 각 계층을 대표하는 소수의 표본으로 이루어진 그룹.

나 그에 합당한 관심을 받지 못한다는 점이다. 나는 그것이 많은 사람들이 심플함을 당연하게 받아들이는 탓에 심플함이 어떻게, 그리고 왜 그들의 비즈니스에 영향을 미치는지를 이해하려 하지 않기 때문이라고 생각한다.

나는 영국 런던에 있는 풀프루프Foolproof라는 디자인 회사를 찾았다. 이 회사는 고객과의 연결성을 높이는 웹사이트를 만든다는 목적 아래 심플함의 본질을 파고든다.

풀프루프의 공동설립자이자 동업자인 톰 우드와 피터 밸러드는 진보적인 소비자들의 마음을 사로잡은 브랜드 버진머니Virgin Money 출신이다. 이 회사의 마케팅팀은 고객들이 웹사이트를 방문하게 하는 데는 성공했으나, 대량 구매로 이어지게 하지는 못했다.

그 팀의 일원인 우드와 밸러드는 사이트에서 일어나는 작은 변화가 전환율*에 얼마나 영향을 미칠지 알아보기 위해 비용이 적게 들면서도 손쉽게 할 수 있는 테스트를 시행했다. 그 결과 웹사이트의 레이아웃, 서체, 색, 내용, 디자인 등의 작은 변화조차도 **엄청난** 영향을 미친다는 점을 알게 되었다. 여기서 사업 기회를 포착해낸 그들은 스스로 '노련한 디자인 에이전시'라 칭하는 풀프루프를 설립했다.

처음에는 작은 회사에 불과했던 풀프루프는 이제 영국을 넘어 해외로도 진출했다. 그들의 고객은 주요 기술사, 은행, 항공사, 언론사 등이다. 이런 회사들은 스스로를 두고 자주 '구조가 복잡'하다고 평가

---

* conversion rate, 웹사이트 방문자가 제품 구매, 회원 등록, 뉴스레터 수신, 소프트웨어 다운로드 등 웹사이트가 의도하는 행동을 취하는 비율.

한다. 그 회사의 웹사이트에서 소비자들이 하는 경험은 지나치게 복잡하다.

풀프루프의 일은 그 경험을 단순하게 만드는 것이다. 이들은 '몰입' 개념을 내세운다. 헝가리의 심리학자 미하이 칙센트미하이가 제시한 이론으로, 사람이 어떤 과정에서 몰입의 경지에 이를 때 그 몰입은 너무나 직관적인 것이기 때문에 자신이 그 과정에 있는지조차 모르게 된다는 것이다.

우드는 자동차 운전을 좋은 예로 든다. 운전하는 법을 모를 때는 운전이 아주 복잡하고 어려워 보인다. 많은 것을 인지하고 있어야 하고, 짜증나는 상황에서부터 목숨을 위협하는 상황까지 뭔가를 엉망으로 만들어버릴 결과가 따르기도 한다. 그러나 일단 방법을 터득하면, 운전은 사실 꽤 단순하다. 운전하면서 이야기도 나눌 수 있다. 몰입의 상태에 도달한 것이다.

풀프루프는 몰입의 개념을 인터랙션디자인*에 적용한다. 그들이 이루려는 목표는 상당히 명확하다. 방문자들이 디자인이나 프로세스는 크게 인지하지 않고, 단지 좋은 경험을 하도록 만드는 것이다.

심리적으로 몰입의 상태는 행복의 한 형태다. 그 단계에서 우리는 이미 자신이 무엇을 했는지, 무엇을 해야 하는지, 그것이 어디로 향하는지 알고 있다. 우드의 설명처럼 몰입의 단계에서 우리는 이 순간에 만족하며 방해요소를 찾아내려 들지 않는다.

───────────

* interaction design. 디지털기술을 이용해 사람과 대상 간의 상호작용을 조정하여 서로 소통할 수 있도록 하는 디자인 분야.

몰입의 상태를 위해서는 긍정적인 경험만 창조하는 것이 아니라, 부정적이고 정신을 산만하게 만드는 경험들을 없애야 합니다. 불안함, 걱정, 지루함을 느끼지 않도록 해야 합니다. 이런 관점을 디자인에 적용하면, 몰입감을 높이는 모든 행동은 긍정적인 경험을 낳습니다. 그러나 아주 찰나의 순간이라도 그 감정이 깨지게 되면, 몰입상태는 위기에 처합니다.

나는 몰입의 개념에 상당히 매혹되었다. 그것은 이제껏 내가 들었던 심플함이 효과를 발휘하는 이유 중 가장 과학적인 설명에 가까웠다. 몰입은 고객들을 사로잡으려 애쓰는 모든 기업이 세울 만한 훌륭한 목표일 뿐 아니라, 직원들을 위한 보다 생산적인 근로환경을 만드는 데도 유용하다. 그러나 모든 좋은 것들이 그러하듯, 몰입 역시 그 단계에 도달하기 위해서는 그것에만 전념하는 태도가 필요하다.

심플함으로 가는 길

심플함을 갖춘 회사가 되는 방법은 상당히 명확하지만, 모든 회사는 각기 독특함을 지니고 있기에 표준 공식은 없다. 어느 정도는 즉흥성을 발휘해야 할 것이다.

하지만 그간 인터뷰를 진행하면서 거의 모든 기업에 적용가능한 주제들이 많이 나왔다. 이 책은 아홉 장에 걸쳐서 그러한 주제들을 하나씩 다룬다. 마지막 장을 덮을 때면 그 모든 요소를 더해 심플함으로 향하는 당신만의 길을 찾는 일이 더 쉽게 느껴질 것이다.

다만 그 주제들을 실행에 옮길 때 반드시 만나게 될 걸림돌에 대비하라. 반대파가 우리를 낙심하게 만들지 못하도록 노력하고, 동요하지 못하게 하도록 확실히 준비하라. 변화를 거북해하는 사람들은 항상 존재하며, 의식적으로나 무의식적으로 우리를 좌절시키려는 사람들이 있을 것이다.

이것이 바로 우리가 스티브 잡스로부터 배워야 할 점이다. 잡스에게는 결코 타협하지 않는 몇 가지 원칙이 있었다. 심플함은 그 원칙 중 하나이며, 심플함에 대한 그의 신념은 애플을 대단히 성공적인 기업으로 변화시키는 데 기여했다. 그러한 고집은 우리에게도 큰 도움이 될 것이다.

이제 심플함의 길로 향하는 첫걸음이 시작된다. 부디 안전한 여정이 되기를.

1장

사명社命부터 심플하게

사명은 강력한 도구가 될 수 있습니다.
내부적으로는 직원들을 단결시킬 수 있고,
외부적으로는 자신이 하는 일을 더 잘 이해하도록 만듭니다.

_제프 플러(스터브허브 공동설립자)

성공한 기업의 토대는 대부분 그 기업의 사명社命에 있다. 세계적인 기업들의 사명은 아주 심플하다.

아마존이 좋은 예다. 수년 전 제프 베저스는 아마존의 본질을 담은 간단한 세 마디의 문구를 생각해냈다. "클릭 한 번이면 된다One click away". 어찌 들으면 꼭 캠페인 표어 같지만, 그보다 훨씬 더 심오한 뜻을 담고 있다. 이 문구는 아마존 웹사이트를 방문하는 모든 고객들이 얻을 수 있는 가장 중요한 혜택을 깔끔하게 요약해서 보여준다. 단지 클릭 한 번이면 지구상에 존재하는 거의 모든 상품을 찾을 수 있으며 환상적인 고객서비스도 경험할 수 있다는 것이다. 일단 아마존에 접속하면 매번 제품을 선택할 때마다 '클릭 한 번으로 바로 구매' 옵션을 마주하게 된다.

베저스는 틈만 나면 직원들에게 이 문구의 중요성을 상기시켰다. 모든 기안은 궁극적으로 이 장대한 목표에 부합해야 했다.

가장 높은 차원에서 생각해보면 사명은 한 회사의 존재 이유다. 회사가 나아갈 방향에 계속해서 집중하도록 도와주며, 하나의 공통된 목적 아래 직원들을 단결시킨다. 제품, 서비스, 커뮤니케이션, 마케팅, 그리고 한 회사가 직면하는 사실상의 모든 중요한 결정상황에서 지침 역할을 한다. 또한 의도한 방향에서 이탈하지 않도록 막아주는 보호벽 작용도 한다.

어떤 회사들은 형식적인 문구로 사명을 표현하고, 새로운 직원들을 훈련시키고 결속하는 데 그것을 이용한다. 반면 직원들이 굳이 입 밖으로 사명을 말하지 않아도 사업 전체에 너무나 잘 스며들어 있어 조직 내에서 사명이 깊이 느껴지는 기업들도 있다. 양측 모두, 사명은 전체 임직원들이 스스로 이 일을 왜 해야 하는지 이해하는 데 도움을 준다. 사명은 영감을 주고 동기를 부여한다.

컬럼비아 대학교 연구원이자 마케팅 전문가인 사이먼 사이넥은 저서 『나는 왜 이 일을 하는가』와 '위대한 지도자들은 어떻게 행동에 나서게 만드는가'라는 주제의 테드 강연을 통해 '세상에서 가장 심플한 아이디어'를 제안한다. 그에 따르면 가장 뛰어난 회사는 그저 제품을 광고하고 그것이 어떻게 작동하는지를 알리는 대신 자신들이 하는 일의 '이유'를 전한다. 무언가를 대표하는 사명이 있는 기업은 소비자들에게 보다 깊이, 그리고 오랫동안 지속되는 인상을 남긴다. 이유를 전달함으로써 업계에서의 중요성과 높은 관련성을 확보하게 되고 경쟁사보다 우위를 점할 수 있다.

사업의 이유를 명확히 밝히는 것은 그 자체로 굉장히 효과적인 단순화 작업이다. 쓸데없이 거창한 수식을 떨쳐내 고객 한 사람이 회사의 근본적인 동기를 쉽게 이해하도록 만들기 때문이다. 이 책의 몇몇 사례를 통해 드러나겠지만, 여기에 작용하는 원리가 하나 있다. 바로 효과적으로 정수를 뽑아내는 능력이 엄청난 힘을 발휘한다는 점이다. 본질적으로 중요한 정보를 끄집어내는 일은 어떤 아이디어를 기억하기 더 쉽게, 잊기는 더 어렵게 만든다.

복잡한 사명은 회사 내의 다양한 관점을 아우를 수는 있겠지만 직원들의 집중을 끌어내기는 어려우며, 소비자들에게 혼란을 초래할 가능성은 더욱 높다. 마치 깃발을 하나만 흔드는 대신 동시에 다섯 개를 흔드는 것과 같다.

목적이 불분명한 사명의 예가 바로 맥도날드다. '승리 전략Plan to Win'이라고 불리는 맥도날드의 사명은 이들의 복잡한 글로벌 전략을 보여준다. 몹시 산만한 메뉴와 최근 몇 년간 드러난 형편없는 재무 성과의 원인을 모두 명확하고 간결한 사명이 없던 탓이라고 말하기는 어렵지만, 분명 도움이 되지는 않았을 것이다.

사명을 중심으로 움직이는 회사를 예로 들 때 애플을 거론하는 것은 낯설지 않다. 우리는 현대적이고 성공적인 기업으로서의 애플에 대해 잘 알고 있지만, 1990년대 후반에 애플은 이런저런 복잡한 요인들로 인해 쇠퇴의 길을 걷고 있었다. 사명은 당시 그들에게 절실히 필요했던 단순화 작업을 실행하는 데 큰 도움이 되었다.

'삶의 질을 높인다'는 사명이 변화시킨 것들

1997년, 애플은 11년 전 스티브 잡스가 애플에서 쫓겨난 뒤 설립한 넥스트NeXT를 인수했다. 인수가 이루어지며 잡스 또한 애플로 복귀했다. 당시 애플의 최고경영자였던 길 아멜리오의 자문 역할을 하는 데 동의한 결과였다. 인수 직후, 아멜리오는 한 행사에서 잡스를 무대로 올려, 애플이 대약진을 하는 데 넥스트의 기술이 어떻게 기여할지 설명하게 했다.

이 행사가 향후 잡스와 아멜리오 모두에게 어떤 영향을 줄지 알고 있어서인지, 당시의 영상[1]을 보면 재미와 함께 많은 걸 얻을 수 있다. 초반에 아멜리오는 잡스가 열광적인 박수갈채를 받으며 등장하자 조금 당혹스러워한다. 잡스는 그 박수에 크게 감동한 듯하지만, 적어도 그 순간에는 자신이 길 아멜리오의 행사에서 보조 역할을 하고 있다는 사실을 알기 때문에 조금 자제하는 듯 보인다.

연설을 시작하고 처음 몇 초간, 애플의 사명에 초점을 맞추는 것이 중요하다고 생각한 잡스는 뒤쪽 스크린에 다음과 같은 글이 적힌 슬라이드를 띄웠다.

소비자들이 오직 애플에서만 얻을 수 있는, 의미 있고 강렬한 해법을 제시하라.

이 말은 애플이 간신히 명맥을 유지하던 시기의 위태롭고 중요한 갈림길에서 나아갈 방향을 분명히 밝혀주었다. 얼마 지나지 않아 성공적인 쿠데타를 거쳐 '임시 최고경영자'로 임명된 잡스는 자신이 제시한 사명처럼 조직과 제품라인을 개선하는 일에 착수했다. 그 결과 애플은 훨씬 더 심플해졌으며 눈부신 번영을 위한 초석을 다졌다.

한 회사의 사명은 몹시 중요하지만, 그것이 절대 변경 불가능하다는 의미는 아니다. 회사들이 성장함에 따라 사명 역시 그에 맞게 발전해야 한다. 컴퓨터회사에서 가전제품회사로의 변화는 애플에 중요한 전환점이었다. 심지어 회사 이름도 애플컴퓨터Apple Computer, Inc에서 애플Apple Inc로 바꾸었다. 사명도 혁신적이고 미래상을 제시하는 방향으로 정교해졌다.

애플의 또다른 중요한 전환점은 애플스토어의 탄생이었다. 매장을 줄줄이 열기 위해서는 기본 콘셉트부터 지역 선정, 상품 진열, 직원 채용까지 수백 가지의 결정을 내려야 했다. 애플스토어는 제품만이 아니라 상담, 훈련, 고객 지원, 그리고 직원들을 통해서 애플의 열정까지 제공할 것이었다. 이 애플스토어 프로젝트에는 자체적인 사명이 필요했다.

스티브 잡스는 론 존슨을 고용하여 우리가 현재 알고 있는 애플스토어를 구상하고 탄생시키는 일을 맡겼다. 나는 존슨과 함께 어떻게 애플스토어에 대한 아이디어가 단순한 하나의 개념에서 현재 전세계 수백 곳에 매장이 있는 역사상 가장 성공적인 소매점 체인으로 성장했는지에 대해 이야기를 나누었다. 그는 애플스토어 탄생의 가장 핵심적인 순간은 실제로 애플스토어만의 사명을 만들 때였다고 설명했다.

그의 팀은 애플의 전체 사명에 부합하면서도 강력한 매장 내 경험을 제공하는 토대를 구축할 만한 사명을 개발하는 데 모든 힘을 쏟아부었다. 그 사명은 매장 안에서 일어나는 모든 일의 지침이 될 것이었다. 존슨은 그 사명이 기억하기 쉬워 어느 매장에서나 거론될 수 있어야 했다고 말했다.

애플의 목적은 사람들의 삶을 변화시키는 제품을 만드는 겁니다. 그렇죠? 따라서 우리는 애플스토어의 사명으로 간단한 하나의 문구를 떠올렸습니다. 바로 '삶의 질을 높인다'는 말이었지요. 전체 매장과 매장 내에서의 경험은 고객들의 삶뿐만 아니라 직원들의 삶의 질도 높이도록 고안되었습니다.

'삶의 질을 높인다'라는 문구는 어떠한 간판이나 매장의 부속물에도 드러나 있지 않았다. 그러나 이 사명은 애플스토어를 개발하고 운영하는 데 항상 존재했다. 매장 디자인부터 직원들의 행동, 제공되는 서비스까지 소비자경험의 모든 부분에 적용되었다. 만약 어떤 아이디어가 삶의 질을 높인다는 사명에 부합하지 않으면, 그 아이디어는 바로 기각되었다.

무엇보다 가장 중요한 문제인 어디에 매장을 세울지 결정하는 데도 사명은 중요한 요소였다. 만약 매장의 목적이 사람들의 삶의 질을 높이는 것이라면, 사람들이 그곳을 찾기 위해서 번거롭게 길을 나서게 해서는 안 된다고 존슨은 말한다. 그들은 논리적인 판단하에 접근이 용이하도록, 많은 사람들이 쇼핑을 하러 매일같이 드나드는 쇼핑몰 안에 애플스토어를 짓기로 결정했다.

또한 고객서비스와 관련해 제품을 수리하는 문제에 있어서도 사명은 최우선시되었다. 존슨은 '지니어스바the Genius Bar*'라는 아이디어를 제안해 신뢰를 얻었다. 지니어스바를 이용하는 소비자들은 그 지역에서 가장 유능한 애플 직원들이 자신의 제품에 관심을 기울인다고 느낄 것이다. 그것은 소비자들의 삶의 질을 높이는 것만이 아니라, 똑똑한 직원들의 삶의 질도 함께 높이는 것이었다. 존슨은 다음과 같이 설명한다.

> 지니어스바는 직원들의 삶의 질을 높였습니다. 그것을 통해 자신이 전문성을 갖춘 인력임을 인식하게 되었기 때문이지요. '지니어스'는 직원들이 탐내는 직책이었습니다. 만약 우리에게 단지 수리팀만 있었다면 어땠을까요? 글쎄요, 저라면 그 팀에서 일하고 싶지 않을 것 같습니다. 그러나 만약 내가 미니애폴리스에서 '애플 지니어스'가 될 수 있다면, 그건 더욱더 만족스러운 일이겠죠. 그렇지 않습니까?

존슨과 그의 팀은 애플스토어에 고용될 직원들의 이상적인 커리어를 만드는 일에도 심혈을 기울였다. '삶의 질을 높인다'라는 사명을 지침으로, 그들은 똑똑하고 유쾌하며 애플 브랜드와 기술에 열정적일

---

* 애플스토어 내 서비스 지원센터. 제품에 문제가 발생했을 때 미리 예약을 한 뒤 방문하면 전문 엔지니어들이 진단 및 수리를 해준다.

뿐만 아니라 자신의 전문성을 나누기를 갈망하는 사람들을 찾았다.

> 현재 그들은 애플에서 일하고 있습니다. 그들의 직업은 의미가 있을
> 뿐더러 다른 이들에게 도움을 주죠. 매우 많은 사람들이 그 일을 하
> 고 싶어합니다.
> 심플함의 힘을 생각해볼까요. 모든 것은 매우 심플한 하나의 아이디
> 어 '삶의 질을 높인다'라는 사명에서 나왔습니다. 이를 통해 잡스가
> 애플에서 해낸 일을 설명할 수 있으며, 이러한 철학이 담긴 애플스
> 토어는 애플 브랜드를 완벽하게 표현한 총체입니다.

전 세계에 더 많은 애플스토어가 문을 열면서 이 사명은 그후에
도 여러 가지 결정을 내리는 데 지침이 되었다. 그 모든 것이 모여, 적
어도 수십 년간은 연구될 것 같은 애플스토어의 성공신화를 창조해
냈다.

물론, 애플스토어의 사명이 성공한 것은 부분적으로는 수년에 걸
쳐 다져진 애플의 철학을 반영했기 때문이다. 하지만 아주 초기 단계
의 회사라도 명확한 사명을 설정하는 것은 무척이나 중요하다.

성장하고 싶다면 사명을 만들어라

제프 플러는 미국과 영국에서 운영중인 온라인 티켓예매사이트 스터
브허브StubHub의 공동설립자다. 2000년에 스터브허브를 창업한 그는
불과 7년 후 약 3100억원에 이 회사를 이베이eBay에 팔았다. 그는 기술

분야 차세대 기업가의 전형이라고 할 수 있다. 매력적인 아이디어를 떠올렸고, 온라인을 기반으로 하는 서비스회사를 설립했고, 인기를 발판 삼아 굉장히 성공적인 기업으로 키워냈다.

많은 벤처기업들처럼, 스터브허브는 규정집을 정확히 따르지 않았다. 플러는 사업을 시작할 당시 본인이 사명을 별로 신경쓰지 않았다고 솔직히 털어놓았다. 그러나 스터브허브가 성장하면서, 사명의 가치에 대한 플러의 태도도 바뀌었다.

처음 스터브허브를 시작했을 때, 전 스물다섯 살 정도의 아주 어린 대표이자 기업가였죠. 사실 그전에는 어떠한 지주회사에서도 일해본 적이 없습니다. 그래서 저는 기업의 리더들이 어떻게 사명을 만드는지에 대한 모델을 본 적이 없었고, 그런 유의 일들을 그냥 무시했습니다.
지금은 사명이 강력한 도구가 될 수 있다는 것을 압니다. 사명은 내부적으로는 직원들을 단결시킬 수 있고, 외부적으로는 자신이 하는 일을 더 잘 이해하도록 만듭니다.

스터브허브가 수백 명의 직원을 갖춘 회사로 성장했을 무렵, 플러는 자신이나 공동설립자인 에릭 베이커보다 경험이 더 많은 임원들을 초빙했다. 이들 중 조직론 전문가인 한 임원이, 만약 스터브허브가 그들의 야망만큼 큰 회사로 성장하려면 사명을 세울 것을 진지하게 고려해야 한다고 조언했다. 깨달음의 순간 중 하나였다.

사명 개발에 착수한 플러와 그의 팀은 이미 사명 하나가 그들의 목표에 자리잡고 있었다는 것을 발견했다. 바로 '팬들이 티켓을 사고 파는 곳'이었다. 구매자든 판매자든, 당신은 음악 혹은 스포츠팬이기 때문에 스터브허브를 방문한다. 플러는 팬들에게 서비스를 제공한다는 단순한 아이디어 하나가 스터브허브의 사업 동인이 되었다고 설명한다.

사명을 언어로 표현하는 것은 회사가 그 일에 더욱 집중하게 할 뿐만 아니라, 세상에 우리가 하는 일을 공표한다는 점에서 도움이 됩니다. 우리는 팬들을 위해 일하지 스포츠경기장이나 팀, 리그, 또는 아티스트, 음악공간, 음악산업을 위해 일하는 회사가 아닙니다. 우리의 관심은 팬들입니다. 그 점은 회사의 행보를 이끄는 데 정말로, 정말로 중요합니다. 그러한 사명이 없었다면 스터브허브는 지금처럼 성공하지 못했을 겁니다.

사명은 또한 회사의 궁극적인 목적에 부합하지 않는 요소들을 제거하는 데도 도움이 되기 때문에 성장에 필수적이다. 스터브허브의 설립 초기에 많은 스포츠팀과 리그, 아티스트 들은 액면가보다 더 높은 금액을 받고 티켓을 재판매한다는 아이디어에 반대 의사를 표시했다. 어떠한 가격으로도 티켓이 재판매되어서는 안 된다고 생각하는 이들도 있었다.

의회와 각종 단체에서 스터브허브의 합법성에 이의를 제기했을 때, 스터브허브는 강력한 방어 도구를 내세울 수 있었다. 그들은 스터브허브의 사명을 가리키며 주장했다. "이것 보세요, 우리는 모두 팬들을 위한 일을 하는 거라고요. 자유국가에서 구매자와 판매자가 모두 그것을 최선의 이익이라고 생각한다면 티켓과 돈을 거래할 권리가 있습니다." 스터브허브는 단지 팬들이 자유시장경제의 혜택을 보도록 권한을 부여하는 일을 하는 것이다.

> 팬들을 위해 일하며, 팬들이 선택하고 접근할 수 있게 한다는 사명은 진정 우리가 하고 있는 일을 분명하게 하고 심플하게 만드는 데 큰 도움이 되었습니다.

애플스토어와 마찬가지로 스터브허브에서도 사명은 새로운 상품의 특색부터 마케팅까지 모든 결정에 영향을 미쳤다. 사명은 스터브허브가 소비자들에게 새롭고 흥미로운 서비스를 제공하는 일에 계속 집중하도록 만들었다.

스터브허브는 그들이 속한 산업에서 새로운 길을 개척했다. 그러나 뚜렷한 사명은 이미 단단히 자리잡아 경쟁이 치열한 기존 산업 분야에서 성공할 길을 찾는 회사들에도 강력한 도구가 된다. 독특한 사명은 차별화를 위한 지침 역할을 한다.

심플한 사명은 그 자체로 좋은 출발점이다
상품의 특징을 논리적으로 따져 비교할 수 있는 분야에 새로운 주자로 뛰어들 때 주목받기란 쉽지 않다. 패션처럼 개인적이고, 감정적이고, 경험적이고, 전적으로 주관적인 성향의 상품을 파는 산업 분야에서는 더욱더 어렵다.

캐나다의 업계 2위 패션 브랜드인 조프레시Joe Fresh는 자국에서 큰 성공을 거머쥐고 전 세계로 브랜드를 확장시켰다. 이 회사는 시작부터 명확하고 심플한 사명을 지녔다. 바로 '신선한 가격, 신선한 패션'이었다. 이 사명은 마케팅 콘셉트로도 멋진 효과를 냈다.

조프레시의 숨은 동력은 1976년에 패션계에 발을 들인 캐나다 사업가 조 밈란Joe Mimran에게서 나온다. 밈란은 패션뿐만 아니라 비즈니스를 운영하는 방식에 있어서도 심플함에 대한 열정을 보였다. 조프레시는 캐나다의 웨스턴 가※가 밈란에게 연간 350억원의 매출을 올리는 자사의 슈퍼마켓 체인 로블로Loblaws에서 의류를 판매하자는 아이디어를 제안하여 탄생한 브랜드다.

웨스턴 가는 주 경쟁사인 월마트에 맞서 우위를 점하기 위해 밈란을 영입하고 싶어했다. 그들은 밈란에게 월마트에서 판매되는 의류 품목 몇 가지를 보여주었다. 그러나 밈란은 월마트 같은 대형 유통사에 정면으로 맞서는 데는 관심이 없었다.

저는 이렇게 말했습니다. "보세요, 제가 하는 일은 그런 게 아닙니다. 만약 당신들과 함께 일한다면, 대신 제 아이디어를 제안하고 싶습니다." '조프레시'라는 이름은, 사실 '프레시'라는 전반적인 아이디어는 식품 매장에서 판매되는 옷이라는 아이디어에서 착안했습니다. 신선한 패션, 일리가 있지요.

상품라인을 제일 먼저 선보이는 곳이 슈퍼마켓이기 때문에, 밈란은 우선 가격이 놀라울 만큼 저렴해야('신선한 가격') 하며, 옷들은 독특한 매력을 갖고 있어야('신선한 패션') 한다고 생각했다. 색상은 '감각적'이어야 하므로 유행에 상관없이 절대로 칙칙한 색이나 검정색은 허용하지 않았다.

새 브랜드에 관해 논의하는 과정에서 사명은 분명히 드러났다. 문제를 단순하게 유지하고 사명에서 이탈하지 않도록 만들기로 결심한 밈란은 가격인하 경쟁에 말려들고 싶어하지 않았다. 그는 처음부터 줄곧 낮은 가격을 유지했다.

사명은 또한 마케팅 전략에도 힘을 부여했다. 밈란은 명확한 브랜드 이미지를 유지하는 것이 중요하다고 믿었다. 그는 조프레시를 새롭고 인기 있는 패션 브랜드로 소개하면서 슈퍼마켓으로 와서 직접 보라고 설득하는 광고가 외려 소비자들에게 혼란만 줄 거라고 생각했다. 대신 밈란은 어떠한 상황에서든 마케터들이 절대로 하지 않을 만한 일을 했다. 어디에서 그 옷을 찾을 수 있는지 정보가 드러나 있지 않은 브랜드 광고를 내보낸 것이다. 로블로에 대한 언급은 전혀 없이.

아니나다를까, 이런 방법으로 브랜드를 소개하는 전략에 대해 논란이 일었다. 그러나 아무도 그 아이디어가 대담하다는 것은 부인하지 못했다. 브랜드를 먼저 알려라, 새로운 패션라인을 공격적으로 마케팅하라, 그다음 소비자들이 슈퍼마켓에서 그 옷들을 '발견'했을 때 놀라고 기뻐하게 만들어라. 밈란의 설명처럼 사람들은 어느 쪽으로든 조프레시에 놀랄 것이다. 멋진 옷을 슈퍼마켓에서 살 수 있다고 말하는 광고를 보든지, 아니면 텔레비전에서 보았던 멋지고 새로운 패션 브랜드를 식품 구매를 하다가 예상치 못하게 발견하든지 말이다. 그는 후자 쪽이 로블로 고객들에게 기분좋은 놀라움을 선사하리라고 생각했다.

조프레시는 로블로 슈퍼마켓 40여 곳에서 첫선을 보였다. 브랜드 콘셉트에 사람들이 익숙해지는 데는 약간의 시간이 걸렸지만, 결국 조프레시와 그 브랜드가 사명을 표현하는 방식은 고객들의 마음을 사로잡았다. 밈란은 이렇게 말한다.

우리가 창조해낸 것은 슈퍼마켓에서 파는 옷이라는 콘셉트, 브랜드의 진실성, 그리고 대중적인 가격에서는 절대 기대할 수 없는 높은 품질이라는 독특한 아이디어였습니다.

밈란은 조프레시의 성공을 강력한 브랜드 비전, 진실성 있는 상품 개발, 그리고 뚜렷한 사명 덕으로 돌렸다. 그의 이야기에서 알 수 있듯이, 뚜렷한 사명은 한 회사의 훌륭한 출발점이 된다. 하지만 조프레시가 계속 성장할 수 있었던 것은 그 사명에 활기를 불어넣는 창의적인 방법을 찾은 덕이었다.

자, 이제 점점 성장하는 회사는 고유한 사명을 지니고 있으며, 그 회사의 모든 조치는 사명에 부합해 이루어진다는 상식이 생겼을 것이다. 애플과 조프레시의 사례에서 확실히 드러난 것처럼 말이다.

그러나 나는 이와는 다른 종류의 사명을 만든 한 회사를 발견했다. 그들의 아이디어는 직관에 반하는 듯하지만, 이 회사의 심플함은 다른 어떤 회사보다 심오한 사명을 추구한다는 사실에서 나온다.

신념이 담긴 사명

벤앤제리스의 팬들은 이 회사를 복잡하다고 생각하지 않는다. 미국 어디에서나 친근하고 생동감 있는 무늬가 들어간 포장, 시간이 지나도 지치지 않는 활기찬 정신, 그리고 환상적인 재료들이 든 풍부하고 부드러운 맛의 아이스크림을 만날 수 있다. 그러나 많은 이들은 이 회사의 또다른 중요한 면도 함께 본다. 바로 벤앤제리스가 양심이 있는 기업이라는 인식이다. 이 회사는 사회적 대의를 실천하는 데 적극적이다.

벤앤제리스에서 최우선으로 가치를 두는 사명이 있다. 바로 '세상에 긍정적인 변화를 가져오는 데 기여한다'라는 사명이다. 그러나 실제로 이것은 각기 다른 세 가지 부문의 사명을 합한 것이다. 나는 공동설립자인 제리 그린필드에게 어떻게 이 통합된 사명이 회사가 발전하는 데 견인차 역할을 했는지에 대해 들었다.

시간이 흐르면서 우리는 세 가지 안으로 이루어진 사명을 생각해냈습니다. 제품에 관한 사명, 재정적인 사명, 사회적 사명입니다.

이 세 가지 사명은 모두 똑같이 중요하며, 밀접하게 연관되어 있습니다. 사회적 사명을 다하지 않는다면 돈을 벌어들이는 것만으로는 만족할 수 없습니다. 사회적 사명을 다하지 않으면, 우리는 전체 사명을 달성하는 데 성공을 거두지 못하기 때문입니다.

건강에 좋은 재료를 사용하도록 노력하고, 직원들에게 커리어 계발 기회를 제공하고, 지역적·전국적·세계적으로 사람들의 삶의 질을 개선한다는 벤앤제리스의 사명은 세상에 긍정적인 변화를 가져오자는 목적에 부합한다. 경쟁사들은 별로 신경쓰지 않는 이 세 가지 사명 때문에 벤앤제리스의 운영은 한층 복잡해지지만, 그 사명은 벤앤제리스가 순조롭게 성장할 수 있도록 만들고 다른 아이스크림 제조사와의 격차를 벌린다.

벤앤제리스가 한 가지, 또는 세 가지 사명을 염두에 두고 설립된 것은 아니다. 오히려 시간이 흐르면서 조직적으로 사명을 만들어갔다.

그린필드와 공동설립자 벤 코언은 중학교 시절부터 가까운 친구였다. 코언은 대학을 중퇴하고 도예가가 되려고 했으나, 곧 아무도 자신의 도자기를 사고 싶어하지 않는다는 사실을 깨달았다. 그린필드는 의예과를 졸업했으나 의학대학원에는 입학하지 못했다. 두 사람은 졸업 후 많은 젊은이들이 그러하듯 "이제 뭘 하지?"라는 의문에 부딪혔다.

1978년, 둘은 버몬트 주 벌링턴으로 갔고, 어떠한 비즈니스 교육도 받지 않은 채 창고를 개조한 공간에서 작은 수제 아이스크림 가게를 시작하기로 결심했다. 그들은 수강료 5달러짜리 온라인 강좌에서 아이스크림 만드는 법을 배웠다. 그린필드는 당시를 떠올렸다.

우리의 목표는 그저 소소한 동네 가게를 하는 것이었습니다. 모퉁이에 자리잡고 사람들이 드나드는 가게 말이죠. 뭐가 되었든 간에요. 그 이상 바라는 건 없었어요. 거창한 사명 같은 건 없었죠. 우리의 목표는 1년에 2000만원 정도를 버는 거였어요.

처음에는 작은 동네 가게로 시작할 수밖에 없었다. 제품을 생산해낼 능력이 굉장히 제한적이었기 때문이었다. 재정적인 여건도 충분치 않았고, 업계에 대한 지식도 거의 없었다. '제조업'은 그들이 뒷방에서 손수 섞어 만들어낼 정도의 수량으로 제한되어 있었다.

결국 벤앤제리스는 자신들만의 독특한 제품을 대량생산해내는 방법을 개발했고, 그때부터 상황이 바뀌기 시작했다. 꽁꽁 얼어붙는 추위가 잦은 버몬트 주에서 아이스크림 판매 시즌은 아주 짧았기 때문에, 사업을 성장시키려면 벌링턴 너머로 사업을 확장해야 했다.

회사가 더욱 커지면서, 설립자들은 비전을 담은 사명을 생각해냈다. 그것을 '핵심 원칙들'이라고 불렀다. 이 원칙에는 "회사는 이윤을 사회에 환원할 의무를 지닌다"와 "즐겁지 않다면, 왜 하는가?" 같은 문장이 들어 있었다. 1988년 세 부문으로 된 사명이 공식화되기 전까지 벤앤제리스는 그 핵심 원칙들을 지침으로 삼았다.

그러다 문득 우리가 더이상 동네 아이스크림 판매상이 아니라는 사실을 깨닫기 시작했습니다. 우리는 사업가였지요. 하지만 동네에서 처음 시작했던 덕분에 우리는 지역과 사회에서 비즈니스의 역할을 인지하게 되었습니다. 그때가 바로 공식적으로 세 부문으로 된 사명을 만들어낸 때였을 겁니다. 아마 사업을 10년 정도 하고 나서 그 사명을 만들었던 것 같습니다.

이 사명은 벤앤제리스를 사명이 없었다면 상상하기 어려웠을 고지까지 이끌었다.

설립자들의 사회적 의식은 벤앤제리스 재단까지 탄생시켰고, 이 재단은 현재도 활발히 사업을 진행중이다. 두 설립자의 기부로 운영되는 이 재단은 벤앤제리스 회사와 독립적으로 운영된다. 재단에서는 지원금 신청을 받고, 사용처에 대한 결정은 회사 내 자원봉사자 직원들로 이루어진 단체가 내린다. 수익을 창출하도록 도운 이들이 그 수익이 어디로 가는지에 대해 발언할 권리가 있다는 발상에서 나온 것이다.

사회적 사명은 모든 사람들에게 인기를 누려야 성공을 얻을 수 있는 것은 아니라는 가르침을 주었다. 대개 경쟁사들 사이에서 돋보이는 회사는 '사명을 지니고' 목표에 명확하게 초점을 맞춘 회사다. 애플이 10만원짜리 스마트폰 사용자들에게 어필하려고 애쓸 필요가 없는 것이나, 벤앤제리스가 4리터에 1000원짜리 아이스크림을 구매하는 이들을 설득하려고 애쓸 필요가 없는 것처럼.

회사의 사명을 인지하면, 소비자들은 보다 단단히 그 회사에 연결된다.

사명은 심플함의 시작일 뿐이다

사람들은 전형적인 현대기업이라면 공식적으로 명시하지 않거나 기념하지는 않더라도 그 회사의 행동 지침이 되는 사명이나 핵심 개념이 있을 거라고 추측한다. 그러나 사실 그 추측은 종종 현실과 다르다.

『미친듯이 심플』에서 나는 사명을 놓고 씨름하는 상징적인 회사 두 곳의 사례를 다루었다. 그중 하나가 마이크로소프트 사의 내부 마케팅 회의에서 주요 임원들이 마이크로소프트의 사명을 설명하지 못했던 일이다. 또다른 일화는 델 사에서 내가 직접 겪은 일이다. 새로운 브랜드 캠페인을 개발하라는 주문을 받고 일할 당시, 그곳의 많은 고위 임원들 역시 델의 사명을 제대로 설명하지 못했다.

마이크로소프트와 델처럼 세계적인 기업이 사명 하나로 허우적거릴 수 있다는 사실은 깜짝 놀랄 만하다. 하지만 그것은 굉장히 막강하고 눈에 띄는 기업들조차 심플함이 주는 가장 기본적인 교훈을 알지 못할 수 있다는 증거이기도 하다. 논리정연하고 의미 있는 사명 없이는 초점을 잃기 쉽다. 명확한 사명이 없는 상황은 자주 한 회사의 자원이 분산되는 결과를 초래한다.

초기에는 마이크로소프트와 델 모두 뚜렷하고 강력한 사명이 있었고, 제품들은 완벽하게 그에 부합했다. 마이크로소프트는 모든 사람들의 책상 위에 컴퓨터를 한 대씩 놓자는 목표가 있었다. 델은 컴퓨터 구매 비용을 일반 소비자가 감당할 수 있을 정도로 낮추고 주문형으로 생산하자는 목표가 있었다. 그러나 두 회사 모두 규모가 점점 커지면서 복잡성의 요소들이 가하는 공격을 막아내지 못했고, 결국 사명은 흐릿해졌다.

길에서 아무나 붙들고 나이키가 대표하는 것이 무엇인지 한번 물어보라. 스포츠경기를 기념하는 것이라는 대답을 들을 것이다. BMW에 대해 물어보라. 성능과 럭셔리라는 말을 들을 것이다. 애플에 대해 물어보라. 혁신과 디자인이라는 답을 들을 것이다. 하지만 델과 마이크로소프트에 대해 물어본다면, 분명 100여 가지의 다른 대답이 나올 것이다. 더 나쁜 경우는, 두 회사의 **내부인**에게 같은 질문을 던져도 여전히 알쏭달쏭한 대답을 들려줄 것이라는 사실이다.

분명하고 심플한 사명을 지니는 것은 단순화라는 명목하에 한 회사가 수행해야 하는 가장 중요한 일 중 하나다. 그러나 사명은 퍼즐의 한 조각에 불과하다. 또다른 과제는 그 사명에 활기를 불어넣는 것이다.

2장

가치관이 심플함을 만든다

잡스는 테스트와 조사 결과에 따라 결정을 내리지 않았습니다.
자신의 가치관에 의존했지요.
강력한 가치관을 지닌 덕분에 훨씬 명쾌한 결정을 내릴 수 있었습니다.

_스티브 윌하이트(애플 전 마케팅 부사장)

한 회사에는 눈에 보이고, 연구되고, 객관적인 평가의 대상이 되는 중요한 부분들이 있다. 물리적인 사무공간, 내부절차, 조직도, 그리고 궁극적으로 소비자에게 전달되는 제품과 서비스 같은 부분들이다. 각 요소는 보다 간소하게 회사를 운영하는 능력이나, 소비자에게 보다 심플한 선택지를 제시하는 능력에 영향을 미친다.

그러나 보다 심플해지기 위해 굉장히 중요한 무언가가 있다. 물리적인 실체가 없으므로 측정하기가 훨씬 더 어려운 것, 바로 회사 내에 존재하는 문화다. 여기엔 문화가 어떻게 형성되는지, 그리고 어떻게 그 회사의 가치에 기여하는지도 포함된다.

한 지역에만 존재하는 조직이든, 도시나 국가, 전 세계에 걸쳐 지사를 갖춘 조직이든, 모든 조직에는 독특한 문화가 있다. 조직의 문화는 직원들이 일을 시작하고, 동기를 부여하고, 결정을 내리고, 커뮤니케이션하고, 소비자들과 상호작용하는 모든 방식에 영향을 미친다.

또한 조직 내에 스며 있는 문화는 메모, 회의, 프로젝트, 제품 들에서도 드러난다. 심지어 구내 매점의 메뉴판에서도 그 회사의 문화와 관련된 단서를 발견할 수 있다.

한 회사가 분명히 규정한 지향점이 사명이라면, 문화는 직원들이 그 사명을 달성하도록 인도하는 일종의 틀로 작용한다. 또한 회사를 올바른 방향으로 이끄는 결정과 행동에 보상을 한다. 또한 새로 들어온 직원들이 '이곳에서 일하는 방식'을 받아들이도록 만든다. 예를 들어 홀푸드의 직원들은 보다 건강한 삶에 전념한다는 문화를 깊이 받아들이고 있어서, 소비자들과 소통하는 방식에도 그러한 문화가 담겨 있다. 홀푸드만의 문화는 그들이 보다 신념을 가지고 회사의 결정에 참여하도록 돕는다. 뒷장에서 홀푸드에 대해 보다 자세하게 알아볼 것이다.

강력한 문화는 그 문화에 어울리지 않는 이들을 걸러내는 자체적인 감독자 역할도 한다. 이와 관련한 한 가지 생생한 예는 2012년 애플의 리테일 부문 수석 부사장으로 취임한 존 브로윗의 이야기다. 브로윗은 영국의 최대 유통업체인 딕슨스 리테일Dixons Retail에서 능력을 인정받은 최고경영자였다. 하지만 그는 애플에서 고작 9개월밖에 일하지 못했다. 이미 최고의 수익을 올리던 애플스토어에서 더 많은 이익을 내려고 혈안이 된 그는, 매장 직원 수와 그들의 근로 시간을 줄였다. 소비자들에게 충분한 서비스를 제공한다는 점이 애플스토어의 가장 큰 장점임에도 말이다. 브로윗은 애플의 문화나 사명, 또는 그 사명에 따른 고객서비스의 중요성을 받아들이지 못했다. 그 결과 애플의 문화라는 항체가 이 외국인 부사장을 공격한 것이다.

처음부터 심플함이 그 문화의 일부인 경우도 있다. 하지만 어떤 경우에는 시간이 지나며 점점 복잡해지는 문화에 심플함을 불어넣어야 한다.

애플은 실제로 그 두 가지 모두에 해당하는 경우다. 점점 초점을 잃고 복잡해지기 전에, 이미 창업 시점부터 애플에는 심플함의 문화가 있었다. 그후 설립자인 스티브 잡스가 귀환함에 따라, 심플함의 문화는 역대 최고로 강화되었다.

가치관이 행동을 이끈다

독특한 가치관들 중 어떤 가치가 강조되느냐가 한 회사의 문화를 정의한다. 그것이 바로 사람들이 한 회사에서 다른 회사로 이직할 때 완전히 다른 환경에 처하는 까닭이다. 설령 새로 이직한 회사가 이전 회사와 동일한 산업 분야에 있다 해도 말이다. 한 회사의 제품, 직원들의 행동 양식, 결정 방식에 그 회사의 가치관이 반영된 모습을 자주 볼 수 있다.

나는 처음에는 존 스컬리 아래에서, 그리고 1997년에 스티브 잡스가 복귀했을 때는 그의 밑에서 광고대행사 크리에이티브 디렉터로 애플의 광고 작업을 진행했기 때문에 그 회사의 문화에 대해 다소 독특한 관점을 갖고 있다. 실제로 나는 애플의 두 가지 문화를 모두 경험했다.

스컬리가 지휘했던 애플에서는 내 경험이 어느 정도 다른 글로벌 회사들과 통하는 느낌이 들었다. 어떠한 조치가 취해지기 위해 수많은 단계의 승인을 거쳐야 하는 등 형식적이고 복잡한 문화가 있었다. 전해 들은 이야기에 따르면, 이러한 분위기는 스컬리 이후 다른 두 명의 최고경영자 시절에도 크게 달라지지 않았다고 한다.

1997년 스티브 잡스가 애플로 돌아왔을 때, 그는 11년 전 자신이 떠나온 회사를 거의 알아볼 수 없었다. 회사의 가치관이 변했기 때문이었다. 잡스의 눈에 애플의 문화는 상당히 산만한 방식으로 달라져 있었다. 회사에는 그가 항상 없애려 애썼던 '대기업' 느낌이 존재했다.

오직 애플만이 만들어낼 수 있는 제품들을 내놓는다는 사명을 뒷받침하기 위해서, 잡스는 회사의 문화를 재정립하고자 했다. 따라서 그는 혁신, 디자인, 심플함 등을 포함하여 세상을 변화시키려 했던 초창기 애플의 가치관을 강화하려고 노력했다.

문화를 바꾸려는 잡스의 첫번째 시도였던 '다르게 생각하라^{Think Different}'라는 카피를 여러분도 기억할 것이다. 비록 사람들은 그것을 하나의 광고 캠페인으로만 생각했더라도 말이다.

잡스는 내가 속한 광고대행사에 애플의 혁신적인 정신이 아직 건재하다는 사실을 세상에 알릴 수 있는 홍보 문구를 만들어달라고 요청했다. 몇 년간 처참한 성적을 보인 후 재기하려는 애플을 위해 우리는 획기적인 카피를 짜내야 했다.

몇 주 만에 '다르게 생각하라'라는 문구가 탄생했다. 이 카피를 통해 애플은 과학, 음악, 영화, 비즈니스, 그 밖의 여러 분야에서 세상에 진정 거대한 변화를 가져온 이들의 삶을 칭송했다. 애플 자체의 가치관을 반영해 영웅들을 선정한다는 발상에서 나온 캠페인이었다.

이 홍보 캠페인은 애플의 현재 고객은 물론, 미래의 잠재적인 고객까지 겨냥한 것이었고 앞으로 탄생할 제품들의 발판을 마련하는 것이었다. 또한 직원들을 직접 겨냥해 초창기 애플의 번성했던 문화를 재점화하자는 목표를 북돋는 것이기도 했다.

'다르게 생각하라' 캠페인을 시작하던 날, 잡스는 애플의 전 직원들에게 이메일을 보내 새로운 캠페인을 알리는 동시에 직원들 모두가 그 개념을 받아들이고 참여하라고 독려했다. 그는 접수 담당자부터 엔지니어까지 회사의 전 직급에 있는 모든 직원들에게 자신이 하는 일을 "다르게 생각하라"라고 요청했다. 도움이 될뿐더러 힘을 북돋아주는 말이었다.

두 단어로 된 이 카피에는 잡스가 창조하려 했던 회사의 정신과 문화가 잘 담겨 있다. 공동설립자였던 스티브 워즈니악과 수십 년 전 첫 컴퓨터를 만들어냈던 창고에 붙어 있었다 해도 적절했을 것이며, 잡스가 새로 개발한 애플의 신제품 라인에도 완벽하게 들어맞는 문구였다. 잡스는 '다르게 생각하라'라는 말이 캘리포니아뿐만 아니라 전 세계의 지사에서도 애플의 문화를 재정립하는 토대로 훌륭히 작용하리라 믿었다.

애플에서 두번째 임기를 거치는 동안, 잡스에게 이러한 가치관과 문화는 회사를 심플하게 유지하고 눈앞의 난관에 맞서 살아남기 위해 더욱더 중요해졌다.

잡스가 애플로 돌아온 지 얼마 되지 않은 상황에서 여전히 회사를 재정비하려 고투하던 1998년, 경제상황은 어두운 국면에 접어들었다. 수익과 주가가 급락하는 통에 많은 회사들이 힘겨워했다. 타격을 받은 조직들은 자연스럽게 단단히 방어 태세를 갖추고 손실을 최대한 줄였다. 인력을 대폭 줄이고 마케팅 예산을 삭감했으며, 연구 및 개발도 철회했다.

하지만, 애플에서는 그런 일이 일어나지 않았다.

잡스가 이 암울한 경제전망에 어떻게 대처할지 회사 전체가 긴장하고 궁금해하는 상황이었다. 잡스는 전 세계 애플 지사의 폐회로텔레비전을 통해 방송될 연설을 하기 위해 쿠퍼티노의 연단에 올랐다. 힘든 시기와 회사가 받는 압력을 고려할 때, 그날 잡스의 발언은 많은 이들의 입을 떡 벌어지게 하고도 남았다.

잡스는 마케팅 비용을 1달러도 삭감하지 않겠다고 발표했다. 마찬가지로 연구개발 비용도 전혀 삭감하지 않을 것이며, 뚜렷한 이유 없이는 어느 직원도 해고하지 않겠다고 발표했다. 대신 애플은 혁신적인 돌파구를 찾아 이 위기를 탈피하겠다고 말했다.

당시 애플의 글로벌 마케팅 부사장이었던 스티브 윌하이트는 애플의 가치관이 살아 있는 증거로 이 순간을 생생히 기억한다. 애플이 더욱 강하고, 더욱 영향력 있고, 더욱 의미 있는 회사로 거듭난 것은 이 고난의 시기에 잡스가 훌륭하게 대처한 덕분이었다. 윌하이트는 이 중요한 순간을 떠올리며 다음과 같이 말한다.

어떠한 상황에서도 그러한 결정을 내리고 영감을 주는 리더십을 보인 리더는 본 적이 없었습니다. 결과가 어땠냐고요? 아이팟, 아이폰, 아이패드가 그 결과지요.

1985년에 잡스가 애플에서 쫓겨났던 이유가 영감을 주는 행동을 거의 하지 못했기 때문이라는 점을 고려하면 놀라운 이야기가 아닐 수 없다. 그는 회사의 수익이 크게 떨어진 시기에 예산을 줄이지 않겠다고 했지만, 이번에는 어떠한 비난도 받지 않았다. 외려 자신의 철학을 굽히지 않고, 회사에 헌신한 직원들의 일자리를 보호했다는 찬사를 받았다.

윌하이트는 그 암울한 시기를 지나면서 애플이 어느 때보다 더욱 혁신적이고 의미 있는 회사가 되었다고 말한다.

위대해지려면 당신은 먼저 스스로에 대해 자신감을 가져야 하고, 진실한 방식으로 스스로를 표현해야 합니다. 또한 당신의 가치관을 고수해야 합니다. 꼭 그렇게 하지 않더라도 금전적으로는 성공할 수 있을지 모릅니다. 단기적으로는 더 큰 득을 볼 수도 있겠지요. 하지만 절대로 상징적인 존재가 되지는 못할 겁니다. 당신을 수식하는 말이 결코 '성공적인'에서 '영원한'으로 바뀌지 못할 겁니다. 그러나 스티브 잡스는 그걸 해냈죠.

나아가 윌하이트는 잡스가 회사의 사명과 가치관을 지켜야 한다고 믿으면서도, 그것을 거들먹거리며 이야기하는 데 많은 시간을 허비하지는 않았다는 점을 언급했다. 대신 잡스는 제품을 통해 회사의 가치관을 표현하기를 바랐다.

> 잡스는 개인적인 인터뷰는 절대 하지 않았습니다. 절대로요. 단 한 번도 없었죠. 그는 제품에 대한 인터뷰만 했습니다. 아이디어와, 그 아이디어를 고객과 만나게 하는 일에 대해 이야기했죠. 그게 그의 사명이었고, 그는 결코 초점을 잃지 않았습니다.

한 회사의 가치관은 그 회사의 제품과 논리적인 연결성을 지닌다. 기술회사가 혁신에 큰 가치를 두는 것처럼 말이다. 그러나 가치관은 제품 그 이상의 의미를 지닐 수도 있다.

예를 들어 벤앤제리스는 질 좋은 아이스크림을 만들었기 때문에 인기를 얻었다. 하지만 사회적 양심을 추구한다는 그들의 가치는 단순히 제품을 넘어 직원들을 단합하게 만들고 자부심을 갖게 하며 서비스의 질을 높이는 기업문화의 구심점이라는 점을 보여주었다.

가치관은 상품보다 중요하다

1장에서 벤앤제리스의 제리 그린필드는 세 부문으로 구분된 사명의 중요성과, 그 사명이 어떻게 회사를 세계적으로 성공한 기업으로 성장시켰는지에 대해 언급했다.

사회적 사명이라는 요소에는 그 회사의 문화 가운데 굉장히 큰 부분을 차지하는 가치관이 담겨 있다. 시간이 흐르면서 이러한 가치는 비슷한 생각을 가진 사람들을 끌어들이는 데 도움이 되었고, 직원들에게 좋은 아이스크림을 만드는 것 이상의 성취감을 부여했다.

사회적 양심을 추구한다는 가치관으로 인해 벤앤제리스는 다양한 사회문제들에 대해서도 공식적인 입장을 표명하곤 했다. 비록 위기를 가져오더라도 말이다. 예를 들어 2014년 벤앤제리스는 식품업계와 정계에서 논란거리가 된 이슈에 대해 분명한 입장을 밝혔다. 유전자조작식품 첨가 표기를 의무화하자는 법안을 지지한 것이다. 상정된 이 법안의 요지는 만약 어떤 제품에 유전자조작식품이 포함되었다면, 그 사실이 제품 겉면에 표기되어야 한다는 것이다. 현재 이 법은 60여 개국 이상에서 시행중이지만 미국은 아직 거기에 편승하지 않았다. 그린필드의 설명에 따르면 거대 식품회사들은 이 법에 반대하고 있다.

그건 다윗과 골리앗의 싸움입니다. 일반 소비자와 대기업 간의 싸움이죠. 벤앤제리스는 소비자의 알권리를 강력히 지지하지만 대기업들은 그렇지 않습니다.

사실 유전자조작식품 표시는 전혀 두려운 일이 아닙니다. 그 상품이 "유전자조작으로 생산되었을 수 있다"라고 말하는 것, 그게 전부입니다. 짧은 문구예요. 한편으로 이 논쟁은 참 이상하고, 다른 한편으로는 상당히 일리가 있기도 합니다.

그 법안은 그린필드로 하여금 적들에게 심플함에 대해 조언하도록 만든다. 법안에 반대하며 싸우느라 많은 돈을 쓰는 대신, 사람들에게 유전자조작식품은 그리 나쁜 게 아니라고 알리고 그로 인해 소비자들이 얻는 이익을 설명하는 데 그 수십억원을 사용해도 되지 않을까? 만약 정말 그렇게 믿는다면 말이다.

이 법안의 지지로 인해 벤앤제리스와 모기업인 유니레버Unilever의 사이가 껄끄러워진다는 사실에도 불구하고, 벤앤제리스는 입장을 고수하고 있다. 유니레버는 유전자조작식품 표시운동에 반대하는 대기업들 중 하나다.

그러나 사회적 명분을 중요시하는 벤앤제리스의 입장 표명에는 항상 부담이 따랐다. 벤앤제리스의 입장에 동의하지 않기 때문에 그들의 아이스크림까지 먹지 않는 소비자들도 많았다. 하지만 그린필드는 긍정적인 효과가 부정적인 영향보다 훨씬 더 크다고 느꼈다. 회사 내에서, 문화는 사명과 가치관이 계속 거론되도록 뒷받침했다. 비록 회사의 입장에 전부 동의하지는 않아도, 직원들은 그러한 사회적 문제에 관심을 기울이는 회사에서 일한다는 것을 자랑스럽게 생각했다.

그린필드에 따르면, 벤앤제리스에 대해 대중이 아주 명확한 인식을 가진 것은 아니었다. 그러나 대중의 인식은 이 회사를 움직이는 가치관을 반영한다.

일반적으로 사람들이 선호하는 맛이 있습니다. 또 명확하지는 않더라도 이 회사가 좋은 일을 하는 것 같다는 느낌을 가집니다. 분명 그게 무엇인지 정확히 말할 수 없을 테지만, 사람들은 우리를 올바른 편에 있는 좋은 회사라고 생각합니다.

벤앤제리스가 유니레버에 매각되고 27개국으로 전파된 후에도 그들의 문화를 온전하게 유지할 수 있었던 비결은 무엇일까? 상황이 어떻게 전개될지와 관계없이 계속 가치관을 강화할 수 있도록 회사가 구체적인 조치를 취하는 관리 형태의 발전 덕이라 짐작해보자.

그린필드가 이미 설명했듯이, 그들이 추구한 사회적 책임은 벤앤제리스 재단의 설립으로 제도화되었다. 수년 후 유니레버가 회사를 인수하는 데 관심을 보였을 때, 이들의 독특한 문화가 어떻게 유니레버에 녹아들 수 있을지 광범위한 논의가 일었다. 마침내 계약이 체결되자, 이 계약은 역사상 '가장 유명한 인수 합의'가 되었다.

이 계약에 따르면 유니레버는 운영과 재무에 책임을 지지만, 사회적 사명과 브랜드의 정직성 부문은 벤앤제리스의 독립 이사회가 감독한다고 규정되어 있다. 이 계약은 변경 불가능하며 영원히 지속되어 회사의 가치관을 보전할 것이다. 유니레버는 벤앤제리스를 세계적인 브랜드로 성장시키기 위해 필수적인 자원을 제공할 것이다.

유니레버는 벤앤제리스의 최고경영자를 고용 및 해고할 수 있다. 최고경영자는 유니레버에 운영과 재무 문제를 보고하는 한편, 벤앤제리스 이사회에 사회적 책임 측면을 별도로 보고한다. 그의 업무 성과는 유니레버와 벤앤제리스 이사회 양측에서 평가받는다.

그린필드는 현재 벤앤제리스의 최고경영자인 요스테인 솔헤임을 지지한다. 오랫동안 유니레버의 직원이었던 솔헤임은 경영진의 신뢰를 얻었고 그 체제에서 일하는 방식을 잘 알고 있으며, 벤앤제리스의 가치관을 열정적으로 수용한다. "우리가 맞닥뜨린 사회적, 환경적 문제를 해결하려면 세상에는 극적인 변화가 필요합니다. 가치관으로 움직이는 기업들은 긍정적인 변화를 가져오는 데 중요한 역할을 할 수 있습니다." 솔헤임의 이와 같은 말을 들으면, 그와 그린필드가 아주 비슷하다는 것을 알 수 있다.

두 회사 간의 이 독특한 합의는 잘 이루어지고 있다. 그 합의가 벤앤제리스의 가치관을 존중하면서 그들의 문화를 강화하기 때문이다. 그러나 그린필드는 다른 조직에서 이러한 관계를 따라 하기는 어려울 거라고 말한다.

다른 회사들이 벤앤제리스의 맛을 모방하고 마케팅 지원을 할 수는 있겠지만 사회적 정의를 위해 진심으로, 그리고 열정적으로 헌신하지는 않습니다. 비즈니스의 세계에서 그건 상당히 드문 경우입니다.

글로벌한 차원에서 벤앤제리스는 미국과는 상황이 다른 국가에서도 자신들의 가치관을 표현하려고 노력한다. 예를 들어 호주에서는 동성결혼을 옹호하는 운동을 시작했다. 또한 그레이트배리어리프*를 보호하는 운동에도 착수했다.

이 회사는 자신들이 지지하는 것을 표현하는 방식에 있어서 신중

---

* Great Barrier Reef, 오스트레일리아의 북동해안을 따라 형성된 세계 최대의 산호초.

한 자세를 취하려고 무척 노력한다. 그들의 지지가 누군가에 대한 공격으로 인식되기를 바라지 않기 때문이다. 하지만 그린필드는 진심 어린 신념을 표현하지 않는다면 그것은 벤앤제리스다운 게 아니라고 분명히 말한다.

신념을 정말 진심 어린 형태로, 진실되게 표현하는 것은 어렵습니다. 문제를 그저 이야기만 하는 데 그치지 않아야겠지요. 하지만 새로운 국가에 진출할 때는 그 문제를 직접 이야기하면서 시작할 수밖에 없습니다. 그리고 아시다시피, 말은 참 쉽지요. 그래서 우리는 그 문제를 정말로 신경쓰고 있다는 것을 증명해야 합니다.

다시 한번 우리는 강력한 가치관이 가진 단순화 효과를 알 수 있다. 가치관은 벤앤제리스의 직원들에게 훌륭하고 새로운 아이스크림 맛을 개발해내는 것보다 훨씬 더 위대한 목표를 부여한다.

강력한 문화로 득을 보는 회사들의 특징은 대개 이렇다. 직원들은 그들이 특별한 집단에 속해 있다는 느낌을 받으며, 스스로 가치 있는 일을 하고 있다고 믿는다. 개인적인 성취감은 금전적인 보상만큼이나 중요하다.

직원들을 공동의 목표에 집중하게 만드는 강한 문화는 강력한 경쟁우위로 작용한다. 그 회사의 상품이 경쟁사의 제품들과 비슷할 때는 더욱 그렇다.

가치관은 지문만큼 독특하다

대부분의 사람들은 기술산업과 부동산산업을 동일선상에 두고 생각하지 않는다. 그러나 존 맥그래스의 사례에서 알 수 있듯이, 특정한 가치관은 모두에게 공통으로 적용될 수 있다.

맥그래스는 호주 시드니에 본사를 둔 부동산기업 맥그래스리미티드McGrath Ltd의 설립자이자 최고경영자다. 그는 서비스의 질에 있어서만은 타협하지 않는다는 신념을 엄격하게 고수하기 때문에 '부동산계의 스티브 잡스'라고도 불린다.

하지만 소문처럼 괴짜 같은 사람은 아니다. 맥그래스 사는 오직 고급 매물만 다루며, 직원들에게도 최상급 서비스를 제공하라고 촉구한다. 스티브 잡스처럼 높은 기준에 집착한 결과, 2015년 말 맥그래스 사는 호주에 78개의 지사(23개 직영점과 55개 프랜차이즈 지점)를 보유하고 연 매출 10조원을 올리는 기업으로 성장했다.

나는 시드니에 머무는 동안 한 지점을 무작위로 방문했는데, 깨끗하며 고상하고 최상류층 고객들에게 매력적으로 느껴질 만한 가구를 갖춘, 정확히 광고 속 공간의 모습 그대로였다. 나는 시드니 항구에 있는 아파트 한 채를 사고 싶은 유혹을 뿌리쳐야 했다.

나는 존 맥그래스에게 많은 지사를 보유한 큰 조직에서 문화가 회사를 심플하게 유지하도록 만드는 데 어떤 역할을 하는지 물었다.

그는 먼저 맥그래스 사가 2015년에 약 1만 건의 부동산을 판매하여 호주에서 거대 부동산기업 중 한 곳으로 자리매김할 것 같다고 소개했다. 그러나 맥그래스의 시각으로 보면, 그는 "소수의 훌륭한 직원과 소수의 고객이 있는 작지만 멋진 부동산 회사"를 소유하고 있는 것이었다.

> 사람들은 제게 "큰 사업을 하시니 참 힘들겠습니다"라고 말합니다. 그럼 저는 이렇게 답하죠. "글쎄요. 솔직히 말해서 저는 큰 회사를 운영하는 게 아닙니다. 아주 작은 회사를 운영하고 있지요. 애플은 큰 회사입니다. 제게는 1300명의 직원이 있습니다. 그 수는 카페 종업원보다는 많지만 애플과는 비교도 할 수 없을 정도로 작지요."
> 많은 사람들이 실제로 자신이 지닌 것보다 더 크고 복잡한 회사를 운영한다고 생각합니다. 그들은 자주 스스로 복잡함을 만들어냅니다. 저는 많은 회사들이, 실제로는 최고경영자나 설립자가 생각하는 것보다 전혀 복잡하지 않다고 생각합니다.

그는 심플함을 실현하는 데 세심하게 주의를 기울이는 것이 지속적인 성장을 위한 핵심 열쇠이며 회사를 복잡해지지 않게 보호하는 최고의 방법이라고 믿는다. 특히 그는 회사의 '목표', 바로 우리가 사명이라고 부르는 것에 초점을 맞춘다.

> "우리의 목표가 뭐지?"라고 재차 물어야 합니다. 음, 우리의 목표는 부동산을 팔고 싶어하는 사람들을 찾고, 좋은 제안을 하고, 그 매물을 시장에 잘 제시하고, 가장 좋은 가격에 팔고, 앞으로 나아가는 겁니다. 아무리 큰 목표라도 단순하게 쪼개다보면 어느덧 달성할 수

있는 목표가 되지요.

맥그래스는 이 목표에 전념하는 문화를 만들어냈다. 회사의 가치관은 목표를 지지하며 그를 담아낸 문화를 육성한다. 이 회사를 동종 업계에 있는 경쟁사들과 차별화한 것이 바로 이 뚜렷한 문화다.

제게 가치관은 문화를 형성하는 기본 토대입니다. 만약 당신에게 강하고 뚜렷한 가치관이 있다면, 분명히 당신의 전체 팀도 그럴 겁니다. 만약 무언가가 당신의 가치관에 맞지 않는다면, 그건 논의할 가치조차 없는 거죠. 이 회사에서 우리는 존중, 진실성, 탁월함에 전념합니다. 만약 어떤 시도나 결정 또는 절차가 그에 맞지 않는다면, 저는 "도대체 왜 우리가 이 논의를 하고 있는 거죠?"라고 말할 겁니다.

굳건한 가치관은 문화를 형성하는 토대만 제공하는 것이 아니라 강력한 단순화 요소로도 작용한다. 자신이 가장 중요하게 여기는 가치가 무엇인지 질문받자, 맥그래스는 망설임 없이 '탁월함'이라고 대답했다. 그는 가끔 직원들이 "그건 사장님이 좋아하지 않으실 거야" 같은 말을 하는 걸 들으면 기분이 좋아진다고 한다. 그건 아부성 멘트가 아니다. 맥그래스는 그 말을 직원들이 진심으로 회사의 기준을 이해하고 그 수준에 맞게 일하기 위해서 분투하고 있다는 것을 보여주는 표시라 여긴다.

맥그래스는 톰 피터스의 저서 『초우량기업의 조건』에 나오는 "탁월함이 아니면 무엇이 있다는 말인가? 지금 탁월하지 않다면, 언제 그렇게 되겠는가?"라는 말을 인용한다. 만약 당신이 탁월함을 달성하는 데 집중하지 않는다면, 실제로는 그저 평범함에 힘을 쏟고 있을 뿐이라고 말이다. 이분법적으로 생각해보면, 탁월함을 이루는 것만이 유일한 선택이다.

그 예로 맥그래스 사는 모든 부동산을 철저하고 꼼꼼하게 점검하도록 하고, 마케팅자료로 활용하기 위해서 세계 최상급의 사진을 요구한다. 반드시 건축디자인 잡지 『아키텍처럴 다이제스트』에 나오는 건물 화보와 비슷한 수준이어야 한다는 것이 맥그래스 사의 일반적인 원칙이다. 만약 아주 작은 세부사항 하나라도 잘못되었다면 재촬영을 고집한다. 타협 없이, 아주 세부적인 부분까지 집중하도록 강요하는 사내 문화가 있다고 그는 말한다.

새로운 직원이 들어왔을 때 이러한 말을 들으면, 그들은 이따금씩 "오, 정말로요?"라는 반응을 합니다. 그들은 곧바로 대답이 "네, 정말입니다"라는 것을 알게 되지요. 우리는 탁월함을 달성하는 것을 소중히 여기고, 작은 세부사항까지 충족하는 데 집중합니다. 타협의 여지가 없습니다.

가치관은 결코 정도의 문제가 아니다. 가치관이 존재하느냐 그렇지 않느냐일 뿐이다. 맥그래스 사는 고유한 가치관을 바탕으로 설립되었고, 계속 그 가치관을 따라 나아가며, 그 가치관 덕분에 경쟁사들과 차별화된다. 회사의 문화는 그 가치관을 찬양한다.

가치관을 고수하는 것이 어떻게 회사를 상승 궤도에 올려놓을 수 있는지는 쉽게 알 수 있다. 또한 심각한 위기가 회사의 존립 자체를 위협할 때도 강력한 가치관은 진가를 발휘한다. 사실 그러한 경우가 가치관이 가장 크게 효과를 내는 때라고도 할 수 있다. 세상에서 가장 상징적인 자동차 제조사 중 한 곳의 사례처럼.

강력한 가치관은 대범한 행동으로 이어진다

회사에 심플함을 추구하는 문화가 형성되면, 직원들이 복잡한 상황을 대하는 방식까지 변화시킬 수 있다. 또한 종종 상식을 이용하여 대범한 결정을 내림으로써 복잡한 문제들을 해결할 수 있게 만든다.

알렉산더대왕이 고르디우스의 매듭을 단칼에 잘라버린 전설적인 이야기를 떠올려보라. 불가능할 정도로 구불구불 꼬인 매듭을 아무도 풀지 못할 때, 알렉산더 대왕이 나타나 자신의 검을 뽑아들고 간단히 그 매듭을 잘라버렸다. 아주 간단했다.

복잡한 문제를 해결하는 데 알렉산더대왕 같은 능력을 지닌 이들이 있다. 앞서 이야기했던 애플의 전 마케팅 부사장 스티브 윌하이트는 1990년대 초반 폭스바겐의 미국 내 마케팅을 지휘할 당시 최고경영자였던 빌 영에 대해 찬사를 보낸다. 그에 따르면 빌 영은 타협하지 않고 가치관에 따라 움직였기에 어려운 시기에 대범한 결정을 내릴 수 있었다. 비록 자신의 가치관을 고집하다가 결국 자리를 잃게 되었지만 말이다.

윌하이트의 임기 동안 폭스바겐은 위기 상황이었다. 호황기에는 연간 56만 9000대까지 판매고를 올렸지만, 1992년에는 고작 4만 9000대로 줄어들었다. 허용가능 기준의 10퍼센트보다도 낮은 판매량이었다. 그러한 힘든 시기에도 빌 영은 회사의 가치관을 변함없이 고수했다고 윌하이트는 기억한다.

당시 폭스바겐의 품질은 믿을 수 없는 상태였습니다. 기준에 상관없이, 우리는 이 산업에서 최악이었습니다. 차세대 모델은 그보다 훨씬 더 엉망으로 나올 수 있다는 것을 깨닫고, 빌 영은 가장 대범한 결정을 내렸습니다. "우리는 그런 제품을 받아들이지 않을 겁니다." 낮은 질의 제품들은 우리 차종의 70퍼센트를 차지했고, 영은 그 차들을 판매하지 않겠다고 선언했습니다. 혼다가 차세대 어코드를 판매하지 않겠다고 말하는 상황을 상상해보세요. 아니면 도요타가 최신형 캠리를 팔지 않겠다고 말하는 것을요. 그게 바로 정확히 영이 한 일이었습니다.

때때로 가치관을 믿고 결정을 내리는 일에는 용기가 필요하며, 당시는 분명히 그러한 시기 중 하나였다. 그러나 영은 거기서 멈추지 않았다. 판매 중단은 오직 스스로의 결정이었기에, 그는 딜러들이 그전해에 판매했던 실적을 토대로 '상정된 총수익'을 받아야 한다고 발표했다. 만들지도 판매하지도 않은 차들, 그리고 벌어들이지 못한 수익에 대한 성과급을 지불한 탓에 폭스바겐의 수익은 낭떠러지로 추락했다.

이사회는 신형 차종을 판매하지 않겠다는 영의 결정을 받아들였지만, 판매하지 않은 차에 대한 급여를 딜러에게 지불한다는 결정을 놓고 결국 영을 해고했다. 하지만 윌하이트는 영이 가치관을 고수한 것이 폭스바겐의 성공적인 재기를 위한 토대가 되었다고 생각한다.

두 가지 결정만으로는 회사를 구할 수 없었지만, 그 덕분에 우리는 미국에서 사업을 유지할 수 있었고 또 재기할 기회를 얻었습니다. 질이 낮은 제품을 허용할 수 없다고 단호하게 선을 그은 결정이었던 거죠. 만약 그러한 대범한 결정들이 없었다면, 오늘날 폭스바겐은 미국시장에서 철수했을 겁니다. 하지만 영에게 그것은 간단한 결정이었죠. 그에게는 올바른 가치관이 있었으니까요. 그의 가치관이 고르디우스의 매듭을 자르게 만든 겁니다.

그가 임기 내내 폭스바겐 미국 지사에서 가치관에 전념한 것과는 대조적으로, 2015년에 글로벌 폭스바겐 브랜드는 그 가치관에 부응하는 데 실패하여 큰 타격을 입었다. 도로에서 실제로 차를 몰 때보다 배기가스가 더 적게 나오도록 시험과정에서 소프트웨어를 고의적으로 조작하여 정부 규제를 속인 사실이 뒤늦게 발각되었다. 회사의 가치관을 따르지 않은 폭스바겐은 회복하려면 족히 몇 년은 걸릴 타격을 입으며 브랜드가치를 땅으로 떨어뜨렸다.

윌하이트는 운좋게도 자신의 임기에 폭스바겐 미국 지사와 애플에서 강력한 가치관이 효과를 가져오는 것을 충분히 목격했다. 그 회사의 가치관은 그들이 옳은 일을 하도록 용기를 주었다. 옳은 일을 하는 것이 궁극적으로 최고의 사업계획이라고 그는 믿는다.

왜 다른 브랜드는 애플처럼 하지 못할까요? 아마도 올바른 결정을 내리는 데 스티브 잡스처럼 용기 있는 인물이 없기 때문일 겁니다. 잡스는 테스트와 시장조사 결과에 따라 결정을 내리지 않았습니다. 자신의 가치관에 의존했지요. 강력한 가치관을 지닌 덕분에 훨씬 더 심플한 결정을 내릴 수 있었습니다.

잡스와 일했던 당시의 개인적인 경험에 대해 나누다보니, '옳은 일을 하기'가 우리 대화의 주제가 되었다. 비록 잡스를 비판하는 이들은 발끈하겠지만, 우리 두 사람이 공통적으로 관찰한 사실은 이것이 잡스의 행동이 가진 가장 뚜렷한 특성이었다는 점이었다. 자신의 가치관에 충실하려는 고집, 그 가치관을 토대로 옳다고 느끼는 일을 한 것이 애플을 경쟁사들과 차별화했다. 또한 그러한 행동은 성공 가능성이 거의 없다고 평가될 때 애플을 다시 날아오르게 한 힘이었다.

물론, 모든 기업의 리더는 자신이 올바른 일을 하고 있다고 믿는다. 그러나 뇌가 지시하는 논리적인 측면을 따르는 것과 마음속 깊이 지닌 신념을 토대로 행동하는 것 사이에는 큰 차이가 있다. 특히 그러한 신념이 실질적인 수치로 뒷받침되지 않을 경우에는 더욱더 그렇다.

진실은, 가장 힘든 몇몇 결정은 회사의 가치관에 따를 때 더욱 내리기 쉬워진다는 것이다.

'진실함'은 강력한 가치관이다

광고업에 종사하던 초기에 나는 미국에서 가장 존경받는 직업과 가장 덜 존경받는 직업을 조사한 자료를 우연히 발견했다. 가장 덜 존경받는 직업으로 변호사와 광고계 종사자가 있었다.

부모님께 아주 죄송한 마음이 들었다. 자식 중 두 명은 변호사이고 한 명은 광고인이기 때문이었다(다행히 형제 한 명은 가장 존경받는 직업군인 교육업에 종사하고 있지만).

조사가 맞든 틀리든, 이러한 직업군의 순위가 낮은 이유는 진실함이 부족하다는 인식 때문이다. 그래서인지 광고, 영화, 텔레비전, 온라인 등의 콘텐츠를 제작하는 래디컬미디어RadicalMedia의 공동설립자들과의 만남은 굉장히 즐거웠다. 이들은 진실성을 대단히 중요하게 생각하며, 진실성을 회사의 기본 원칙이자 회사 문화의 기본적인 요소라고 말한다.

래디컬미디어는 현재 세계적인 기업이다. 광고를 만드는 작은 제작사로 시작해 수년 만에 굉장히 다양한 콘텐츠를 생산하는 회사로 성장했다. 그들의 작품은 아카데미상 수상 다큐멘터리 〈전쟁의 안개〉와 그래미상 수상 다큐멘터리 〈키스 리처드─영향력 아래〉 같은 영화, 선댄스 채널의 〈아이코노클래스트〉와 오프라윈프리 네트워크의 〈오프라의 마스터클래스〉 등의 TV프로그램, 그리고 케이티 페리와

70

시아Sia를 비롯한 가수들의 뮤직비디오까지 매우 다양하다. 래디컬미디어는 또한 아우디, BMW, 메르세데스벤츠, 포르셰, 포드, GM, 샤넬, 가이코, 제이크루, 제너럴일렉트릭 등을 포함하여 많은 상징적인 브랜드의 광고 제작도 계속하고 있다.

래디컬의 공동설립자이자 로스앤젤레스 지사 대표인 프랭크 셰머는 이 회사를 설립할 때 동업자 존 케이멘과 나눈 대화를 떠올렸다.

케이멘은 제작자로서 가장 중요한 점은 진실함이라고 말했습니다. 그건 성장과정에서 항상 우리의 초점이 되었지요. 우리는 진실함이라는 가치를 지키고 진실함을 통해 회사를 유지해야 합니다. 왜냐하면 그게 정말 우리의 성공 동인이니까요.

케이멘은 그 대화가 어떻게 두 설립자가 합심하는 데 기여했는지를 회상한다. 콘텐츠산업은 사기꾼들이 득실대는 곳이 아니다. 다만 압박감이 심하고 예산이 높기 때문에 사람들이 좀 말도 안 되는 일을 한다고 알려져 있을 뿐이다. 케이멘은 이렇게 말한다.

우리는 정말 위대한 작품을 만들어내고 싶습니다. 우리를 곤경에서 벗어나게 한 것은 진실함이라는 유전자입니다. 그것은 우리가 계속해서 진실하도록 만들고, 우리가 누구이며 무엇을 대표하는지를 표현하는 데 열정적인 자세를 갖도록 합니다. 이 업계에서 우리가 장수하는 것이 확실한 증거입니다. 그 메시지를 따랐기에 성장할 수

71

있었던 것이죠.

진실성은 래디컬미디어의 문화를 움직이는 핵심 가치다. 이들의 비즈니스에 진실함이 어떠한 영향을 미치는지 알아보기 위해서는 먼저 이 회사가 맺고 있는 광범위한 관계를 이해해야 한다. 전통적으로 래디컬의 고객은 광고대행사들이었고, 그 대행사의 고객을 위해 제작 작업을 한다. 그러나 마케팅업계가 성장하면서, 고객들은 래디컬에게 그들과 직접 일하기를 요구했다. 곤란한 상황이 벌어졌다. 양쪽 모두에게 최선의 일을 하고 싶었으나, 그 누구의 감정도 상하게 하고 싶지 않았다.

동시에 래디컬에는 상당수의 감독들도 소속되어 있기에, 그 감독들의 커리어를 육성하고 지원하며 그들의 명성을 보호해야 한다. 따라서 래디컬은 재능 있는 직원들의 매니저, 대행사, 그리고 콘텐츠 제작사로서의 역할을 경우에 따라 곡예하듯 다루어야 하는데, 어느 하나를 우선시하면 다른 측면의 이익에 맞지 않는 경우가 자주 발생한다. 래디컬이 추구하는 진실함이라는 가치는 파트너들을 안심시키는 동시에, 회사의 목표는 최고의 작품을 창조하는 것이지 최고의 수익을 내는 것이 아니라는 점을 확실히 알려주는 역할을 한다. 이 가치는 또한 그와 뜻이 맞는 고객, 파트너, 직원을 선정하는 지침이 되며, 래디컬이 남부끄러운 행동을 하지 않을 것이라는 점을 보장한다.

수십 년간 많은 제작사들이 생겼다 사라지는 동안에도 래디컬은 꾸준히 성장하고 있다. 그렇다 하더라도 진실성을 키우는 일은 계속

72

되어야 한다. 쉽게 버는 돈의 유혹에 넘어가면 그 가치는 즉각 사라질 것이기 때문이다.

일부 회사에는 직원들에게 수익을 최우선시하도록 독려하는 문화가 있지만, 래디컬의 직원들은 최고 수준의 작품과 공정성을 다른 모든 것보다 우선시하도록 교육받는다. 문화를 움직이는 핵심 가치로써, 진실성이라는 가치는 직원들의 행동과 결정에 영향을 미친다. 따라서 진실성이 없다면 금방 표가 날 것이다. 한 예로, 케이멘은 한 상업광고를 촬영하는 동안 벌어졌던 곤란한 상황에 대해 들려주었다.

한 뛰어난 감독이 대행사의 크리에이티브 팀원에게 말도 안 되는 이유로 선을 넘어 버럭 화를 냈습니다. 저는 대행사와 대행사 고객의 최선의 이익을 위해 그 감독을 해고했지요. 제가 그런 행동을 하리라고는 아무도 상상하지 못했습니다. 감독을 해고하다니요. 하지만 우리는 그 고객과 아주 오랫동안 일해왔고, 그 대행사의 설립자에게 이렇게 설명했습니다. "당신은 더 나은 것을 누릴 자격이 있어요. 우리는 당신과, 당신이 맺고 있는 고객과의 오랜 관계를 위기에 처하게 할 수 없습니다." 우리는 재능 있으면서도 책무를 감사히 받아들일 줄 아는 다른 감독으로 교체했습니다. 새로운 감독은 상황을 돌려놓기 위해 열심히 일했고, 상처받은 크리에이티브팀과 멋지게 협업했으며, 그 광고는 칸 국제광고제에서 티타늄[2]상을 수상했습니다.

케이멘은 강력한 가치관이 있다면 문화는 자연히 발전한다고 믿는다. 가치관에 의지해 훌륭하게 맡은 바를 해내면 문화는 더욱 굳건해지고, 더욱 강력해진 문화는 훌륭한 성과로 이어진다.

래디컬의 직원은 약 150명이지만, 콘텐츠 제작에는 기본적으로 매년 수천 명의 프리랜서를 고용하고 있다. 케이멘은 그러한 프리랜서 직원들 역시 래디컬의 강력한 문화를 잘 수용한다고 말한다.

종종 프리랜서 직원들은 우리에게 감사하다고 말합니다. 래디컬을 차별화한 것에 대해서요. 저는 그런 말을 들을 때마다 항상 궁금합니다. 우리가 정말 그렇게 다른가? '진실성'이라는 말을 사용하지 않지만 그들은 정직과 헌신, 충성심, 그리고 우리 직원들의 태도, 우리가 사람들을 대하는 방식이 다르다고 이야기합니다. 그것은 가장 긍정적인 결과로 우리에게 되돌아옵니다. 직원이든 프리랜서이든, 그들은 자신을 이 회사의 가족이라 여깁니다.

명성은 고객을 새로운 회사로 유인하는 중요한 요소이며, 그간 래디컬의 행보와 성취는 그 명성을 강화한다. 이 회사는 진실함이라는 긍정적인 가치를 명확한 비즈니스의 한 부분으로 전환시켰다.

하지만 어떤 경쟁사가 래디컬과 동일한 가치를 지닌다고 주장할 수 있을까? 물론 주장은 할 수 있다. 주장만 하기는 쉽다. 효과적으로 사업을 추진하려면, 가치관이 깊이 내재되어 있어야 한다. 단순히 따라 하는 것은 정말 믿는 것과 절대로 같을 수 없다.

가치관은 베낄 수 없다

대한민국 서울에서 나는 당시 현대카드와 현대캐피탈, 그리고 현대커머셜의 최고경영자인 정태영 부회장을 만났다. 이 세 회사는 모기업인 현대자동차그룹의 금융 부문을 담당하는 회사로, 소비자와 기업에 자동차 및 기타 금융서비스를 제공하기 위해 설립되었다.

정태영 부회장은 한국에서 꽤 유명한 기업가인데, 이는 주로 현대카드를 변화시킨 그의 경이로운 리더십 덕분이다. 이러한 성공으로 2015년 그는 세 회사의 부회장 자리에 올랐다.

2003년 정 부회장이 그 일을 맡았을 때, 현대카드와 현대캐피탈의 손실액 합계는 연 8960억원에 달했다. 그리고 10년 후, 이제 이 회사들은 연간 9100억원의 수익을 올린다. 정 부회장이 현대카드에 도입한 주요 변화가 이러한 성공의 핵심요인이었다.

그는 회사에 새로운 가치관을 주입하는 것부터 시작했다. 그 가치관 중 하나는 디자인에 대한 애정이었다. 이것은 현대카드의 운명을 바꾸었을 뿐 아니라, 직원들에게도 영감을 주고 회사의 물리적인 공간을 변화시키고, 소비자들에게는 동경의 대상 같은 이미지까지 심어주었다. 또한 디자인은 많은 결정을 내리는 지침 역할을 하면서 회사를 심플하게 바꾸는 작업에도 기여했다.

현대카드는 자사의 신용카드를 마치 보석처럼 취급했다. 그들의 카드는 예술적이고 심플한 디자인을 갖추었을 뿐만 아니라, 고객에게 전달되는 패키지에서마저 고급스러움이 묻어난다. 디자인에 초점을 맞춘 방식은 소비자로 하여금 그 회사가 제공하는 상품이 아주 고급스러운 것이며 그에 맞는 라이프스타일을 반영한다고 생각하게 만든다(정 부회장은 집에서 카드의 로고, 레이아웃, 색깔 등을 이리저리 손보며, 자신이 선보인 첫번째 카드의 실질적인 디자인을 담당했다).

정 부회장은 그 회사의 사업에 디자인이 진짜 영향을 미치려면 사내 문화에서도 디자인이 눈에 보여야 한다고 믿었다. 실질적인 업무 공간도 그를 반영해 조성했다.

현대카드를 방문했을 때, 나는 절제된 이미지가 떠오르는 금융회사의 본사를 기대했다. 그러나 내 눈앞의 건물은 일부는 디자인 스튜디오 같고, 일부는 미술관 같고, 일부는 산업박람회장 같은 모습이었다.

심플하고 우아한 로비에는 영국 아티스트 줄리언 오피의 미디어 아트 작품이 방문객들을 맞고 있었다. 디자인 랩은 프랑스 건축가 장 누벨이 설계했다. 디자인 도서관은 그야말로 입이 떡 벌어질 지경이었다. 내가 여태껏 일했던 어느 광고대행사의 디자인 도서관보다 크고, 심지어 애플의 비밀 디자인 스튜디오 안에 있는 도서관보다도 훨씬 더 컸다. 직원들과 방문객이 이용하는 카페 엠 또한 유명한 덴마크 디자이너 베르너 판톤이 구상한 의자들이 놓여 있는 등 아주 멋지게 꾸며져 있었다.

나는 경쟁사들이 현대카드의 가치관이나 커뮤니케이션 방식을 모방해서 성공하려고 애쓰는 시도가 걱정되지 않는지 정 부회장에게 물었다. 그는 전혀 염려하지 않았다.

그들은 이미 저희를 따라 하려고 애쓰고 있습니다. 하지만 우리와 같은 유전자가 없습니다. 그들은 우리가 진짜 무엇을 하려는 것인지 이해하지 못합니다. 제 전체 사업계획을 그들에게 공개할 수도 있을 겁니다. 그래도 전혀 문제가 안 될 테니까요. 그들은 디자이너와 마케터를 고용하고, 어떤 경우에는 현대카드에서 직원들을 데려가기도 하지요. 그러나 바로 그 유전자와 비전이 없다면 다른 회사를 베끼는 것은 의미가 없어요.

동경의 대상이 되는 상품을 만들어내면서 현대카드는 '멋진 회사'라는 이미지를 쌓았다. 정 부회장은 그 이미지가 피상적인 것이 아니라고 강조한다. 실제로 그 회사의 신념이 반영된 것이다.

스티브 잡스가 첫번째 아이폰을 선보였을 때 그 제품이 멋졌던 이유는 디자인과 기능 때문이었습니다. 그러나 또한 잡스와 애플이 지닌 가치관과, 그들이 달성한 모든 업적으로 존경받았기 때문이기도 했습니다. 다른 회사가 아이폰을 모방해서 좋은 상품을 만들 수는 있겠지만, 그것만으로는 회사를 멋지게 만들 수 없습니다.

'멋지다'라는 생각은 한 회사의 가치관에서 기인한다고 정 부회장은 말한다. 그러한 가치관이 소비자의 가치관과 일치할 때 회사와 소비자 간의 연결고리는 더욱 단단해진다. 가치관은 매력적인 유인책인 동시에 보상이다.

정태영 부회장은 뉴욕여행에서의 일화를 들려주었다. 그는 막 문을 연 메이저 전자제품회사의 매장에 들렀다. 그 매장은 인상적이기는 했지만, 긍정적인 방향으로 그런 건 아니었다. 분명 '멋지긴' 했지만 그건 일반적인 느낌일 뿐, 그 회사의 가치관이 드러나 있지 않았다. 상품들의 이면에 있는 '왜'라는 의미를 전달하는 데 처참히 실패한 것이다.

이와 상반되게, 정 부회장은 애플스토어에서 애플의 가치관을 분명하게 보았다. 그 가치관은 온라인, 포장지, 광고, 상품 자체 등 애플의 세계 어디에서나 동일하게 발견할 수 있다. 애플은 모든 기회를 활용해 심플함, 디자인, 고품질이라는 가치관을 추구하고 사람들의 삶의 질을 개선한다. 정 부회장은 애플의 성공 이유가 그러한 가치관이 브랜드에 진실하게 녹아 있기 때문이라고 믿는다. 진실성 없이 '멋짐'만을 추구하는 것은 의미가 없다.

앞서 살펴본 호주 시드니의 부동산기업 맥그래스리미티드의 최고경영자 존 맥그래스 역시 자사의 문화를 경쟁사들이 따라 할 수 없다고 여긴다. 그는 문화를 하나의 강력한 채용 도구로 여긴다. 하지만 직원들에게 문화를 주입시키려고 일부러 애쓰지는 않는다. 그의 관점에서 문화는 스며드는 것이지 가르치는 것이 아니기 때문이다.

문화는 직원들이 그 회사의 일원이 되어 익히는 겁니다. 당신은 그들에게 문화에 관해 미리 말해줄 수 있고, 그들이 어떤 경험을 할지에 대해 약간의 정보를 줄 수는 있습니다. 하지만 회사에 대한 직원들의 인식은 결국 실제 경험을 통해 형성됩니다.

맥그래스는 직원들이 처음부터 회사문화를 진정으로 경험하도록 힘을 쏟는다. 그는 각 지사에서 근무하는 직원들도 일정 기간은 본사에서 지내도록 데려온다. 모든 직원은 '근무 첫날'부터 문화를 받아들이기 시작한다. 형식적인 지시에 의해서가 아니라 새로운 동료들과 교류하면서. 가장 먼 지점의 직급이 가장 낮은 보조 직원부터 새로운 총괄이사까지, 모든 직원은 본사에서 첫날을 경험해야 한다. 맥그래스는 모든 '근무 첫날' 회의에 참석하려고 각별히 노력한다. 직접 자신을 소개하고, 회사를 독보적으로 만드는 것에 대한 자신의 생각을 직원들과 공유하기 위해서다.

맥그래스는 직원들이 훌륭한 성과를 내는 데 문화가 영감을 준다고 믿는다. 근무 첫날 직원들이 보는 것은 거기서 일하는 직원들이 스스로의 일을 사랑한다는 것과 최고가 되고 싶어한다는 것, 그리고 탁월한 서비스를 제공하는 데 전념한다는 것을 뒷받침한다. 더 나아가 존 맥그래스는 설령 일부 직원들이 회사의 문화에 맞지 않아도 괜찮다고 말한다.

솔직히 이 문화가 모든 사람에게 잘 맞는 것은 아닙니다. 문화는 유인요소의 일부입니다. 우리 회사에 합류할 때 사람들은 여기에서 가장 중요한 것이 진실함이라는 점을 압니다. 사실 진실함은 우리 업계에서 거의 무시되는 것이지요. 그래서 전 사람들에게 "이건 천국으로 가거나 아니면 지옥으로 가는 일"이라고 말합니다.

강력한 문화를 가진 곳에서는 성과에 대한 기준 역시 확실하다. 새로운 직원 대부분은 거의 즉시 이것을 터득하며, 몇몇 사람들은 자신이 맞지 않는 곳에 있다는 것을 바로 깨닫는다.

당신이 탁월함을 이루기 위해 전념한다면, 고객들에게 서비스를 제공하는 일을 사랑한다면, 당신이 하는 일에 열정적이라면, 그리고 언제나 진실을 추구한다면, 당신은 맥그래스에 와야 합니다. 만약 위 네 가지 사항 중 하나라도 해당하지 않는다면, 정말로 지금 당장 떠나야 합니다. 이 문제에 관한 한 우리는 이분법적인 입장입니다. 이건 채용절차의 한 부분이죠. 누군가를 뽑은 후에 그가 하는 말이라고는 "오, 망할, 이건 내가 원해서 계약한 일이 아니야!" 따위의 소리를 듣는 건 좋을 게 없습니다.

현대카드처럼 맥그래스 문화의 특징도 잘 알려져 있다. 회사의 가치관이 벽 전체에 도배되어 있지 않더라도 말이다. 원칙은 그곳에서 일하는 경험을 통해 전달된다.

그러나 회사의 가치관을 공식화하고, 조직 내에서 다양한 수단을 동원하여 적극적으로 직원들에게 가치관을 불어넣는 것이 효과적이라고 생각하는 회사들도 있다.

가치관은 불변의 영역이다

컨테이너스토어The Container Store는 소매업에서 거의 믿을 수 없을 정도로 큰 성공을 거두었다. 1978년 첫 매장이 문을 연 이래, 이 회사는 매년 최소 20퍼센트씩 성장했다. 또한 15년간 연속으로『포춘』이 선정한 '가장 일하기 좋은 100대 기업' 목록에도 이름을 올렸다. 아마 이것은 컨테이너스토어에 특히 좋은 문화가 자리잡고 있다는 첫번째 증거일 것이다.

나는 최고경영자 킵 틴델과 함께 컨테이너스토어의 가치관과 그 가치관을 지속적으로 강화하는 방법에 대해 이야기를 나누었다. 회사 설립 당시에 틴델은 스스로 '근본 원칙'이라는 것을 만들었다. 그 원칙에는 일곱 가지 항목이 있다. (그렇다고 '일곱'이라는 숫자에서 심오한 의미를 찾으려 들지는 말라. 틴델은 많은 사람들이 모세의 십계명조차 다 기억하지 못한다는 사실을 안다. 자신의 원칙을 보다 간단히 하고자 그냥 일곱 가지로 만든 것뿐이다. 다시 한번 심플함을 되새기게 하는 대목이다.)

이 회사의 근본 원칙은 많은 가치관을 담고 있다. 예를 들면 의사소통을 잘할 것, 제품 공급업체들을 잘 대우할 것, 직감을 키울 것, 신나는 분위기를 유지할 것, 소비자의 기대치를 초월할 것 등이다. 틴델은 이러한 원칙이 회사의 성공을 완벽하게 설명한다고 믿는다.

채용과정에서 우리는 근본 원칙을 다룹니다. 연수과정에서도 마찬가지입니다. 원칙은 우리 문화의 기본틀이며, 우리가 이 일을 하는 이유입니다.

이러한 원칙은 컨테이너스토어를 심플하게 유지하는 핵심요소다. 그로 인해 비슷한 규모의 기업에서 흔히 발견되는 복잡한 규칙과 절차의 필요성을 없앨 수 있다. 또한 근본 원칙은 직원들에게 자율권을 주기 때문에, 상사가 어깨 너머로 끊임없이 감독하지 않아도 각자 자신만의 방식으로 일할 자유가 생긴다.

우리는 수천 명의 직원들에게 특정한 상황에서 어떻게 하라고 일일이 말해줄 만큼 똑똑하지 않습니다. 또한 수천 명의 직원들에게 전화에 어떻게 응대하라고 말해줄 수 없습니다. 심지어 그렇게 할 시도조차 하지 않습니다. 그저 직원들이 매우 심플한 목표를 달성하는 데 동의하도록 만듭니다. 그다음 목표를 달성하는 수단을 자유롭게 선택하도록 합니다. 그러면 직원들은 최고의 고객서비스, 최고의 솔루션, 그리고 가장 위대한 가치를 제공할 수 있게 됩니다. 우리는 직원들이 자신만의 창의적이고 특별한 재능을 펼칠 수 있도록 속박을 풀어줍니다.

틴델은 회사의 생산성이 더 높아지고 소비자, 직원, 거래처를 더 만족스럽게 만든 데 그 원칙들이 기여했다는 점을 의심하지 않는다.

많은 회사들의 문제는, 이러한 지침이 드러나고 언급되는 경향은 있지만 회사의 일상적인 비즈니스에 큰 영향을 주지 못한다는 사실이다. 컨테이너스토어는 그렇지 않다. 이 원칙은 진정 회사의 근본이기 때문이다.

우리 매장들 중 한 곳에 들어가서 직원들에게 "회사의 근본 원칙들이 정말 업무상의 모든 행동에 영향을 미칩니까?"라고 물어보십시오. 분명 "그렇습니다"라는 대답을 들을 겁니다. 그 원칙은 그저 벽에 걸린 문구가 아닙니다. 우리 직원들은 끊임없이 그 원칙에 대해 이야기합니다. 이러한 원칙을 기억하는 것이 무엇을 하라고 지시하는 권위적인 상사가 있는 것보다 훨씬 더 낫습니다.

근본 원칙들은 회의와 사내 커뮤니케이션 과정에서 자주 언급되며, 직원들은 그 지침을 따라 일하라고 독려받는다. 회사의 가치관이 분명히 나타나고 강화되기 때문에, 문화는 계속해서 강력해진다. 가치관은 그들을 다른 회사보다 두드러지게 만드는 부분, 즉 훌륭한 고객서비스를 제공하는 상황에서 직원들이 서로를 지원하도록 만든다.

특별한 서비스를 추구한다는 가치관은 증권사 찰스슈워브^{Charles Schwab}에서도 필수적이다. 이 회사는 사람들의 마음을 움직이는 문화를 만들려는 목표를 지니고 있다. 슈워브의 문화 또한 일련의 가치관으로 공식화되어 있으며 회사 전체에서 자주 언급된다. 실제로 이 회사가 제공하는 '상품'은 보다 나은 재정적 미래이기에, 최고의 서비스를 제공하는 것은 고객들을 만족시키고 신뢰를 얻는 데 필수적이다.

슈워브의 전임 최고경영자였던 데이비드 포트럭은 1990년대 후반 이 회사가 극적인 성장을 하도록 이끄는 데 기여했다. 강력한 문화는 회사 확장의 주요 동인이 되었으며, 그 문화는 의도적이고 체계적으로 만들어진 것이었다고 그는 말한다.

우리가 진정 문화에 집중했던 때는 1990년대 초였습니다. 찰스슈워브의 설립자인 척과 함께 이 회사의 리더 중 한 명으로서 저는 스스로 어떻게 행동하는 것이 좋을지를 고민하고, 리더십 역량과 화술을 개선하기 위해서 리더십 커뮤니케이션 전문가인 테리 피어스를 고용했습니다. 피어스는 문화에 초점을 맞추었고, 문화는 주의와 관심이 필요한 분야라는 사실을 이해하는 데 도움을 주었습니다.

포트럭은 모든 기업에는 문화가 있으며, 그 문화는 우리가 있든 없든 계속 발전할 것이라고 생각한다. 따라서 우리가 어떤 문화를 형성하고 싶은지, 그러한 문화를 형성하기 위해서 할 수 있는 일이 무엇인지에 대해 생각해야 한다고 말한다.

제게 문화는 몹시 중요합니다. 문화는 사명과 가치관에 연결되어 있기 때문이지요. 그것이 바로 진정한 문화입니다. 사명과 가치관과 행동이 바로 회사를 진짜 기업으로 만드는 것이지요.
당신은 직원들이 날마다 어떻게 행동하기를 바라십니까? 진짜 기준이 무엇인가요? 직원들이 결정을 내리기 전에 매뉴얼에 의존하는 것이 좋을까요? 아니면 직원들이 가치관을 너무나 잘 이해하고 있어 고객에 따라 어떻게 적절한 조치를 취할지 알고 있는 것이 좋을까요?

슈워브의 리더로서 포트럭은 문화의 중요성을 이야기하고, 문화에 투자하고, 문화를 강화하는 데 많은 시간을 쏟았다. 그는 문화를 형성하는 데 도움이 될 사명 하나를 만들기 위해 회사의 임원 100여 명과 회의를 열었다.

이 회의는 주말 내내 이어졌다. 많은 대화를 나누며 계속 토론을 이어나가자 슈워브의 가치관은 임원들이 바라는 회사의 모습과, 임원들이 모든 직원들로 하여금 이해하기를 바라는 내용 여섯 가지로 압축되었다.

이러한 가치관은 우리 회사의 모든 정책과 결정을 이끌었습니다. 단 여섯 가지의 가치관이 말이지요. 공정성, 공감, 응대, 노력, 협동심, 신뢰가 바로 그것입니다.

우리 직원 수천 명 중 아무나 붙잡고 슈워브의 가치관에 대해 질문하더라도, 그들은 이 가치관 모두를 잘 알고 있을 겁니다. 매일 그들은 가치관에 입각해 결정을 내립니다. 이 가치관을 바탕으로 행동하는 이상, 직원들은 회사와 고객이 최고의 이익을 내도록 하기 위해서 소임을 다하고 있는 겁니다.

직원들은 개인적인 가치관과 회사의 가치관이 일치할 때 가장 행복함을 느끼고 만족스러워한다. 만약 그러한 가치관에 큰 괴리가 있다면, 직원들은 자신의 일에서 만족감을 느끼지 못할 거라고 포트럭은 말한다. 개인적인 만족감이 높지 않다면 그들은 회사가 바라는 만큼의 일을 해내지 못할 것이다.

포트럭과 그의 팀은 전력을 다해 슈워브의 서비스를 정의하는 여섯 가지 가치관을 세워, 모든 직원들이 훨씬 더 쉽게 일할 수 있는 환경을 만들었다. 이제 그들에게는 조직 전체에서 함께 공유할 수 있고, 같은 가치관을 추구하는 직원들을 끌어들이는 동력이 있다.

한 기업의 문화를 가늠해보는 좋은 방법 중 하나는 직원들의 근속년수다. 내가 함께 일했던 몇몇 광고대행사에는 10년, 15년, 또는 그보다 더 길게 일한 직원들이 거의 없었다. 하지만 슈워브처럼 회사와 직원들이 동일한 가치관을 추구하며 일하는 곳에서는 근속년수가 긴 것이 아주 자연스럽다. 포트럭은 상세히 설명한다.

우리 회사는 이직률이 매우 낮습니다. 굉장히 낮은 편이죠. 사실 20년에 달하는 제 전체 재직 기간에 수백 명의 수석 부사장이 있었지만, 그중 단 한 명만이 금융권 내의 다른 직장으로 떠났습니다. 한 스타트업 회사의 대표 자리를 맡기 위해서였죠.

많은 돈을 벌게 되면 그만두는 사람들이 있습니다. 업무가 맞지 않아 우리가 나가라고 요청하는 직원들도 있습니다. 그러나 경쟁사로 옮기려고 우리 회사를 떠난 직원은 단 한 명도 없습니다. 전혀 없어요. 우리는 결코 경쟁사에 직원을 빼앗기지 않습니다.

이것이 바로 강력한 기업문화의 힘이다. 이러한 문화의 힘으로 인해 생각이 비슷한 사람들은 성취감을 느끼고, 동기를 부여받고, 하나로 뭉쳐 사명에 전념한다.

직원도 문화의 일부다

홀푸드마켓 매장 안으로 걸어들어가보면, 그 마켓이 그리 단순하지 않다는 생각이 들지도 모른다. 그곳은 수천 가지의 식품들이 있는 거대한 공간이다. 모든 통로와 매대마다 당신은 홀푸드가 신선하고 건강하며 친환경적인 식품을 제공하는 회사라는 인상을 받을 것이다. 이 회사는 보다 건강한 삶에 전념하고 그것을 동력으로 삼는 문화를 창조했다.

홀푸드의 강력한 문화는 모든 단계에서 선택과 결정을 심플하게 만든다. 그것은 같은 열정을 지닌 직원들을 끌어들이고 하나의 공통된 목적으로 직원들을 통합한다. 또한 매우 강력한 반향을 일으키는 소비자경험을 창조한다.

1980년에 단 한 곳의 매장과 19명의 직원으로 시작한 홀푸드는 연 15조 원 이상의 매출을 올리며 400여 개의 지점을 거느린 기업으로 성장했다.

비록 2015년에는 극심한 경쟁 부담과 재정 압박으로 역경에 부딪혔지만, 개점 이래 홀푸드의 성장은 가히 경이적인 수준이다. 공동 최고경영자 월터 롭은 회사의 성공을 문화의 토대를 형성하고 소비자들을 만족시킨 명확한 사명 덕으로 돌린다.

우리가 하는 일은 품격 있고 명확합니다. 우리는 인공적인 맛, 색, 재료를 사용한 어떠한 식품도 판매하지 않습니다. 전혀, 전혀, 전혀 없지요. 우리의 규칙과 매장에서 판매하는 상품들의 기준에 예외란 없습니다. 그 허용선은 아주 명확합니다.

홀푸드에는 단순함, 진실함이 있습니다. 즉, 누군가 매장 안으로 걸어들어오면 그냥 기분이 좋아지는 겁니다. 에너지를 느끼는 거죠. 그것이 바로 다른 마켓과의 차별점입니다.

수년 동안, 일부 애널리스트들은 식품 선정범위를 넓혀서(기준을 느슨하게 해서) 더욱더 성장하라고 조언했다. 그러나 홀푸드는 소비자와 세상을 위해 이로운 식품만 판매한다는 약속을 저버리지 않는다. '대체로 순수한 재료들'이란 말은 통하지 않는다. 강력한 가치관을 고수한다면 "안 됩니다"라고 답하기는 쉽다.

홀푸드의 성공과 문화의 중요성을 이해하려면 그들의 뿌리를 살펴보는 것이 좋다. 1970년대 초반 한 세대를 중심으로, 음식이 자연 상태보다 너무 과하게 제거되거나 가공되고 있다고 생각하여 보다 건강한 음식을 추구하려는 움직임이 시작됐다. 대부분의 슈퍼마켓에서는 도정된 흰 밀가루, 백설탕, 백미, 그리고 수많은 냉동식품을 팔고 있었다. 이 세대가 성인이 되자, 소위 '땅으로 돌아가기' 운동이 시작되었다. 사람들은 직접 곡물을 재배하고, 빵을 만들고, 채소를 기르는 등의 일에 관심을 보였다.

탄생 시점부터 홀푸드는 건강한 음식이 정말 중요하다는 생각을 심으려고 애썼다. 그들은 '자연^{whole}' 식품이 개인과 지역사회와 지구를 훨씬 더 건강하게 만든다는 점을 알리려고 노력했다. 이는 사람들이 식단과 라이프스타일에서 건강에 훨씬 더 관심을 기울이는 오늘날 더욱더 큰 반향을 일으킨다.

하지만 단지 "좋은 생각이네"에서 "좋은 회사네"로 바뀐 것은 어마어마한 도약이다. 롭은 심플한 사명을 토대로 사내 문화를 형성한 것이 홀푸드의 성공요인이라고 믿는다. 사명은 직원들로 하여금 동기를 부여했으며, 참여도를 높이고 성취감을 느끼도록 만들었다.

우리의 가장 커다란 강점 중 하나는 바로 우리의 문화입니다. 시간이 흐르면서 사명이 실현된 형태가 곧 '문화'입니다. 문화는 살아 있고 숨을 쉽니다. 모든 위대한 기업에는 문화가 있습니다. 누가 베낄 수 있는 게 아닙니다. 회사는 그 회사만의 문화를 조직적으로 창조해야 합니다. 그후 회사가 성장할 때 계속 그 문화에 투자해야 합니다.

홀푸드에는 강력한 목표 또는 사명이 있지만, 홀푸드의 문화는 정말로 자율, 협업, 그리고 혁신을 바탕으로 만들어졌습니다. 우리의 첫 핵심 가치 두 가지는 고객을 기쁘고 만족스럽게 하며 직원들을 행복하게 하는 겁니다. 우리는 자주 직원의 행복과 고객의 행복을 동시에 이야기합니다. 우리가 직원들을 잘 보살피면, 직원들은 다시 고객들을 잘 챙길 것이기 때문이지요. 그 두 가지는 떼려야 뗄 수 없게 연결되어 있습니다.

우리 모두 충분한 지식을 갖춘 직원이 진심으로 돕고 싶어하는 곳에서 쇼핑하는 것이 얼마나 유쾌한 일인지 잘 안다. 회사로부터 존중받고 자율권을 부여받은 직원들은 이렇게 행동하며, 이는 충성스러운 고객을 낳는다.

직원들에게 이러한 행동을 심어주기 위해서, 홀푸드는 직원들이 단지 회사의 일부라고 느끼는 것이 아니라 그 회사의 사명의 일부라고 느끼는 문화를 형성했다. 이것은 큰 차이다.

경영진과 직원들 사이에는 양방향의 소통이 이루어지며 정보의 투명성이 강조된다. 정직원들은 매년 투표로 보너스 수당을 결정한다. 직원들은 보다 효율적으로 스케줄을 짜거나 수익증대를 위해 노력하며 회사의 비용절감에 협조한다. 또한 직원들이 자유롭게 의견을 낼 수 있도록 정기적인 발언의 장도 열린다. 신입직원 채용과정에는 자문단 인터뷰가 있는데, 자문단은 보통 그 채용 방식으로 고용된 직원들로 구성된다. 롭은 이 모든 것이 회사의 심플한 사명을 중심으로 한 자율권과 협업 덕이라고 말한다.

홀푸드에는 이성적인 문화가 매우 넓게 퍼져 있습니다. 우리는 자율권을 담은 일종의 배양접시를 만들어내 긍정적인 상황이 계속 퍼지기를 바랐고, 우리가 바란 문화가 형성된 겁니다. 저는 오늘날 대부분의 사람들은 급여 이상의 의미가 있는 일을 하고 싶어한다고 생각합니다. 자신의 삶을 비롯하여 많은 이들의 삶에 변화를 만들어가고 싶어하지요.

비록 가치관이 성문화된 기업들도 있지만, 아무리 가치관이 성문화되어 있어도 컨테이너스토어와 찰스슈워브처럼 가치관이 효율적으로 힘을 발휘하지 않는다면, 그저 구내 매점의 게시판에 걸린 장식에 불과할 것이다. 홀푸드는 다르다. 가치관이 끊임없이 거론되기 때문에 롭은 가치관이 진정 "살아 있다"고 말한다. 또한 경영진의 모든 결정이 그 가치관에 부합하기 때문에, 직원들은 그 가치관을 진짜라고 여긴다.

사명, 가치관, 문화를 견인하는 심플함에는 강력한 힘이 있습니다. 사명, 가치관, 문화를 이용하여 비즈니스 원칙을 만들고 그 원칙을 진짜 고수하면 한 차원 너머의 심플함이라는 가치가 만들어집니다. 거기에는 힘과 명확성이 있습니다. 그게 바로 홀푸드가 지닌 것이지요.

대부분의 리더들은 문화를 형성하는 데 어려움을 느낀다. 하지만 적어도 하나의 문화에는 집중할 수 있을 것이다. 물론 '통합'의 기쁨을 누리지 못하는 회사들도 있다. 그럴 경우 문화를 형성하기 위해 더 특별한 노력이 필요하다.

이질적인 집단을 하나의 문화로

실제로 독특한 문화가 모여 만들어진 어느 기업이 통합된 하나의 문화를 만들려고 애쓰는 모습을 상상해보라. 비디오게임 개발업체 일렉트로닉아츠^{Electronic Arts}는 수많은 이질적 집단을 통합해야 하는 난관에 직면했다.

최고업무책임자 브라이언 니더는 오늘날의 게임이 기술과 엔터테인먼트의 결합물이기 때문에, 반드시 엔지니어와 아티스트를 하나로 묶어야 한다고 설명한다. 비록 이 두 집단이 대체로 서로에게 잘 끌리지 않는다 해도 말이다. 일렉트로닉아츠는 두 집단 사이의 교류를 통해 나오는 문화로 시너지 효과를 꾀한다.

이 회사는 합병을 통해 많은 다른 집단들을 영입했는데, 이 집단들이 각각의 독특한 문화를 함께 가지고 왔다는 점이 또다른 난관이 되었다.

> 스포츠경기 게임을 만드는 팀은 배틀필드와 심즈 게임을 만드는 팀들과는 아주 다릅니다. 공통된 특성을 뭉뚱그려 말할 수는 있지만, 그들이 해결하는 문제나 이슈 들은 각 게임마다 굉장히 독특합니다. 그것을 심플하게 유지하는 것이 커다란, 아주 커다란 일이 되었지요.

거기에는 노력이 필요하다. 결국 각 집단의 가치를 존중하면서 동시에 회사의 전반적인 가치관을 지지하는 문제다.

> 우리는 일렉트로닉아츠의 문화에 모두가 물들게 하려고 노력합니다. 공통점을 찾으려 노력하고, 그후 뛰어난 제품에 대해 보상하고

축하합니다.

같은 비전 아래 있는 같은 팀이라는 느낌을 만들어내는 것이 목표다. 현실은 각기 다른 팀들이 각자 독특한 게임을 만들어내고 있다고 해도 말이다. 실제로 많은 기업들이 일렉트로닉아츠와 비슷한 문화적 어려움에 직면한다. 대개 그러한 기업에는 물리적인 위치도 떨어져 있고 서로 간에 교류가 거의 없는 다른 부서들이 존재한다.

강력한 문화는 그러한 회사 내에서 '우리'라는 느낌을 창조해내는 접착제와 같다.

문화는 사명에 의미를 부여하는 연료다

사명은 회사를 앞으로 나아가게 한다. 그러나 견고한 토대가 아름다운 집을 보장하지 않듯 명확한 사명 하나가 성공을 보장하지는 않는다.

사명이 의미를 지니려면 반드시 사명이 활성화되고, 커뮤니케이션이 이루어지고, 직원들에 의해 수용되어야 한다. 문화를 형성하는 일이 아주 중요한 까닭이 바로 그것이다. 문화는 사명을 하나의 개념에서 현실로 바꾸는 연료와 같다.

강력한 문화는 그 기업의 가치관을 반영하고 전한다. 그것은 직원들이 독자적으로 활동할 때조차 회사 전체의 목표에 기여하도록 힘을 부여한다. 또한 직원들을 통합하고 상황이 복잡해지지 않도록 막는 방패 역할도 한다.

나쁜 소식. 세상에는 심플한 것보다 복잡한 문화를 지닌 기업들이 훨씬 더 많다. 복잡한 기업들은 방어 태세를 갖추고 있으며, 변화를 가져오려는 이들을 거부하는 경우가 잦다.

좋은 소식. 복잡함은 영구적인 상태가 아니다. 문화가 변화시킬 수 있으며 실제로 변화시킨다. 거의 불가능해 보이는 상황이라도 말이다. 가속도가 핵심이다. 더 열심히 노력할수록, 심플함을 추구하는 문화는 더 쉽게 창조된다.

3장

심플함을 사랑한 리더들

조직에 힘을 부여하는 추진력이 중요합니다.
결정은 반드시 내려져야 하고, 그렇기 때문에 리더에게는
결정을 밀고 나갈 의지가 있어야 하지요.

_스티브 밀스(IBM 소프트웨어앤시스템 부사장)

아마도 심플함을 이루는 것이 실제보다 더 쉬워 보이기 때문에, 또는 심플함을 실현하는 길이 종종 명확해 보이기 때문에 실제로 많은 기업들이 심플함이라는 문화가 저절로 생겨날 것처럼 행동한다.

사실은 그렇지 않다. 지지자가 없으면 심플함은 영원히 귀찮게 들러붙는 복잡함을 당해낼 수 없다. 하지만 다행히도 심플함의 가치를 지지하는 사람들이 존재한다.

바로 심플함이라는 관점에서 회사를 보다 민첩하고, 빠르게 반응하고, 효율적이고, 경쟁력 있고, 중요한 곳으로 만들기 위한 방법을 찾는 기업의 리더들이다.

그들은 두뇌와 상식을 독특하게 버무려 이 모든 것을 해낸다. 그들은 각자의 산업에서 전문가이지만, 또한 무엇이 사람들을 행동하게 만드는지 확실히 이해하고 있는 한 인간이기도 하다.

하지만 모든 리더들은 각자의 스타일이 있고, 그들이 회사에 심플함을 도입하는 방식 역시 다양할 것이다. 일부는 상의하달식을 선호하고, 일부는 협업을 중시하며, 또 일부는 그 모두를 조합하는 방식을 선호하기도 한다. 이 장에서 우리는 더욱더 많은 리더들이 조직을 보다 간결하게 만들 수 있도록 이끈 철학과 행동, 개별적 특성을 들여다볼 것이다.

지배하기보다 자율성을 부여하라

처음 구상 단계부터 11년 동안 성공적으로 애플스토어를 이끈 론 존슨은 스티브 잡스와 셀 수 없이 많은 시간을 함께했다. 존슨에 따르면 잡스에게는 그를 다른 기업의 리더와는 다른 수준으로 만든 몇 가지 특징이 있었다.

무엇보다 잡스는 그 분야를 잘 알았다. 그렇지만 자신이 전부 다 알지 못한다는 사실도 알았다. 업계에서 성장하면서 그는 매우 어린 나이에 값진 경험을 쌓았다. 그간 난관에 맞닥뜨렸을 때 필요한 조언을 얻기 위해 그가 했던 일은 그저 수화기를 드는 것이었다. 그는 지구상에서 가장 똑똑한 사람들의 머리를 활용할 수 있었다. 존슨은 이렇게 말한다.

소매 부문에 진출하고 싶을 때 잡스는 미키 드렉슬러[3]와 이야기를 나눌 수 있었습니다. 만약 세계 최고의 브랜드 설계자와 이야기하고 싶으면, 그는 LVMH그룹[4]의 회장에게 전화를 걸 수 있었습니다. 스티브 잡스에게서 연락이 왔다고 하면, 누가 그 전화를 받지 않겠습니까? 잡스는 오랜 시간을 거쳐야만 축적될 수 있는 지혜와 더불어, 엄청난 영향력이 있었습니다.

이러한 힘을 지닌 사람은 매우 적습니다. 빌 게이츠는 그 힘을 지녔지요. 현재 업계의 젊은 리더들 중 일부도 그 힘을 지니게 **될 겁니다**. 그러나 매우 어린 사람에게서 그러한 경험을 발견하는 건 드문 일입니다.

물론 모든 상장기업에는 이사회가 있고, 이사회의 역할은 다양한 분야의 전문가들로부터 현명한 조언을 얻어 그 기업에 제공하는 것이다. 그러나 지구상에 있는 거의 모든 이에게 연락할 수 있는 잡스의 능력은 혁신적인 사업을 일으키는 데 엄청난 이점으로 작용했다.

잡스가 겪은 다양한 경험은 그가 스스로 가진 능력의 한계를 이해하는 데도 도움이 되었다.

잡스는 시간이 흐르면서 자신이 바라는 문화를 만드는 데 도움을 줄 수 있는 사람들로 주변을 채우는 편이 낫다는 점을 터득했던 것 같습니다. 혼자서 그런 일들을 해낼 만한 실용적인 기술 전부를 갖출 순 없기 때문이죠.

스티브 월하이트는 잡스를 효율적인 리더로 만들었던 또다른 특성에 초점을 맞춘다. 잡스는 어느 때에는 전체를 조망하는 방식으로, 그다음에는 아주 작은 세부사항까지 깊이 들여다보는 방식으로 회사를 이끌었다. 월하이트는 이렇게 말한다.

잡스가 항상 세세한 부분까지 관리하는 것은 아니었습니다. 단지 깊
은 관심을 보여주었죠. 저는 많은 이들이 우상으로 여기는 뛰어난
최고경영자들과 일해왔지만 잡스처럼 호기심과 탐구심이 강하고,
하고 있는 일의 거의 모든 면에 걸쳐 세세한 사항까지 열정을 드러
내는 사람은 보지 못했습니다.

맞는 말이다. 스티브 잡스와 일했던 내 경험에 비추어봐도, 나를
포함해 우리 마케팅팀은 그가 결코 세세하게 감독한다고는 느끼지 않
았다. 그저 아이디어와 의견을 간절히 공유하고 싶어하는 최고경영
자, 그리고 다른 이의 열정적인 의견에 박수를 보낼 줄 아는 사람의 관
심을 받고 있다고만 느꼈다.

월하이트가 가장 놀랐던 부분은 잡스의 참여 열의였다. 그 정도
로 참여할 만한 시간이 없어 보였는데도 말이다. 잡스는 조너선 아이
브와 제품 외부의 곡선이나 버튼의 촉감 등 다른 최고경영자들이라면
별로 관여하지 않을 것 같은 일을 함께하며 밤낮을 디자인 스튜디오
에서 보냈다. 다시 말하지만, 그는 아이브에게 명령하지 않았다. 그저
토론과 개발과정에 참여하기를 열망했다. 모든 세부사항에서 완벽함
을 추구하는 것은 잡스가 지닌 열정적인 모습의 일부였다. 월하이트
는 이렇게 기억한다.

잡스와 일하는 게 쉬운 일은 아니었지만, 분명 영감을 주는 일이었습니다. 그의 남다른 능력과 어떤 개념을 이해하고 엄청난 경험을 전달하는 열정 같은 것을 저는 다른 최고경영자들과 일하면서는 발견하지 못했습니다.

이것은 내 경험과도 일치한다. 나는 종종 우리 대행사가 텔레비전 광고와 인쇄 광고를 준비하던 시절에 대해 이야기한다. 단 한 번도 잡스는 나를 비롯한 대행사 직원들에게 이래라저래라 명령한 적이 없었다. 그가 좋아했던 것은 의견을 표현하고 토론에 참여하는 일이었고, 이러한 토론을 통해 더 나은 광고가 만들어지는 경우가 많았다. 그는 최고결정권자로서 그저 과정에 참여하기를 바랐다. 그리고 잡스가 참여하는 것은 여러 단계에 걸쳐 승인절차를 밟거나, 큰 그림을 볼 줄 아는 능력이 없는 사람들의 의견을 다루는 것보다 훨씬 더 간단했다.

멀리 떨어진 곳에서 업무에 참여하려 할 때 잡스는 이메일을 선호했다. 회신은 몇 분 안에 오는 경우가 많았는데, 그가 매일 받을 수 많은 이메일의 양을 고려하면 굉장히 놀라운 일이었다. 그는 어떤 이메일이 자신의 관심을 끌 만큼 중요할지를 비서가 판단하게 하지 않고 스스로 모든 이메일을 처리했다.

물론 모든 이에게 회신하지는 않았다. 하지만 그에게는 나름의 이메일 분류 시스템이 있었다. 만약 한 소비자의 이메일에도 회신할 가치가 있다고 느낀다면, 신속하고 간단하게 회신했다. 좋은 아이디어를 발견하면, 그 메시지를 애플 내부인이든 외부인이든 가장 적절한 사람에게 전달했다(변호사들은 법적 문제에 얽히지 않기 위해서 그에게 요청하지 않은 아이디어들은 절대로 살펴보지 말라고 충고했지만, 거의 통하지 않았다). 나는 종종 "어떻게 생각합니까?"라는 메시지와 함께 광고와 관련된 이메일을 전달받았다. 혹은 누군가 '다르게 생각하라'라는 카피가 문법에 맞지 않다고 지적하는 이메일을 보낸 경우에는 "이 사람에게 좀 대답해주세요"라고 요청하는 이메일을 받았다. 잡스는 회신을 바라지 않았다. 단지 그 일이 완수되기를 바랐다.

스티브 잡스의 커뮤니케이션 방식은 상황을 명확하게 만들고 직원들에게 자율권을 주는 것이었다. 이 방식이 심플함을 달성하는 유용한 도구였던 것도 바로 그 때문이다.

하지만 심플함이 지닌 힘을 믿는 리더들은 심플함이라는 가치를 지지하는 것이 전쟁의 일부에 불과하다는 점을 안다. 복잡함에 맞서 방어하는 일 역시 몹시 중요하다.

"아니다"라고 말하는 리더

부동산기업 맥그래스 사의 최고경영자인 존 맥그래스는 기업에서 복잡성을 제거하고 저항하는 일 모두가 자신의 역할이라고 생각한다.

그가 성공할 수 있었던 하나의 비결은 사업계획에서 복잡함을 제거했기 때문이다. 그는 모든 사업계획은 본질만 추려내 가능한 한 간결하게 정리되어야 한다고 주장한다.

저는 한 페이지가 넘는 계획안은 좋아하지 않습니다. 필수적인 부분으로만 채우는 게 중요합니다. 심플함이란 복잡함, 변명, 그리고 모든 불필요하고 비생산적인 논쟁들을 제거하는 겁니다.

복잡해지는 건 쉽습니다. 심플해지는 건 더 어렵습니다. 잠재적인 구매자에게 부동산을 보여주는 가장 효과적인 방법은 가장 중요한 정보를 간결하게 집약하는 겁니다.

정보를 집약하는 것에 대해 이야기하면서 맥그래스는 스티브 잡스가 순수하고 심플한 상태에 도달하기 위해 '양파껍질을 벗기는 것'의 중요성에 대해 했던 말을 인용하며 애플의 사례를 언급한다.

맥그래스는 심플함을 추구하는 방식이 다양하게 이루어질 수 있다고 생각한다. 그중 하나는 리더의 개인적인 정비다. 건강을 유지하고 머릿속을 어수선하지 않게 하는 것은 비즈니스에 직접적인 영향을 준다고 생각하기 때문에 그는 스케줄을 엄격히 지킨다. 매일 새벽 5시에 일어나 운동을 하러 가는 것으로 하루를 시작한다. 그가 **하지 않는** 행동 중 하나는 뉴스를 보거나 듣는 것이다.

뉴스 시간 30분은 부정적인 생각 30분으로 가득차 있습니다. 뉴스를 안 본 지 5년이 지났어요. 이게 제가 심플함을 추구하는 방식입니다. 부정적인 것을 제거하는 거죠. 저는 30분간 세계의 부정적인 뉴스를 듣는 대신, 가치 있고 긍정적인 팟캐스트를 30분간 머릿속에 집어넣습니다.

그는 고객의 특성 파악, 똑똑한 직원 고용, 직원 교육, 회사를 높은 수준에 도달하게 하는 것 등 자신이 회사를 위해 할 수 있는 긍정적인 일에 대해 생각하면서 시간을 보낸다.

그는 또한 규칙적인 일상의 힘을 믿는다. 한때는 규칙적인 일상이 창의성과 즉흥성을 죽인다고 생각한 적도 있었지만, 이제는 "규칙적인 일상이 우리를 자유롭게 한다"라는 말을 믿게 되었다. 그룹회의, 일대일회의, 고객사회의 등에 규칙적인 시간을 할당하는 주별 스케줄을 세움으로써 그는 회사 내부의 혁신에 대해서 생각할 수 있는 개인적인 시간과 공간을 확보한다.

맥그래스는 복잡한 요소들에 맞서 기준을 정하고 최종 결정을 내린다. 하지만 대부분의 결정은 토론을 통해 내려지며, 아이디어는 실행 전에 테스트를 거치게 된다. 그는 유능한 직원을 고용하는 일을 최우선시하기 때문에, 똑똑한 직원들이 회사를 이끄는 데 활발하게 제 역할을 하도록 만들지 못하는 것은 말도 안 되는 일이라고 생각한다. 그는 멋진 의견에 흔쾌히 마음을 연다. 또한 회의에서 항상 '그래도 저 사람이 사장이잖아'라는 생각이 어느 정도 존재하며 일부는 그 탓에 겁을 먹는다는 점도 이해한다. 하지만 그런 생각이 자신의 의견에 열정적이지 않은 이들을 걸러낸다고 말한다.

제 스타일은 극도로 직설적입니다. 그래서 저를 잘 모르는 사람들은 때때로 저를 아주 나쁜 놈이라 평가하기도 하지요. 우리 팀은 저를 잘 알기에, 그들을 가능한 한 최고의 결과에 빨리 도달하게 만드는 것이 제 의도라는 점도 알지요. 자, 바로 본론으로 들어가서 문제를 다룹시다!

맥그래스 사에서 이루어지는 회의는 아주 효율적이고 짧은 경향을 띤다. 만약 누군가가 횡설수설한다면 맥그래스는 바로 그 사람의 말을 자를 것이다. 하지만 모두들 그가 누군가의 자존심을 상하게 하려는 게 아니라는 사실을 안다. 그는 직원들이 정말로, 자신이 그들의 성공과 행복을 중요하게 생각한다는 것을 이해하기를 바란다.

전 정말 직원들에게 관심이 많습니다. 그들은 단지 제 예산에 있는 숫자 하나가 아닙니다. 맥박이 뛰고 두려움과 환희를 느끼는 실제 사람입니다. 제가 직원 하나하나를 신경쓰고 있으며, 그들 모두가 성공하길 바라는 마음에서 이렇게 행동한다는 것을 그들이 아는 한, 우리는 일에 집중할 수 있습니다.

물론 한 회사의 설립자라는 사실이 가진 특권 중 하나는 보다 인색해지거나 기분파가 될 수 있는 자유를 지닌다는 점이다. 그러나 맥그래스는 똑똑하고 훌륭한 설립자는 직원들을 하찮게 만드는 게 아니라, 직원들의 정신을 고양시키기 위해서 존재해야 한다는 점을 이해하는 사람이어야 한다고 말한다. 그는 더 크고 창의적인 관점에서 추진한 아이디어에서 실수가 나오기도 한다는 점을 인지하고 기꺼이 이를 받아들인다. 그러나 심플함을 지지하는 리더들이 용납하지 못하는 것은 세부사항에 주목하지 않은 결과 발생한 실수다.

나는 이 회사에 어떠한 종류든 '공포요소'가 있는지 궁금했다. 성과를 내야 하는 압박감을 느낀다든가 해고될 가능성에 대한 두려움 같은 것 말이다. 광고대행사에서의 경험을 돌이켜보면 크리에이티브 팀원들과 자주 벌였던 토론도 냉정하고 결과중심적이고 필요하면 쉽게 직원을 해고하는 리더와, 반대로 따뜻하고 다가가기 쉬운 리더의 장단점에 대한 것이었다. 냉정한 리더가 주는 압박에 대처하는 데 정신적으로 준비가 되어 있지 않았던 사람들은 불안감에 시달렸으며, 그런 불안감은 상황만 더 악화시켰다.

맥그래스는 회사에 공포요소가 있다는 생각에 동의하지 않는다. 대신 명확한 결과를 내야 한다는 분위기가 있다는 것은 인정한다.

우리 회사에 공포요소가 있다고 생각하지는 않습니다. 그러나 우리가 오직 훌륭한 일만 받아들이며, 최고의 질에 도달하지 못하거나 결과를 제대로 내지 못한 것에 대해 변명을 듣고 싶어하지 않는다는 사실은 명확히 맞습니다. 그러니 맡은 일을 제대로 달성해야 할 겁니다. 그렇지 않으면 문제가 생기겠지요.

일상적인 업무가 중요한 한편, 맥그래스는 리더의 임무를 회사의 방향과 다른 산업 분야의 정황을 잘 파악하고 어떻게 혁신할지에 대해 연구하는 것이라 여긴다.

그는 팀 쿡이 애플의 규율에 대해 말하거나, 매일 어떻게 애플이 흥미로운 아이디어에도 "아니다"라고 하는지에 대해 자주 언급하는 것을 예로 든다. 그게 바로 맥그래스가 운영하고 싶어하는 유형의 기업이다. 그는 혁신을 원하지만, 매우 선별적으로 혁신하고 싶어한다. 그는 멋진 효과를 낸다고 알려진 일을 완벽하게 수행하는 것이 중요하다고 여긴다.

> 우리는 많은 아이디어들에 "아니다"라고 말해야 하며, 가장 훌륭한 아이디어만 선택해야 하고, 그다음 멋지게 실행해야 합니다. 애플은 적은 수의 제품을 생산하지만, 그 몇 가지 제품들이 애플을 지구상에서 가장 훌륭한 기업으로 만들었습니다.

그가 회사를 운영하는 방식을 보면, 누군가는 맥그래스 사를 가리켜 "리더 중심의 협업체"라고 말할 것이다. 그는 임원진의 결정을 신뢰하지만, 상황을 심플하게 유지하기 위해서 직접 단호히 통제한다.

컨테이너스토어의 최고경영자 킵 틴델 역시 심플함을 유지하기 위해서는 집단 전체의 노력이 필요하다고 믿는다.

소통, 협업, 그리고 단순화

컨테이너스토어를 설립했을 때, 틴델은 경영진과 일반 직원들 사이에 벽이 생기고 직원들이 자율권을 느끼지 못하는 등 그가 다른 회사에서 익히 보았던 문제가 생기지 않게 막겠다고 다짐했다. 대신 그는 자신의 리더십 방식에서 커뮤니케이션을 최우선순위에 두었다. 그러나 전통적인 의미의 커뮤니케이션 방식은 아니다.

우리는 위, 아래, 옆, 모든 측면에서 커뮤니케이션합니다. 이 사람이 저 사람에게 보고를 거듭해 모든 문제가 한 사람을 거쳐야 하는 엄격한 위계질서는 없습니다. 그건 너무 비생산적이니까요.

엄격한 체제는 형식적인 분위기를 만드는데, 꽤 많은 기업에 이러한 분위기가 존재한다. 그러한 분위기는 컨테이너스토어의 사명과 문화, 가치관에 어긋난다. 틴델은 강한 위계질서를 다양한 사고방식의 반작용이라 여긴다.

제2차세계대전에 참전하러 떠난 남자들 중 많은 이들이 돌아와서 사업을 시작했고, 그들은 군대식 접근법이 사업을 하는 적절한 방법이라고 느꼈습니다. 그건 군대를 운영하는 데는 좋은 방법이겠지만, 사업을 운영하기에는 끔찍한 방법이지요.

어떤 기업이 회의를 꾸리는 방식, 그리고 얼마나 자주 회의를 소집하는지만 보아도 그 회사의 문화를 짐작할 수 있다. 이 책에 나오는 리더들 모두가 보다 편안한 근무환경을 선호한다는 점은 그리 놀랍지 않다. '회의가 적을수록 일을 더 잘한다'라는 것이 그들의 공통적인 생각이다.

틴델은 회의에서 오직 한 가지 규칙만 제시한다. 바로 '시간을 효율적으로 이용하라'이다. 회의 안건이 있는 것은 좋다. 회의에 참석하는 이들은 그 회의가 업무에 보탬이 되리라는 기대를 받게 된다.

그의 리더십 스타일에서 찾아볼 수 없는 것은 위협적인 요소다. 틴델은 직원들이 새로운 아이디어를 편안하게 공유하며 스스로의 생각을 가치 있다고 믿는 분위기를 조성하려고 노력해왔다.

저는 이 회사에서 특별히 중요한 존재가 되고 싶지 않습니다. 또 고위 임원들이 이 회사에서 아주 중요해지기를 바라지도 않습니다. 설립자이자 리더가 있는 건 편리한 측면이 있지만, 그 리더는 한 걸음 뒤로 물러나서 모든 것이 자신을 중심으로 돌아가지 않게 만들어야 합니다. 제가 좋아하는 기업의 리더들은 굉장히 재능 있는 직원들이 낸 아이디어의 소유권을 그들이 지니도록 허용합니다.

컨테이너스토어의 근무환경은 협업을 아주 중요시하는데, 이러한 환경이 회사를 성장하게 한다는 증거는 너무나 명확하다.

우리는 약 3500만원 정도의 비용으로 작은 회사를 시작했습니다. 이제 이 회사의 가치는 2조원에 이릅니다. 완전히 낙관적인 면만 있는 것은 아닙니다만, 비즈니스를 하는 다른 여러 가지 방법들보다 협업은 훨씬 더 좋은 효과를 냈습니다.

틴델이 협업을 그렇게 강조하는 중요한 이유 중 하나는 서로의 아이디어를 나누면 흥미롭고 매력적인 결과가 탄생하기 때문이다. 문제를 해결하거나, 창조하거나, 혁신하기 위해서 부사장들을 한데 모을 때 그는 '모두의 두뇌'를 활용한다. 각 개인은 회사에 대해 훌륭하지만 각기 다른 관점을 지니고 있기 때문에, 이러한 관점과 재능을 모으면 훨씬 더 대단한 성과가 나온다고 틴델은 말한다.

> 협업은 공감, 애정, 조직에 대한 자부심을 만듭니다. 우리는 많은 훌륭한 사람들과 함께 일하고 그들의 생각에 노출되지요. 협업하는 집단에는 다문화주의가 있습니다. 그 회사의 다양성이 작용하는 거죠.

그러나 많은 이들이 경험했듯이 협업을 할 때의 위험요소는 너무 많은 선택사항과 의제로 인해 혼란스러워지거나, 최고의 전략이 아닌 타협에서 나온 전략이 채택될 수 있다는 점이다. 하지만 틴델은 협업을 심플함의 동력으로 본다. 그는 다양한 기술을 지닌 직원들이 필요한 대기업을 이끈다. 협업은 이러한 직원들이 서로의 전문성으로 도움을 얻고 하나의 목표로 전진하게 만든다.

컨테이너스토어에서 협업은 복잡성으로 변질되지 않는다. 팀원들이 공통의 가치관을 강하게 공유하고, 사명을 통해 팀을 이끄는 리더가 그 과정에 참여하기 때문이다.

호주 멜버른에 토대를 둔 온라인 구인구직기업 시크SEEK의 공동설립자이자 최고경영자인 앤드루 바셋 역시 협업의 힘에 대해 비슷한 생각을 지닌다.

1997년 앤드루와 그의 동생 폴 바셋은 이 '온라인사업'이 신문의 구인광고란에만 한정되어 있는 듯 보이는 전통적인 구직시스템에 혁신을 일으킬 수 있음을 깨닫고 회사를 열었다.

협업을 중시하는 앤드루의 리더십 스타일 덕분에, 시크는 호주를 넘어 해외에서도 온라인 구직 활동을 위한 주요 거점으로 성장했다. 현재 뉴질랜드, 중국, 동남아시아, 브라질, 멕시코 등에서 운영되며 회사의 가치는 약 4조원에 이른다. 이 웹사이트는 매월 총 2억 7500만 회의 방문 수를 기록한다. 리더로서 그의 성공을 증명하듯, 언스트앤영Ernst&Young은 '2013년 올해의 호주 기업인'으로 그를 선정했다.

앤드루는 경영진을 자주 만나 아이디어들을 반복해서 검토하고 개선한다. 모든 직원이 동일한 목표 아래 상황을 똑같이 이해하도록 만들기 위해 토론을 장려한다. 그는 다음과 같이 설명한다.

그건 좋은 절차입니다. 대화를 나누는 데 금기시되는 부분은 없습니다. 아무도 제가 직원들에게 질문해서는 안 되는 영역을 둔다거나 그 반대로 느끼지 않습니다. 우리는 서로의 전략에서 허점을 찾으려고 노력합니다. 모두가 상당히 심사숙고하지요. 그리고 문제를 발견한다면 이유를 들어 질문을 합니다.

만약 누군가 제 질문에 훌륭한 대답을 하지 못하면, 그는 자기 시각을 바꾸거나 더 나은 대답을 찾아와야 할 겁니다. 이 점은 양측 모두에서 효과를 내지요.

그들이 결정을 내릴 즈음이면, 그것은 더이상 한 사람의 아이디어가 아니다. 팀 전체가 열정적이고 맹렬하게 그 결정에 이의를 제기하고, 토론을 통해 결론을 내며, 결국 그들 모두가 아이디어의 주인이된다. 이는 모든 참여자들이 결정에 다다르기까지의 이유를 인정하도록 하는 개방적인 절차다.

항상 솔직한 분위기로 토론이 진행되기 때문에 사무실의 열기가 사뭇 고조되기도 한다. 비록 개인적으로 비판하거나, 방어적인 자세를 취하거나, 심지어 화를 내는 사람도 있을 수 있지만 모두 그 방식을 지지하며 이는 회사의 성공에 중요한 요소가 되었다. 가끔 자신이 너무 똑똑하기 때문에 협업이 필요하지 않다고 생각하는 사람들도 있지만, 정작 실수하는 건 바로 그들이라고 앤드루는 말한다.

어떤 프로젝트에 착수할 때, 그의 방책은 보통 상식적인 절차에 기반한다.

만약 제가 관여해야 하는 일이라면, 저는 초반에 직원들에게 그들의 생각을 말해달라고 합니다. 팀 전체가 그 일에 매달려 석 달이나 보낸 후 제게 완성품을 가져오지 말라고 말입니다. 제게 먼저 발상과 계획을 알려주면, 함께 "그래, 이건 괜찮겠어"라고 결정을 내린 후 나아가 세부사항을 정합니다.

리더의 초기 개입은 심플함으로 가는 길 중 가장 신성시되는 원칙 중 하나다. 최고결정권자가 관여하기 전에 팀원들이 먼저 몇 주 혹은 몇 달 동안 작업하는 것은 좌절과 헛수고로 직행하는 지름길이다. 하지만 너무나 많은 회사들이 딱 그렇게 하고 있다.

프로젝트를 시작할 때 리더가 건네는 단 몇 마디나, 점검 시점에서 건네는 몇 가지 피드백이 그 팀에게는 무척 소중할 수 있다. 또 리더로서는 회사의 가치관을 강화하고 회사 내의 다른 그룹을 단합하며 직원들과 개인적으로 소통할 수 있는 또다른 기회다. 직원들이 리더의 생각을 직접 들으면 문제는 보다 간단해진다.

어느 모로 보나 시크를 작은 회사라고 하기는 어렵다. 여전히 심플함을 달성하는 방법을 찾는 과정에서 규모가 큰 조직이 더 쉽게 어려움에 놓이곤 한다. 하지만 그들 앞에 놓인 난관이 더 클 수는 있더라도, 대처할 수 없는 것은 아니다.

거인, 전략을 바꾸다

『미친듯이 심플』에서 나는 인텔이 필요 이상으로 훨씬 복잡하게 마케팅을 펼친 것에 대해 비판했다. 내가 인텔의 광고대행사 크리에이티브 디렉터로 근무했던 시절은 '다르게 생각하라' 캠페인을 집행한 직후였는데, 그 이행과정은 가히 충격적이었다. 나는 끝없는 회의와 끝없는 조사와 끝없는 수정을 견뎌내야 했으며, 아주 많은 승인절차를 거쳐야만 했다. 득보다 실이 더 많았다.

머릿속에서 나는 인텔의 방식을 훨씬 더 심플했던 애플의 방식과 비교하지 않을 수 없었다. 애플은 절차보다 아이디어를 강조하고, 위계질서가 없고, 최종결정권자와 직접 소통할 수 있었다. 그러나 내가 마케팅에 관여한 수년간 인텔은 심플함을 향해 나아가는 동시에, 신기하게도 심플함을 실현하기 위한 여러 노력을 무력화시키는 독특한 능력을 보여주었다.

그나마 긍정적인 면이라면 인텔은 마케팅 부사장에게 자율권을 부여했다는 것이다. 그는 마케팅 캠페인의 개발절차를 간소화하고 주요 광고대행사들과 긍정적이고 생산적인 파트너십을 구축했다. 몇 년간, 인텔의 광고는 확실히 더 나아졌다. 새로운 광고에는 이전처럼 외계인 형상을 한 캐릭터나 말끔한 정장을 입고 춤추는 사람들 같은 기이한 캐릭터에 의존하는 대신, 인텔에서 탄생하는 신기술과 관련한 보다 인간적인 스토리가 담겼다. 심지어 수십 년간 인텔의 광고 끝에 등장하던 상징적인 '봉' 효과음에서도 벗어나 진짜 사람들의 소리를 넣었다. 그 광고에서 기술 분야의 리더십을 말할 때 인텔은 진정 매력적이었다.

그후 2013년, 브라이언 크러재니치가 최고경영자 자리를 넘겨받았다. 변화를 위해 크러재니치는 복잡함을 줄이고 시간을 단축하자고 강조했다. 그가 독려했던 개념 중 하나는 '빠른 것이 완벽함을 이긴다'로, 기존의 인텔과는 극적으로 다른 생각이었다.

그전까지 인텔은 선택사항을 점검하고, 시험하고, 수정하고, 그러고 나서 다시 시험하고 수정하는 데 너무나 많은 시간을 들였다. 이 절차를 재고하면 인텔은 업계에서 요구하는 속도에 맞게 상품을 만들어내고 대응할 수 있을 것이다.

크러재니치는 직원들에게 **속도**speed와 **변화속도**velocity의 차이를 인지하라고 강조했다. 그의 생각에 '속도'는 단순히 빠르게 움직이는 것을 의미하는 데 반해, '변화속도'는 특정한 목표를 향해 신속하게 움직이는 것이다. 그는 인텔이 후자에 초점을 맞출 것을 요구했다. 회사가 어디로 가야 하는지를 알아차린 경영진은 그후 빠르고 공격적으로 그 목표를 향해 나아갔다. 변화속도를 강조하자 회사의 절차가 간소화되고 상품개발 시간이 단축되었다.

모든 것이 긍정적이었으나, 크러재니치는 마케팅 부문만은 심플하게 이끌지 못했다. 사실 그는 대기업에서 너무나 흔히 벌어지는 행동을 하고 말았다. 전반적인 개혁조치의 일부로 광고 부사장을 자신의 측근으로 교체했던 것이다.

안타깝게도 임명된 임원들 대부분은 상황을 대대적으로 바꾸어야 할 것 같은 느낌에 사로잡혔다. 그 부서에 혁신이 필요하든 그렇지 않든 말이다. 그 결과 중요한 마케팅 인력들이 갑자기 사라졌고, 새로 구성된 팀은 처음부터 모든 것을 다시 하느라 쓸데없이 시간을 낭비했다. 그건 절대로 심플한 업무 방법이 아니었다.

그로 인해 인텔은 리서치에 의존한 똑같은 광고를 찍어내며 마케팅 측면에서 과거 대기업의 형태로 되돌아갔다. 이 책을 출간하기까지 수년 동안, 인텔의 광고는 별로 특별할 것 없거나 눈에 띄지 않는 수준을 맴돌았다.

IBM은 복잡성과 속도를 모두 잡으려고 고심하는 또다른 업계의 거물이다. 그간 복잡한 제품들을 만들어오던 IBM은 2005년, 기업 역사상 가장 극적인 단순화 작업에 착수했다.

자사의 강점에 집중하고 큰 투자수익률 없이 회사의 자원을 갉아 먹는 제품들을 줄이기 위해서, 당시 최고경영자였던 루이스 거스너는 IBM에서 PC부서를 없애버렸다. 수년 전에 PC혁명을 일으킨 주축이 바로 IBM이었다는 점에서 보면 가히 충격적인 결정이었다.

그러나 시대가 변했다. 새로운 PC회사가 등장하고 다른 제조사들이 가차없이 낮은 가격으로 컴퓨터를 생산해내면서 이제 PC의 판매수익은 급감했다.

거스너에게는 상황을 심플하게 만드는 대담함이 있었다. 그는 PC 사업을 팔아치우고 모든 자원을 기업서비스에 투자하면 IBM이 훨씬 더 성장하리라고 믿었다. 그 결과 비록 최근에는 복잡하고 모호한 재정전략으로 인해 힘든 시기를 겪긴 했지만, IBM은 수년 동안 엄청난 수익을 올렸다.

나는 IBM 소프트웨어앤시스템의 부사장인 스티브 밀스와 함께 리더십에 대한 이야기를 나누었다. 그는 세계적으로 40조원에 이르는 IBM의 소프트웨어 사업 부문에 속한 10만 명의 직원들을 책임진다.

밀스는 "IBM은 애플이 아니다"라는 당연한 말로 시작했다. 애플은 한 개인의 특성을 따라 움직이며 역사를 만들어왔지만, IBM의 문화는 그와 매우 다르다는 것이다. IBM은 개인이 아니라 팀을 중심으로 운영된다. 하지만 결정을 내리고 조직을 앞으로 나아가게 하는 데 리더십은 역시 중요하다. 그는 IBM을 이끄는 일에 대해 말했다.

리더의 개인적인 특성과 더불어 조직에 힘을 부여하는 추진력이 중요합니다. 그게 중요하지요. 결정은 반드시 내려져야 하고, 그렇기 때문에 리더에게는 결정을 밀고 나갈 의지가 있어야 합니다.

IBM이 계속 제자리걸음만 할 수는 없으므로, 그는 앞서 말한 크러재니치의 생각에 동의했다. 때로는 속도가 완벽함보다 더 큰 효과를 가져온다고 덧붙이면서 말이다. IBM 소프트웨어앤시스템은 연구개발에 연간 6조원 이상을 사용하고 있으며, 밀스가 개발한 소프트웨어 또한 글로벌시장의 규모에 맞게 고안된 것이다. 실제로 그의 방식은 심플함으로 나아가야 한다고 설득시키는 것보다, 복잡함을 받아들이고 시의적절한 해결책을 제시하는 것이다.

IBM의 제품은 매우 복잡하고 고성능을 요구하는 컴퓨터 거래프로세스를 지원하는 데 적합하도록 설계되어 있습니다. 우리는 오늘날 세상을 돌아가게 만드는 거래시스템을 지원합니다. 은행 업무든, 금융시스템이든, 거래소든, 신용카드 회사든, 보험 회사든, 항공권 예약처든, 운송 회사든 말입니다. 우리는 복잡해지는 것을 피하지 않습니다.

그러나 잠시 살펴보자. 여기에서도 심플함이라는 특성이 드러나려 한다. IBM의 엔지니어들이 가치 있고 소비자들이 흥미를 느낄 무언가를 만들어내는 즉시, 밀스는 "그것을 더 구매가능한 제품으로 만들라"고 지시한다. 그것이 바로 '보다 심플하게'라고 말하는 IBM만의 복잡한 방식이다.

인터페이스를 설계하고, 정보를 제시하고, 소비자를 편리하게 하고, 직원을 조직하는 심플한 방법은 항상 존재한다. 비록 IBM의 초기 솔루션은 복잡할지 몰라도, '보다 구매가능하도록'이라는 주문은 시간이 지나면서 그 상품을 소비자들이 더욱 매력적으로 느끼도록 만든다. 심지어 복잡한 기업문제에 대한 해결책을 찾는 사람들조차 심플함이라는 요소에는 긍정적으로 반응할 것이다.

인텔과 IBM은 분명 심플함의 힘을 발휘하는 회사들은 아니다. 오히려 아주 반대라 할 수 있다. 매우 조직적이고 절차를 중시하는 글로벌기업들이다. 그러나 조직이 부득이하게 복잡해지더라도, 리더가 심플함을 추구한다면 더 많은 이익을 내게 되고, 어쩌면 굉장히 큰 이익으로 이어질 수도 있다.

이 책 후반부에 우리는 그간 복잡함 때문에 사람들에게 외면받은 분야, 바로 금융과 통신업계에서 고객들을 대면하는 대기업의 리더들을 만나볼 것이다. 그들은 오랫동안 뿌리내린 복잡성을 없애는 방법을 찾았고, 괄목할 만한 성과를 냈다.

그러나 먼저 다른 유형의 기업부터 살펴보자. 대기업이 아니다. 보다 작고, 민첩하고, 기업가정신이 살아 있는 회사들이다. 이들은 이미 심플하다. 이런 회사의 리더들은 어떻게 복잡함이 뿌리내리지 못하도록 확실히 만들었을까?

창업 초기의 심플함을 유지하라

많은 이들은 직장생활을 시작했던 시기를 돌아보며 '그때는 모든 게 훨씬 더 단순했었지'라고 생각한다. 이제 공소시효가 만료되었으므로, 내가 근무했던 초기 광고대행사 중 한 곳의 크리에이티브팀에서 점심시간에 영화를 보러 간 적이 있었다는 사실을 고백하겠다. 아주 긴 점심이었다. 어떻게 그러고도 무사했는지는 모르겠다. 당시에는 모든 것이 절대적으로 더 심플했다는 사실을 제외하고는 말이다.

1000여 명의 직원들이 각 지사에 흩어져 있는 기업 또한 그들이 보다 작고 민첩했으며 굉장히 집중력 있었고, 수많은 경영진과 절차로 인해 번잡스럽지 않았던 시절을 되돌아보고 기억할지 모른다.

문제는 회사가 점점 커질 때 어떻게 심플함의 이점을 잃지 않도록 회사를 이끌 것인가다. 성공은 황홀하겠지만, 또한 복잡성의 문을 여는 일이기도 하다.

신생기업의 원동력에 대한 호기심으로 나는 스터브허브의 공동설립자 제프 플러와 대화를 나누었다. 플러는 자신의 작은 신생회사가 매우, 매우, 거대한 기업으로 변하는 경험을 했다.

리더가 프로젝트에 관여하는 문제에 관하여, 플러의 태도는 시크사의 앤드루 바셋과 비슷하다. 중요한 계획이나 투자에 관한 문제거나 중요한 자원들을 필요로 하는 일이라면, 제프는 최종결정권자로서 초기에 관여하고 싶어한다. 하지만 그렇지 않은 상황이라면 기꺼이 그 팀에게 모든 책임을 넘긴다. 직원들은 '이것이 여기에서 일하는 방식'이라는 사실을 빨리 깨닫는다. 그 점은 플러에게 몹시 중요하다. 팀에 더 많은 책임을 넘긴 덕분에 그는 회사가 성장하며 더욱 귀중하게 쓰일 자신의 또다른 능력을 계발할 수 있기 때문이다.

플러는 직원들이 각자의 일에 몰두하는 것을 보며 흐뭇해한다. 그는 직원들이 한창 성장하는 회사에서 저마다의 몫을 하고 있다고 느낀다. 바로 자주성을 발휘하는 일이다.

새로운 무언가가 개발되던 많은 순간에 제가 아주 흥분했던 기억이 납니다. 아주 짜릿한 기분을 느꼈죠. 그 제품들은 제가 사전에 생각 조차 못했던 것들이었습니다. "와, 그 회사는 그걸 해낸 거야? 정말 멋진데!" 이렇게 반응했죠.

저는 회사가 성장하면서 우리 팀이 무언가를 이루어내거나, 제품에 새로운 기능을 집어넣거나, 아니면 새로운 파트너와 무언가를 이루어냈을 때 기뻐하거나 놀라워했던 기억들이 있습니다. 왜 직원들이 그렇게 했을까 의아해하거나 벌어진 일에 대해서 기분이 상했던 기억은 전혀 없어요.

플러는 결정을 내리는 과정에서 직원들에게 상당히 많은 자율권을 주며, 직원들이 하는 일에 '몇 차례' 이상은 개입하지 않으려 노력한다. 그는 직원들이 스스로 결정을 내리도록 독려하고, 그들이 필요로 할 때에만 조언을 한다.

스타브허브의 초기와는 달리 사고의 전환이 일어난 것이다. 플러가 나이들고 더욱 지혜로워진 결과이기도 하다. 초기에 그는 아주 세세한 부분까지 관리하는 책임자였다. 아직 가정을 꾸리기 전이라 일에만 집중할 수 있던 때이기도 했다.

그의 끊임없는 등장에 직원들은 주춤하기 시작했다. "사장님이 바로 앞에서 저를 세세하게 감독하시는 게 정말 불편해요." 요즈음 그는 직원들이 솔직하게 사실대로 말해준 데 감사한다. 그로 인해 직원들에게 더 많이 맡기고, 그들의 책임감과 자율성을 높일 수 있었기 때문이다. 그는 이 점이 보다 심플한 회사가 되는 데 기여했다고 믿는다. 그 결과 직원들은 자신의 일에 더욱 집중하고 불필요한 회의를 열지 않게 되었기 때문이다. 플러는 현재의 방식을 계속 이어나갈 거라고 말한다.

> 저는 어쩌면 조금은 과하게 간섭하지 말자는 방침을 가졌는지도 모릅니다. 하지만 개인적으로는 그 방식이 저 자신을 매우 자유롭게 만든다고 생각합니다. 일을 제대로 하는 훌륭한 직원들이 있다면 제가 더이상 관리할 필요가 없기 때문이죠. 직원들은 스스로 많은 일을 해낼 수 있습니다. 그리고 솔직히 제가 그들의 전문 분야에서 할 수 있는 것보다 훨씬 더 잘해낼 수 있습니다. 직원들은 훌륭한 아이디어를 떠올립니다. 자율권을 주면, 그들은 자신의 일을 더 기분좋게 해내죠. 이때 주인의식을 더 많이 느낍니다.

대부분의 관리자들은 직원들이 주인의식을 느끼는 것이 좋은 일이라는 데 동의할 것이다. 하지만 복잡성으로 피해를 보는 기업들에서 그런 상황은 현실이 아닌 이상에 가깝다. 플러는 이러한 주인의식이 특히 신생회사의 성공이나, 기업을 심플하게 유지하는 능력과 관련해 굉장히 중요하다고 생각한다. 이런 환경은 직원들로 하여금 스스로 하는 일을 신바람나게 하도록 만든다. 또한 복잡한 절차로부터 직원들을 해방시키며, 보다 생산적으로 일하고 그 팀의 일원이라는 사실에 더 큰 만족감을 느끼도록 한다.

제가 현재 최고의 관리자라거나 전혀 세세하게 감독하지 않는다는 말은 아닙니다. 저는 여전히, 관리자라기보다는 그냥 기업가에 가깝습니다. 하지만 저는 직원들에게 책임감을 부여하는 방식이 갖는 이점을 깨달았습니다. 가능한 한 많은 권한을 이임하려고 노력하며, 책임을 맡은 이들이 스스로 결정을 내리게 하죠. 저는 저 자신을 제가 관여해야 하는 문제에 한해 최고결정권자라고 생각합니다.

플러가 최종결정권자라는 사실에는 의심의 여지가 없다. 그는 주요 프로젝트에 개입한다. 그러나 각 프로젝트의 책임자들에게 권한을 주면서 그는 내부절차를 간소화하는 좋은 방법을 찾았다.

플러는 위원회에 의해 경영이 이루어지는 방식을 견디지 못한다. 결정에 도달하기까지 5명의 의견을 거쳐야 한다면, 발전은 고통스러울 정도로 더딜 것이라 생각하기 때문이다. 이것은 심플한 경영 방식을 실천하는 많은 이들의 공통적인 생각이다.

스터브허브에서 우리는 매주 마케팅회의, 사업개발회의, 그리고 임원회의까지 했습니다. 하지만 회의들은 신속했습니다. 저는 지나친 분석과 지나친 심사숙고를 좋아하지 않습니다. 그건 그저 시간낭비일 뿐이에요. 기술 부문의 회사를 운영한다면 시간이 제일 중요하죠.

당신은 '완벽한' 결정을 내리는 데 6개월을 소요할 수도 있습니다. 혹은 '괜찮은' 결정을 내리는 데 6일을 쓸 수도 있지요. 6개월 후에 완벽한 결정에 도달할 수도 있겠지만, 그때쯤이면 그건 더이상 의미가 없을 겁니다. 결정을 빨리 내리고 신속하게 행동에 돌입해야 합니다.

인텔의 최고경영자 크러재니치처럼, 플러도 변화속도를 중시한다. 특정한 목표를 향해 신속하게 움직이는 것 말이다.

심플함을 지지하는 리더들은 협력하는 환경을 선호하며 그 환경이 심플한 사명과 문화를 뒷받침한다고 말한다. 비록 리더가 지휘권을 단단히 쥐고 있더라도, 중요한 결정을 내리고 그것을 실행에 옮기기 위해서는 다른 이들의 참여에 의지한다.

하지만 인터뷰한 많은 리더들은 상의하달식 리더십이 심플함으로 가는 가장 직접적인 길이라고 믿고 있었다. 그들의 생각과 사례 역시 살펴볼 것이다. 어떤 방식이 당신이 속한 세계에 가장 효과가 있을지는 스스로의 판단에 맡긴다.

다리 위에서는 오직 한 명의 대장이 필요하다

호주의 웨스트팩 은행Westpac Bank 최고경영자 브라이언 하처는 상의하달식 경영을 열렬히 옹호하는 사람 중 한 명이다.

웨스트팩은 호주에서 가장 오래된 기업이며 호주 최초의 은행이다. 자산 약 568조원, 1429개의 지점에 3만 2000명이 넘는 정직원을 보유한 이 은행은 2015년 회계연도 말에 호주에서 두번째로 큰 은행이었다.

비록 그의 앞에 복잡한 문제들이 놓여 있어도, 혹은 바로 그 문제들이 복잡하기 때문에 하처는 심플함의 힘을 굉장히 신뢰한다. 그의 사무실에는 달랑 책장 하나가 있고 거기에는 단 네 권의 책이 꽂혀 있다. 심플함에 대해 각각 다른 견해가 제시된 책들이다.

한 사람의 리더가 회사를 단순화할 수 있는 가장 중요한 한 가지 방법은 주요 프로젝트에 적극적으로 참여하는 것이라고 하처는 말한다. 우리가 이미 다른 리더로부터 들은 것을 재차 말하며, 그는 리더가 과정의 일부로 참여할 때 가장 심오한 방식으로 심플함이 실현된다는 믿음을 강조했다. 문제를 창의적으로 해결하려 노력하는 팀들의 덕이긴 하지만, 그의 개인적인 지도와 지원 또한 주목할 만한 결과를 만들고 그들의 사기를 높이는 데 일조했다. 하처는 다음과 같이 설명한다.

심플함에 대해서 알게 된 아주 중요한 점 하나는 바로 상의하달식 지시의 중요성입니다. 협업과 팀워크를 중시하고, 사람들의 지지를 얻기 위해서 모든 이들을 참여시키는 데 너무 많은 사람들이 익숙해졌기 때문에 많은 경영절차, 특히 대기업에서 발전해온 절차는 모두 똑같은 목소리를 내는 것을 시작점으로 간주합니다. 모든 사항이 합의되어야 하며, 사실상 위원회가 모든 것을 구상하는 거죠.

웨스트팩 은행에서 최고의 성과를 낸 프로젝트를 곰곰이 생각해보며, 하처는 그 프로젝트 모두가 자신이 개인적으로 지시한 경우였다는 점을 깨달았다. 아이디어는 조직 내의 많은 직원들로부터 나오지만, 직원들은 리더가 참여할 때 더욱 힘을 얻는다. 리더의 참여는 직원들로 하여금 집중하게 하고, 무리해서 한번에 너무 많은 것을 시도하지 않도록 한다.

하처는 금융업의 핵심인 주택대출상품을 그 예로 든다. 주택담보대출 승인절차를 살펴본 후, 그는 실제로 대출을 받기까지 몇 주가 걸린다는 점을 발견했다. 그는 승인 속도가 빨라지면 고객 만족도가 높아질 것이고 그러면 더 많은 상품이 판매될 거라는 믿음 아래, 대출절차에 좀더 속도를 내도록 그 팀을 독려했다.

그가 운영팀과 기술팀의 워크숍에 참석했을 때였다. 그들은 '한번에 주택담보대출 받기'라고 부르는 프로젝트에 매달리고 있었다. 그 팀은 이 새로운 콘셉트를 꽤나 자랑스러워했다. 하지만 하처의 생각은 달랐다.

전 그게 별로 매력적이라고 생각하지 않았습니다. 그래서 "60분 주택담보대출상품'을 만들어봅시다. 그 시간 안에 대출절차를 마무리 지을 수 있는 방도를 찾아내도록 하세요"라고 말했지요. 팀은 제 의견에 발끈했지만, 저는 그게 60분 안에 이루어져야 한다고 생각했습니다. 그렇지 않다면 그리 매력적인 상품이 아닐 테니까요.

그리고 "내친김에 '10분 추가대출상품'도 만듭시다"라고 했지요.

추가대출은 고객이 주택담보대출금에서 일정 금액을 갚았을 때, 주택개조 같은 새로운 비용을 대기 위해서 그 대출에서 여분의 돈을 더 빌리고 싶을 때 신청하는 것이다. 이상하게도 이 추가대출절차는 원래 주택담보대출을 받는 것보다 시간이 더 많이 걸렸다.

팀은 그 임무에 뛰어들었고, 곧 웨스트팩은 60분 주택담보대출 상품과 10분 추가대출상품 모두를 선보였다. 멋지게 단순화된 이 두 상품은 고객들에게 상당히 매력적으로 다가갔다.

제게 심플함의 핵심 요소 한 가지는 간단한 목표를 명료한 상의하달 방식으로 전달하고, 문제를 해결하려고 노력하는 팀을 일에 집중하게 하고 창의적인 해결책을 떠올리도록 만드는 가치입니다.

많은 리더들도 상의하달식 리더십의 가치에 대해 유사한 입장을 보였다. 특히 그것이 심플함으로 가는 과정에 영향을 미치기 때문이다.

현대카드의 정태영 부회장은 자신의 상의하달식 경영 스타일이 없었다면 회사를 부활시키지 못했을 것이라고 확신한다. 나아가 그는 비상경영체제가 아닐 때조차도 리더 중심의 기업이 보다 성공하는 경향이 있다고 믿는다. 정 부회장은 이렇게 말한다.

그저 좋은 회사가 되고 싶다면 리더 중심 또는 협업 중심으로 운영하면 됩니다. 하지만 위대한 기업이 되려면, 훌륭한 리더와 상의하달 중심의 조직이 필요합니다.

덴마크의 수도 코펜하겐에서 차로 약 3시간 떨어진 비에링브로 시에는 그룬포스Grundfos라는 매력적인 기업의 본사가 있다. 그룬포스는 세상에서 가장 귀중한 자원 중 하나인 물의 유용에 집중한다. 펌프를 설계하고 판매하는 회사인 그룬포스의 규모는 작지 않다. 세계적으로 1만 8000명의 직원이 있으며 연간 1200만 대 이상의 펌프를 판매한다.

최고경영자인 닐스 두에 옌센은 상의하달식 경영 방식이 한 기업을 심플하게 유지하는 비법이라고 확고히 믿는다. 리더의 임무는 회사가 발전하면서 심플함을 실현하는 새로운 방법을 찾고, 모든 것을 심플하게 유지하는 가장 효율적인 방법을 찾는 것이라고 그는 생각한다.

조언은 귀중하지만, 다리 위에서는 대장이 필요합니다. 회사가 나아갈 방향을 가리키는 데 열 명의 대장은 필요하지 않습니다. 잡스에게는 어떤 길을 선택하는 게 좋을지 조언해주는 사람들이 있었지만, 결국 결정을 내리는 사람은 그 자신이었습니다.

심플함을 중요시하는 리더상의 덕목으로 옌센은 비전, 기호, 대담함, 상식대로 움직이고 지각을 갖추는 것 등을 꼽았다.

설립자의 아들로서, 옌센은 한 회사를 설립하거나 소유한 리더와 고용된 리더를 구별해서 말한다. 소유자이면서 리더일 때는 위험을 무릅쓰기가 더욱 쉽다. 그는 책임감을 갖고 모험이 성공하지 못하면 모든 비난을 떠맡으면 된다. 반면 외부에서 고용된 리더들은 대부분 대범하거나 위험요소가 있는 결정을 내리려 하지 않는다. 그들은 보다 방어적일 수밖에 없는데, 이러한 성향은 복잡성의 요소를 끌어들인다. 보다 분명하고 대범한 대처는 흐릿해지고 논의를 통한 결정에 더욱 많이 의존하게 된다.

그렇다면 외부에서 고용된 리더는 심플함을 이루는 데 실패할 운명이라는 의미일까? 전혀 그렇지 않다. 단지 우리가 불안해할 때 심플함으로 이끌기가 어렵다는 의미일 뿐이다. 어느 정도의 대범함은 그 일에 필수적이다.

옌센의 관점에서 대기업의 과제는 용기와 상식적인 판단의 조합을 통해 과감한 결정을 내릴 수 있는 리더를 육성하는 문화를 세우는 것이다. 리더는 자신이 회사의 지지를 받고 있다고 느껴야 한다. 그렇지 않으면 그들은 위험을 무릅써야 하는 결정을 내리는 데 주저할 수밖에 없을 것이다. 그 결정이 회사가 보다 위대한 성과를 낼 수 있는 가장 좋은 기회일지라도 말이다.

2011년에 한 회사를 다시 일으켜달라는 요청을 받은 어느 외부인의 사례는 그리 행복하지 않은 결말로 막을 내렸다. 다음 이야기는 모든 심플함의 지지자들에게 교훈이 될 것이다.

JC페니의 뼈아픈 실패

안타깝게도, 심플함에 대한 애정만으로는 복잡함이라는 야수를 없애버리기에 충분하지 않다. 론 존슨의 모험담이 그 증거다.

앞서 1장에서 우리는 어떻게 존슨이 심플함의 힘을 이용하여 애플스토어를 구상 수준에서 현실로 구현했는지에 대해 들었다. 스티브 잡스는 소매 분야에서 뛰어난 머리를 지녔으며 탁월함에 대한 열정이 있는 사람을 원했다. 그 조건에 더해 타깃Target의 미국 소매 부문 판매 부사장이라는 경력으로 존슨은 완벽한 후보가 되었다. 잡스는 그를 고용했다. 존슨의 지휘 아래 타깃은 그저 그런 백화점에서 훨씬 더 인기 있고 매력적인 곳으로 변모했다(타깃의 수준이 높아진 것을 두고, 많은 사람들은 농담 삼아 타깃을 '타—제'라고 프랑스식으로 발음하곤 했다).

애플스토어 프로젝트를 이끈 리더로서, 존슨은 훨씬 더 큰 성공을 이루었고 그 과정에서 상당한 명성도 쌓았다. 임기 동안 그는 전 세계 주요 지역에 굉장히 멋진 설계와 아름답게 디자인된 실내 인테리어, 그리고 유능한 다수의 직원들이 있는 300여 곳 이상의 애플스토어를 여는 데 기여했다.

존슨의 경력과 명성은 한때 미국에서 꽤 훌륭한 백화점 체인이었던 JC페니에 굉장히 매력적으로 다가왔다. JC페니는 2011년 새로운 최고경영자로 존슨을 고용했다. 심플함에 대한 존슨의 애정은 애플과 타깃에서는 아주 효과적이었으나, JC페니에서는 전혀 힘을 내지 못하는 듯했다. JC페니는 한 해 동안에만 거의 **1조원**의 손실을 냈고, 존슨은 불과 18개월 후 JC페니를 떠났다.

이 사례를 전하면서 나는 겸허한 내레이터이자 목격자로서의 역할도 하겠다. 아니면, 읽는 이의 관점에 따라 공범이 될 수도 있겠다. 존슨이 그 일을 맡았을 때, JC페니의 브랜드를 다시 만들고 광고를 제작하기 위해 그가 고용했던 직원 중 한 명이 나였기 때문이다. 나는 이전에 애플과 다른 브랜드의 광고 및 브랜딩 작업을 했던 7명으로 구성된 팀의 일원이었다.

JC페니의 이사회는 진지하게 브랜드를 재창조해야 할 필요를 느끼고 최고경영자로 존슨을 영입했다. 사실, '미국의 백화점'이라는 발상 자체를 바꾸어야 했다. 인터넷이 발전하고 소비자들이 점점 더 전문 매장으로 관심을 돌리면서 소매업계의 많은 거물들조차 타격을 받고 있었다. 불행히도 JC페니는 특히나 타격이 컸다. 메이시스Macy's나 H&M 같은 백화점들과 다르게, JC페니는 '할머니의 가게'라는 이미지에 시달리고 있었다. 오랜 시간이 지나며 JC페니는 진부해졌다. 경쟁사들에게 뒤지지 않으려고 남들과 똑같은 무기인 잦은 할인 전략과 쿠폰 남발 전략을 쓰고 있었지만 거의 승산이 없었다.

JC페니에게는 여전히 헌신적인 고객층이 있었다. 하지만 사실 그들 또한 문제의 일부였다. 할인행사와 쿠폰제도는 자주 혹평을 받았고, 충성고객들은 돈을 충분히 쓰지 않았다. 매출액은 잘못된 방향으로 가고 있었다. 장기적으로 백화점이 성공하려면, 보다 젊고 부유한 소비자들을 끌어들여야 했다.

JC페니는 화려한 이력서를 뽐내는 존슨이 그들의 구원자가 되어줄 거라 생각했다. 월가도 강력하게 동의했다. 그의 취임 소식에 JC페니의 주가는 17퍼센트나 올랐다.

이제 본격적으로 일에 착수할 때였다. 존슨은 JC페니에 도착하자마자 그저 그런 상품들이 어수선하게 놓인 매장을 발견했다. 그 상품들 대부분은 멋지지도 않고 최고의 품질도 아니었다. 그리고 할인, 오직 할인 외에 진짜 가격정책이란 것이 없었다. 미래의 비전은 없었고, JC페니를 다시 활성화시키려던 이전의 노력들은 시들해져 있을 뿐이었다.

모든 눈이 존슨에게 쏠렸다. 다들 그가 매출을 껑충 증대시킬 뿐만 아니라 새롭고 활기차고 매력적인 JC페니로 탈바꿈할 획기적인 비전을 떠올려주기만을 바랐다.

존슨은 머릿속으로 엄청난 규모의 단순화 작업을 떠올렸다. 그는 소비자들이 최저가를 찾느라 고생하게 하는 대신, 아예 할인정책과 쿠폰을 없애버리고 매일 똑같이 낮은 가격을 제시하기로 했다. 소비자들이 '좋은 상품'을 찾으려고 애쓰게 하는 대신, 애매한 품질의 상품 판매를 단계적으로 중단하고 패션과 디자인 분야에서 가장 신뢰받고 인기 있는 브랜드에서 좋은 품질의 상품들을 들여오기로 했다.

놀라울 것도 없이, 존슨의 초기 계획은 그가 애플스토어의 성공에서 경험했던 것을 토대로 한 것이다. 애플스토어는 언제나 사람들로 붐볐다. 비록 그곳에서 판매되는 모든 상품을 온라인에서 보다 편리하게 구입할 수 있더라도 말이다. 애플스토어가 온라인에서는 결코 따라 할 수 없는 즐거운 쇼핑경험을 제공하기 때문이었다. 사람들은 상품을 시험해보고, 그 상품에 대해 정말로 잘 아는 직원들에게 질문하기 위해서 그곳에 오고 싶어했다. 또 단순히 즐겁게 시간을 보낼 수 있고 인터넷을 사용할 수 있는 곳이기도 해서 애플스토어에 오는 사람들도 많았다.

JC페니의 판매 전략을 새로운 길로 이끄는 것도 같은 맥락이었다. 모두 소비자경험에 관한 것이다. 존슨의 계획은 온라인이나 경쟁사 매장에서는 얻을 수 없는 경험을 새롭게 선사하는 것이었다.

그는 JC페니의 설립자인 제임스 캐시 페니가 소비자 존중을 기반으로 판매철학을 세웠던 것에서 영감을 받았다. 페니는 얄팍한 술책이나 할인정책을 믿지 않았다. 그는 스스로 대우받기를 바라는 대로 고객들을 대우해야 한다고 주장했기에, 첫 매장의 이름을 '황금률 The Golden Rule'이라고 지었다.

존슨은 다시 한번 그 철학을 중심에 두려고 했다. 전 세계에서 가져온 고품질의 상품을 저렴한 가격에 제시할 뿐만 아니라, 백화점의 전통적인 상술인 짧은 시간 동안만 특가에 상품을 판매하는 전략이나 우편함이 가득차도록 쿠폰을 보내는 전략을 끝내기로 했다. 당연히 사람들은 그러한 할인 전략이 '진짜'가 아니라는 점을 알았다. 상점들은 대부분 일주일 후 '40퍼센트 세일!'이라고 요란하게 광고하기 위해서 정가를 속인다. 이와 대조적으로, 새로운 JC페니에서는 모든 것이 소비자들에 대한 존중을 바탕으로 실행될 것이었다.

뉴욕의 한 부두에서 열린 대규모 행사에서, 존슨은 초대된 애널리스트와 기자 들에게 자신의 비전을 밝혔다. 다음날 월가는 열정적으로 반응했고, JC페니의 주가는 24퍼센트나 더 상승했다.

전문가들은 확신했다. 존슨은 실천에 옮길 태세를 취했다. 심플함이 또다시 승리하려던 참이었다. JC페니 브랜드는 완전히 새로운 미래로 가는 티켓을 손에 쥔 듯했다.

그러나 그렇게 되지는 않았다.

18개월을 빠르게 돌이켜보면, 존슨과 JC페니는 날카로운 비판 세례를 받고 끔찍한 손실을 입은 가운데 관계를 완전히 끝냈다. 세상에. 왜 그렇게 되었을까? 존슨의 사례는 심플함을 추구하려는 모든 이들에게 소중한 교훈을 준다.

먼저, 존슨은 함께 일하기에 수월한 사람이었다는 사실을 말해둔다. 그의 성격은 이전 상사였던 스티브 잡스와는 몇 광년이나 떨어져 있다. 그는 직원들과 함께 팔을 걷어붙이고 창의적인 해결책을 떠올리기를 좋아한다. 애플에서 그랬듯 직원들과 솔직하게 상호교류를 할 때 성공적인 결과를 낸다.

애플에서 존슨은 처음부터 자신의 손으로 직원들을 뽑고 구성했다. 반면 JC페니에서는 단단히 자리잡고 있는 거대하고 다양한 계급의 직원들이 있는 100여 년이 된 회사로 걸어들어갔다. 그는 기존의 직원들을 전부 갈아치우기보다 새로운 사람들과 이전 사람들을 '조합' 하기로 선택했다. 신선한 시각을 지닌 새로운 피를 대거 들여오고 싶어했지만, 오랫동안 JC페니의 성공에 자신의 커리어와 가족들의 생계를 걸어온 직원들을 보호해야 하는 의무감을 느꼈다.

이 오래된 조직에 들어온 존슨은 기존 직원들 몇몇과 솔직하게 커뮤니케이션하는 데 어려움을 겪었다. 그는 오라클^{Oracle}의 최고재무책임자 겸 공동회장인 사프라 캐츠와 이 주제로 대화를 나누었던 일을 기억한다. 오라클은 피플소프트^{PeopleSoft}를 비롯하여 많은 회사를 인수했고, 캐츠는 새로운 리더십을 발휘해 기존의 문화를 합병하는 재주가 상당히 노련했다. 그녀는 존슨에게 만약 기존 조직에 그의 방식에 동의하지 않는 책임자들이 있다면, 그들은 수동적이고 공격적인 행동으로 전체 변화에 해를 끼칠 수 있다고 경고했다.

신구의 조화를 이루려는 노력은 실제로 유쾌하지 않은 부작용을 낳았다. 내부 커뮤니케이션, 그리고 전 직원을 단합시키는 과정에서 문제가 되었다.

한편, 새로운 JC페니가 만들어지고 있었다. 존슨은 죽어가는 댈러스 쇼핑몰의 제일 꼭대기층에 완전히 새로운 JC페니를 보여줄 원형의 비밀 매장을 지었다. 뛰어난 재능을 지닌 디자이너들과 건축가들의 도움으로, 그는 새로운 차원의 구매경험을 보여주겠다는 비전을 멋지게 달성해냈다. 존슨과 그의 팀이 창조해낸 것은 확실히 '할머니의 가게'가 아니었다.

그 모습은 굉장히 놀라웠다. 인기 있는 브랜드의 매장이 있었고,

각 매장을 연결하는 아주 넓은 통로가 있었다. 그곳에는 고객들의 질문에 영민하게 대답할 수 있는 전문가로 구성된 직원들이 있었다. 카페와 캔디숍, 고객들이 개인적인 일을 처리하거나 심지어 JC페니의 가격을 경쟁사들과 비교해볼 수 있는 컴퓨터도 있었다. 또한 장식, 파티 준비, 집안일과 관련하여 전문가에게 조언을 구할 수 있도록 도처에 상담 카운터가 있었다.

그 원형 매장을 방문한 대부분의 사람들은 JC페니 백화점의 재탄생을 보았다고 느꼈다. 기존 고객들이 좋아할 만한 요소들도 여전히 존재했고 거기에다 JC페니가 원하는 보다 젊고 부유한 고객들을 위한 놀랍고 새로운 쇼핑경험도 있었다.

계획은 현실화되었다. 미래가 펼쳐지는 것이 보였다. 하지만 불행히도, 동시에 큰 문제가 만들어지고 있었다. 존슨이 자초한 문제였다. 그는 이제 이 문제를 자신의 '치명적인 약점'이었다고 언급한다.

매장에 나타난 거대한 물리적 변화가 모두 완성되기까지는 몇 년이 걸릴 터였지만, 존슨은 할인정책과 쿠폰제도를 곧바로 없애며 변화에 매진했다. 그는 재건설 비전의 핵심인 '매일 낮은 가격' 전략 실행에 열성적이었다. 백화점의 물리적인 외관을 바꾸고 할인 상품을 전부 준비하기까지 다소 시간이 걸릴 텐데도 말이다.

갑자기 할인과 쿠폰이 없어지자 배신감을 느낀 기존의 고객들은 단체로 JC페니를 멀리했다. 그곳을 둘러볼 만한 매력적인 이유가 보이지 않으니, 새로운 젊은 소비자층을 확보하는 것도 어려웠다. JC페니는 이중고에 시달렸다. 그리고 영영 회복하지 못했다.

그후 존슨은 JC페니의 혁신 실패와, 그가 어디서부터 잘못했는지에 대해 수없이 돌이켜보았다.

전 우리에게 정말로 굉장한 비전이 있었다고 생각합니다. 많은 사람들이 그 점에 동의합니다. 하지만 실행과정에서 치명적인 약점 하나가 있었죠. 바로 타이밍이었습니다. 우리는 직원, 고객, 이사회 멤버, 그리고 주주 들을 생각하며 너무 성급하게 추진했습니다.

할인정책과 쿠폰을 없애자 매출은 통제불능으로 떨어지기 시작했다. 비록 새로운 가격정책은 소비자들의 시간과 비용을 더욱 존중하는 것이었으나, 소비자들은 수십 년 동안 할인 가격과 쿠폰에 익숙해져 있었다. 비록 실제로는 그러한 할인이나 쿠폰이 얄팍한 상술에 불과하다는 사실을 인지하고 있어도 말이다.

"매일 낮은 가격정책을 실행하자. 하지만 소비자들이 스스로 더 나은 가치를 깨달을 때까지 당분간은 쿠폰제도를 유지하자"라고 결정할 수도 있었을 겁니다. 하지만 그렇게 하지 않았지요. 우리는 너무 성급하게 움직였고, 그 때문에 결국 실패했습니다.

새로운 가격정책으로 인한 손실이 명백해지자, 많은 분석가들은 눈에 보이는 패인, 즉 소비자조사가 부족했다고 지적했다. 그 변화에 소비자들이 어떻게 반응할지 알고 싶었다면, 그저 질문만 해보면 되는 일이었다. 존슨은 왜 그렇게 하지 않았을까? 그가 애플맨이었기 때문인가? 그리고 애플이 소비자조사를 믿지 않기 때문에? 미리 소비자조사를 하지 않는 것은 심각한 실수로 드러났다.

맞는 말일지도 모르나, 뒤늦은 깨달음 역시 소중하다. 그 업계의 전문가인 JC페니 이사회 멤버 11명 모두가 그 계획을 훌륭하다고 생각했던 것을 기억하라. 월가도 마찬가지였다. 존슨의 비전 발표회에 참석했던 그 분야의 옵서버들도 그렇게 믿었다. JC페니의 거의 모든 관계자들이, 고객들이 정직한 기업에 매력을 느낀다고 판단했다. 하지만 책임은 모두 최고경영자인 존슨의 몫이었고, 결국 그는 아주 짧은 시간 동안만 그 자리에 머물렀다.

나는 그에게 단도직입적으로 물었다. "기초적인 소비자조사가 부족했던 이유는 뭡니까?"

저는 미국인의 절반은 JC페니에서 쇼핑을 한다는 것과, 사람들은 진실성을 소중히 여긴다는 생각에 의존했습니다. 우리가 소비자들에게 새로운 가격정책의 진실과 그것이 보다 정직한 이유, 그리고 왜 그 정책이 고객들에게 이익인지를 설명하면 고객들이 긍정적으로 반응하리라 믿었습니다. 그렇게 해서 쿠폰정책을 별로 좋아하지 않던 새로운 소비자들도 끌어올 수 있으리라 생각했지요.

급격한 매출 하락으로 회사는 큰 손실을 입었다. 처음에는 수년이 걸릴 변화 계획안을 지지했던 이사회는, 매출이 폭락하자 더이상

굳은 의지를 보이지 않았다. 손실이 예상보다 훨씬 더 클 때의 충격은 이해하지만 이사회는 자신들이 열정적으로 승인했던 계획을 너무 쉽게 포기해버렸다. 상황이 악화되자 이사회와 존슨의 관계는 아주 껄끄러워졌다. 그는 이렇게 회상한다.

> 저는 이사회에 "비록 올해는 예상했던 것보다 실적이 안 좋았고 비판의 목소리도 거세졌지만, 우리는 반드시 성공할 겁니다. 하지만 여러분께는 이 변화가 불편해 보이니 이제 중대한 선택을 해야 합니다. 계속 이 고속도로 위에 머무른다면, 앞으로 필수적인 변화를 만드는 과정에서 천천히 속도를 줄이겠습니다. 아니면, 유턴을 해서 우리가 챙기지 못했던 소비자들을 다시 찾는 노력을 기울일 수 있을 겁니다"라고 말했지요.
> 이사회는 유턴을 하기로 결정했습니다. 사실, 한 번의 유턴 그 이상이었지요. 그들은 고속도로에서 빠져나와 더이상 존재하지 않는 소비자를 찾기 시작했습니다.

이 책을 집필하던 시기는 이미 존슨과 JC페니가 결별한 지 2년이 넘었을 때였지만 이사회의 노력은 여전히 결실을 맺지 못하고 있었다. 반짝 세일과 쿠폰제도, 끝없는 이메일 홍보 전략을 어느 때보다 훨씬 더 강하게 진행했지만, 고객들은 돌아오지 않았다. 그리고 JC페니가 존슨을 고용하기 전으로 시간을 되돌리는 데 성공한다 해도, 결국 처음에 그를 고용했던 것과 똑같은 곤경에 처해 있는 회사의 모습을 발견할 것이다. 궁극적으로 성공하기 위해서는 보다 젊고 부유한 고객들을 끌어들이기 위한 혁신적인 사고가 필요할 것이다.

현재 JC페니는 더 많은 고객들을 끌어들일 마법 같은 비책을 찾고 있는 듯 보인다. 그러나 경영진, 로고, 광고, 홍보 카피 등 끝없는 외견상의 변화들은 오직 소비자들의 혼란만 가중시킬 뿐이다. 명확한 방향과 초점이 없는 상태는 그 브랜드를 강화하기보다 약화시킨다. 이것이 심플함의 오랜 숙적인 복잡함이 가장 위세를 떨치는 경우다.

"우리의 목표는 돈을 버는 게 아닙니다."

2012년에 영국 대사관이 주최한 크리에이티브서밋에서 한 발표에서, 애플의 수석 디자이너 조너선 아이브는 애플의 우선목표에 대한 생각을 밝혔다.

"우리는 정말로 현재 벌어들이는 수익에 만족합니다." 그가 말했다. "애플의 목표는 돈을 버는 게 아닙니다. 좀 건방지게 들리겠지만 사실입니다. 우리의 목표, 그리고 우리를 흥분시키는 것은 훌륭한 제품을 만들어내는 겁니다. 만약 그 목표를 달성하는 데 성공한다면, 사람들은 분명 그 제품들을 좋아할 겁니다. 게다가 우리가 잘 운영한다면, 돈도 벌게 되겠지요."

애플을 폄하하는 사람들은 애플의 목표가 돈을 버는 게 아니라는 생각에 코웃음을 칠지도 모른다. 어쨌거나 2015년 중반 애플의 현금 보유액은 200조원에 달했으니 말이다. 그러나 훌륭한 제품을 만드는 걸 수익이라 보는 시각은 수익 그 자체를 최우선시하는 시각과는 꽹장히 다른 철학에서 나온다. 그것은 리더가 내리는 결정과 그가 회사를 운영하는 전반적인 방식에 엄청난 영향을 미친다.

테크놀러지 마케팅을 담당했던 경험에 비추어볼 때, 나는 아이브가 동종 업계의 다른 회사들과 애플의 차이점을 정확하게 언급했다고 생각한다. 광고 개발과정 중 델이나 인텔의 임원들과 했던 회의에서는 세상을 바꾸는 제품에 대한 이야기보다 웹사이트를 클릭하게 만들어 수익을 증대시키는 것에 대한 이야기가 훨씬 더 자주 나왔다. 반대로 애플에서는 단 한 번도 수익을 높이는 데 초점을 맞춘 회의에 참석한 적이 없다. 우리의 주된 생각은 잡스의 의도처럼 소비자들의 마음을 얻는 제품을 창조하기 위해 각자의 몫을 해내는 것이었다. 잡스와 함께 일하는 동안에는 수익은 목표가 아니라 훌륭한 제품의 결과로 따라오는 것이라는 데 어떠한 의문도 없었다.

시크의 최고경영자 앤드루 바셋 또한 올바른 목표를 설정하는 문제와 관련하여 아이브가 언급한 사항을 그대로 말한다.

우리가 전하는 바는 매우 심플합니다. 우리가 하나의 조직 차원에서 달성하려 노력하는 것은 돈을 버는 게 아닙니다. 그보다는 바라는 결과를 만들어내는 것이 훨씬 더 중요합니다. 우리는 대부분 그렇게 해왔습니다. 수익 달성에 중점을 둔 경우에는 몇 번 길을 잃기도 했습니다. 만약 누군가 위대한 기업을 만든다면, 수익은 저절로 따라올 겁니다. 우리가 생각하는 위대한 기업이란, 구직자와 직원을 채용하려는 기업 양측을 위한 훌륭한 장을 마련하는 거죠. 그게 바로 우리의 목표입니다.

스터브허브의 공동설립자 제프 플러는 단기 수익을 우선시하면 절대로 성공적인 기업을 세울 수 없다고 주장한다. 그는 소비자들이 무엇을 원하는지 생각하고, 상품을 설계하고, 계속해서 수정하고 반복 시행하고, 그 상품이 진짜 가치를 전달할 때까지 발전시켜야 한다는 장기적인 관점을 지닌다. **가치 있는** 제품을 창조하라, 그러면 그 가치가 수익을 창출하리라. 이것이 그가 말하는 자연스러운 섭리다.

운좋게도 스터브허브는 시작부터 수익을 냈다. 판매하는 모든 티켓에서 일정 비율의 수수료를 받았기 때문이다. 그러나 페이스북, 트위터, 핀터레스트, 스냅챗, 와츠앱 등을 비롯하여 현재 성공적인 기업들 대부분은 처음부터 그렇게 직접적인 수익이 있었던 것은 아니다. 그들의 사업 모델은 가치 있는 결과를 창조하는 것이었고, 그 결과는 수익으로 이어졌다.

내가 대화를 나누었던 리더들은 기업의 규모에 상관없이 가치 있는 결과를 목표로 삼는 태도를 절대적으로 지지한다. 그러한 결과를 내기 위해 시련을 극복해가는 과정에서 직원들은 뭉치고 영감을 얻는다.

이렇듯 목표한 결과로 이끄는 리더십은 영웅적일 뿐만 아니라 조직을 운영하는 효과적인 방법이기도 하다.

4장

심플함은 혼자 이루어낼 수 없다

똑똑하거나 운동을 잘하거나 그림에 소질이 있거나
음악에 재능이 있는 사람들은 많습니다.
그러나 판단력과 진실성을 갖춘 사람은 흔하지 않습니다.

_킵 틴델(컨테이너스토어 최고경영자)

심플함을 이루기 위한 가장 위대한 자산이 강한 **리더십**이라는 데는 의심의 여지가 없다.

그렇긴 해도 리더십이 저절로 생기지는 않는다. 기업의 리더는 그가 고용한 경영진과 그가 구성한 직원들, 딱 그만큼만 효율적으로 움직인다. 모든 기업은 조직의 사명을 가장 잘 따르는 직원을 찾는 각각의 방법이 있다. 어떤 기업은 특별한 기술과 경험을 중시하는 반면, 어느 곳은 궁합과 문화적 적합성을 우선순위에 둘 것이다.

나는 심플함의 힘을 믿는 리더들이 인사人事와 관련해서는 어떤 입장을 갖고 있는지 궁금했다. 특정 유형의 사람을 찾을까? 어떻게 그런 사람을 찾고, 교육시키고, 권한을 부여할까? 형편없는 직원들에게는 얼마나 빠르게 대처할까?

많은 사람들처럼 스티브 잡스 역시, 한 기업은 딱 그곳에 속한 사람들만큼만 훌륭하다고 굳게 믿었다. 제품과 원칙에 대해 타협하지 않는 그의 태도는 채용 방식에서도 나타났다. 그의 밑에서 일하려면 업무윤리, 비전, 혁신과 디자인 그리고 심플함에 대한 열정 등, 잡스가 중요시하는 가치관과 같은 가치관을 지녀야 한다. 그는 자신의 의견에 동의할 사람을 찾지는 않았지만 자신의 핵심 신념에 동조하는 사람들을 원했다. 그것은 큰 차이다.

비록 잡스는 어려운 상사였지만, 최고의 상사이기도 했다. 그가 똑똑하고 창의적인 사람들만 고용했던 이유는 실제로 직원들이 그렇기를 바랐기 때문이었다. 그는 직원들에게 통합된 비전을 제공하고, 많은 규율이 조화롭게 시행되도록 이끌기 위해 그들과 함께했다.

잘 알려졌듯이 잡스의 지침은 강력한 방식으로 전달되었는데, 그로 인해 자주 활발한 논쟁이 벌어졌다. 그리고 바로 이것이 가장 좋은 아이디어가 떠오를 수 있는 환경을 보장하는 잡스의 방법이었다. 특정 유형의 사람들만이 이러한 분위기에서 성공할 수 있었다.

심플함의 힘을 믿는 리더들 간에도 어떻게 그들이 자신의 가치관을 공유하는 사람들을 찾고 고용하는지, 그리고 회사의 기준에 부합하는 성과를 내지 못하는 이들을 어떻게 해고하는지에 대해 각기 다른 입장을 보였다. 일부는 공식화된 채용절차를 이용한다. 반면 일부는 직원을 채용할 때 공식적인 절차보다 직감에 의존한다.

예를 들어 존 맥그래스는 직감을 바탕으로 대부분의 채용 결정을 내린다고 말한다. 면접을 보기 위해 지원자들을 만날 때 그는 이력서를 읽지 않는다. 이미 인사팀 직원들이 세부적인 수준까지 만족했으리라고 가정하는 까닭이다. 맥그래스는 그 지원자가 자신의 회사에 열정이 있는지 보기 위해 5분 정도만 그 사람을 만나고 싶어한다.

스터브허브의 공동설립자 제프 플러는 처음에는 공식화된 절차를 통해 채용을 진행했지만, 시간이 지나면서 그 기준을 바꾸었다. 회사 설립 초반 그의 고용철학은 일반적으로 그가 업계에서 관찰했던 것을 토대로 했다. 매우 논리적인 방법이었다. 예를 들어 기업간 거래^{B to B} 마케팅 담당자를 찾는다면 그는 채용 담당자에게 온라인과 오프라인 마케팅에 대해 잘 알고, 브랜드 메시지 전달에 능하며, 막강한 팀을 만들 수 있는 사람을 찾으라고 지시했다. 그러면 채용 담당자는 그 요구 사항을 모두 충족하는 경험이 많은 사람을 찾아냈다. 그다음 최종 후보 세 명만 만나본 뒤, 그중 플러가 마음에 드는 이를 선택하곤 했다. 하지만 이제는 그 방식을 따르지 않는다.

특정한 상황에서라면 특정 기술을 가진 사람을 찾는 것이 중요합니다. 그러나 당신이 찾고 있는 타고난 자질과 성품을 지닌 사람을 찾는 것이 더욱 중요한 경우가 더 많습니다. 지적 능력, 호기심, 창의력, 문화적 적합성, 직업윤리 같은 것 말이죠.

만약 이러한 자질을 지닌 사람을 찾는다면, 설령 그들이 당신이 원하는 능력 중 단 몇 가지만 충족한다 하더라도 그들은 뛰어난 직원이 될 가능성이 크다고 플러는 말한다. 그들은 똑똑하고 성실하고 동기부여가 되어 있다. 그런 사람들은 상황을 빨리 간파하고 팀에 조화를 잘 이룰 수 있다.

하지만 플러는 이런 방식으로 채용해서는 **안 되는** 절대적인 경우들도 있다고 지적한다. 예를 들어 당신에게 심장 전문 외과의사가 필요하다면, 아무리 착하고 창의적이고 호기심이 많다고 해도 경험 부족을 대체할 수는 없을 것이다. 그러나 여전히, 경험뿐 아니라 그 문화와 회사에 잘 맞는 사람을 고용하는 데는 그만한 가치가 있다.

제 생각에는 개인적인 자질이 "이 사람이 해야 하는 일들 중 열일곱 가지를 이미 해보았나"라는 것보다 중요합니다. 전문적인 기술이 필요한 일이든 그렇지 않은 일이든 말이죠.

내가 인터뷰한 다른 많은 리더들도 개인의 지적 능력, 그리고 회사와 가치관이 일치하는지 여부가 이력서에 기재된 사항들보다 더욱 중요하다고 말하며 플러가 언급한 우선순위에 동의했다. 심플함의 힘을 믿는 기업은 신입직원들이 그러한 문화 속에서 탁월한 능력을 발휘할 것이며 나중에 들어오는 직원들에게도 긍정적인 영향을 주리라 확신한다.

시크의 최고경영자 앤드루 바셋은 채용시 가치관을 고려하는 일이 얼마나 중요한지 깨달았던 순간에 대해 이야기했다. 빠른 성장을 거치며 시크 사는 급하게 채용을 진행했고 그 과정에서 다소 자질이 떨어지는 직원들이 들어왔다. 바셋은 이러한 직원들이 회사 전체에 부정적인 영향을 미치고 있다는 것을 알아차렸다. 일부는 내부에서 분열을 일으켰고 일부는 동료들과 목표를 공유하지 않았다. 그는 회사와 일치하는 가치관을 지닌 사람을 찾는 것이 일을 잘하는 직원을 찾는 것만큼이나 몹시 중요하다는 점을 깨달았다. 결국 맡은 일을 얼마나 잘하느냐에 관계없이 회사의 가치관에 부합하지 않는 사람들에 대한 그의 인내심은 한계에 달했다.

하지만 심플함의 가치를 열정적으로 믿는 이들 사이에서도 '올바른' 사람을 찾는 방법은 각양각색이다.

똑똑함이 전부는 아니다

가장 훌륭하고 똑똑한 사람을 채용하는 것과 관련해서 잡스의 생각을 정확하게 아는 사람은 없을 것이다. 똑똑한 인물을 뽑는 것이 자신의 가장 중요한 임무라고 그가 자주 언급했던 사실을 제외하고는 말이다.

하지만, 론 존슨을 포함하여 많은 이들은 잡스에게 면접을 보고 채용되는 것이 어떠한지 잘 안다. 존슨은 애플에 합류하기 전 잡스와 짧은 미팅을 가졌다.

어쩌면 당연하게도, 존슨을 영입한 스티브 잡스의 방식은 그가 수년 전에 펩시에서 존 스컬리를 끌어들인 방식과 비슷했다. 잡스가 스컬리를 스카우트하면서 했던 유명한 말은 많이 들어보았을 것이다. "자네는 계속 설탕물이나 팔고 싶은가 아니면 세상을 변화시키고 싶은가?" (비록 나중에 잡스는 스컬리와 계약한 것을 후회했지만, 아무튼 이 말은 환상적이었다.)

자신의 분야에서 이미 최고인 사람을 고용하는 것을 선호했던 잡스는 존슨의 인상적인 이력에 끌렸다. 존슨은 그 직책을 제안받기 전에 단 두 번 잡스를 만나 총 네 시간 정도를 보냈다. 그것은 많은 사람들이 잡스가 얼마나 빨리 의견을 정하는지에 대해 이야기했던 것과 일치한다. 처음 만났던 날 밤에 그들은 두 시간가량 이야기를 나누며 서로에 대해 알아갔다. 그 만남은 두번째 만남을 성사시킬 만큼 유쾌했다.

두번째 만남에서 잡스는 영업맨으로 변신했다. 그는 존슨이 타깃 브랜드를 일으켜 세우는 데 상당한 기여를 했다고 인정했고, 조용히 권유를 시작했다. "하지만 자네도 애플을 알지." 그가 말했다. "우리는 세상을 변화시키고 있다네."

잡스는 애플이 아이무비iMovie 같은 제품이 얼마나 세상을 한걸음 나아가게 했는지 이야기하며 그 주장에 더욱 힘을 실었다. 그는 아이무비 덕분에 평범한 사람들도 가공되지 않은 영상에 특수효과를 입히고 전문적인 자막 작업을 거쳐 높은 퀄리티의 영화까지 만들 수 있게 되었다고 설명했다. 그리고 애플의 제품이 전 세계에서 사람들이 생활하고, 일하고, 발명하고, 즐기는 방식에 어떠한 영향을 미치고 있는지에 대해서도 이야기했다.

잡스에게 애플의 사명은 애플을 앞으로 나아가게 하는 것 외에도 설득력 있는 채용수단으로 쓰였다. 잡스는 애플과 함께하면 굉장히 의미 있고 삶을 변화시키는 모험에 동참하는 것이라는 기분이 들도록 존슨을 설득하는 데 최선을 다했다.

그건 잡스가 애플의 잠재적인 주요 자산이 될 것이라고 미리 판단해둔 사람들에게 관심을 집중하는 방법이었다. 그러나 특정 후보를 마음속에 찍어두지 않은 경우에는 어떻게 그 자리를 채울 사람을 찾았을까? 잡스와 나의 개인적인 경험에서 그 답을 찾을 수 있다. 그리고 나는 그가 굉장히 독창적인 사람이라는 점을 인정해야겠다. 이전에는 그러한 경우를 본 적이 없다.

애플 광고대행사의 크리에이티브 디렉터로 임기를 마친 어느 날, 나는 잡스로부터 전화 한 통을 받았다. 그는 마케팅 부사장을 교체하기 위해 적합한 후보를 찾는 중이라고 말했다. 흥미로운 점은 그는 다수의 이름을 듣고 싶어하지 않았다는 것이다. 그는 단 한 사람의 이름만 원했다. 내게 지금까지 함께 일했던 사람들 중 누가 가장 똑똑한 마케팅 전문가인지 물었다. 그게 다였다. 그는 분명 수많은 사람들에게 똑같은 전화를 걸었을 것이다. 이것이 바로 최상의 인물에 대한 조사를 시작하고 거기에서 진짜를 추려내는 잡스만의 방식이었다.

나는 IBM, 인텔, 델의 광고부서에서 함께 일했던 스티븐 소넨필드를 추천했다. 그리고 잡스에게 소넨필드는 이 업계 안팎을 잘 알며, 굉장히 창의적인 사람이라고 알려주었다. 소넨필드는 실제로 고객들로부터 신뢰를 받았으며, 고객이 소외감을 느끼지 않게 하면서도 그들의 반대 의견에 대응할 능력을 갖추고 있었다.

잡스는 소넨필드에게 전화를 걸었다. 나는 소넨필드에게 잡스가 전화할 거라고 미리 알려주지 못했다. 따라서 소넨필드에게 그 전화는 약간 충격적인 것이었다. 사실, "안녕하세요, 스티브 잡스인데요"라는 전화를 받아본 많은 다른 이들처럼, 소넨필드도 처음에는 누군가 장난치는 것이라고 생각했다. 짧게 대화를 나눈 후 잡스는 소넨필드를 직접 만나보기 위해 쿠퍼티노로 초청했다. 소넨필드는 당시 JP모건체이스의 광고부서를 막 이끌게 된 상황이었지만 잡스의 제안에 동의했다.

며칠 후 그는 스티브 잡스, 인사팀 관계자 한 명, 제품 마케팅 부문 수장인 필립 실러, 당시 애플 리테일 부문 수장이었던 론 존슨, 그리고 애플의 광고대행사 대표였던 리 클로, 제임스 빈센트와 회의를 한다는 안내문과 함께 비행기 티켓 한 장을 받았다.

자, 만약 당신이 아주 큰 기업에서 구직 면접을 본다면 당신은 분명 최고경영자를 만나기 전에 많은 사람들을 만날 것이다. 그러나 이 경우에는 그렇지 않았다. 잡스는 소넨필드를 제일 먼저 만나보고 싶어했다.

애플 본사에 도착한 소넨필드는 잡스의 사무실 옆 회의실로 안내되었다. 그곳에서 곧바로 잡스를 만났던 순간을 그는 다음과 같이 묘사한다.

상징적인 복장을 한(검정색 터틀넥과 청바지, 뉴발란스 운동화) 잡스가 그 방으로 성큼성큼 걸어들어와서 유쾌하게 "안녕하세요"라고 인사를 건넸습니다. 그러고는 바로 본론으로 들어갔습니다.

잡스는 소넨필드에게 현재 맡고 있는 일, 즉 잘나가는 신흥 광고대행사 대표로서 JP모건체이스의 광고부서를 이끄는 일에 대해 질문했다. 소넨필드는 그 일을 아주 자랑스러워했으나, 잡스는 자신이 은행을 높이 사지 않는다는 점을 분명히 언급했다. 소넨필드가 이 은행이 어떻게 지역사회를 돕고 있는지 설명하자, 잡스는 "그건 돈이 있다면 누구든 해결할 수 있는 문제입니다. 당신이 하고 있는 일 중 세상에 진짜 기여하는 일은 무엇입니까?"라고 물었다.

시작부터 잡스의 공세가 이어지자 소넨필드는 방어태세를 취했다. 그의 기억으로, 연이어 잡스는 소넨필드가 IBM과 인텔에서 일하며 보낸 10여 년을 겨냥했다.

> 제 이력서에 기재된 경력들을 살펴보는 잡스는 마치 피투성이 먹잇감 주위를 빙빙 도는 한 마리의 상어 같았습니다. 그는 "당신은 이 경력을 쌓아오는 동안 실제로 아무런 훌륭한 일에도 참여한 적이 없군요"라고 말했지요.

제대로 궁지에 몰린 소넨필드는 그간 자신이 했던 일을 방어하려 애썼다. 하지만 잡스는 조금도 받아들이지 않았다. 그는 소넨필드가 고결한 일이었다고 주장한 것을 허튼소리라고 조롱했다. 이어서 그는 왜 마케팅을 더 잘할 수 없었는지 물었다.

격분한 소넨필드는 자신은 주어진 상황에서 최고의 성과를 냈으며, JP모건체이스는 거대하고 복잡한 회사이기 때문에 그곳에서 하는 일이 자신의 존재나 능력을 완벽하게 보여주는 것은 아니라고 설명하며 이 피 말리는 상황에서 벗어나려고 애썼다.

잡스는 잠시 조용히 앉아 있다가 다시 한마디를 던졌는데, 그 말은 제 머릿속에 평생 남아 있을 겁니다. "그래요, 지금 문제가 되는 일이 하나 있는데 사실 그건 정말로 제가 걱정하는 게 아닙니다. 제가 받아들일 수 없는 건 당신은 아주 오랫동안 이것을 할 수 있었는데도 여전히 아침에 일어나서 거울 속에 비친 똑같은 모습의 자신을 바라본다는 점이지요."

전 정신이 멍해졌습니다. 그건 KO패에 가까운 인터뷰였지요. 잡스와 제 만남은 아주 짧게 끝났습니다.

비록 잡스와의 면접은 순조롭게 진행되지 않았지만, 소넨필드는 계속해서 일정대로 다른 이들을 만났다. 잡스는 여전히 다른 이들의 의견도 듣고 싶어했던 것 같다. 이틀 후 뉴욕으로 돌아온 소넨필드는 잡스에게 의무적인 감사 이메일을 보냈다.

단 몇 분 안에 잡스는 "이곳까지 와주셔서 고맙습니다. 당신이 그 직책에 적임자라고 생각하지는 않습니다"라는 회신을 보냈습니다. 그건 이미 아주 분명한 사실이었지요.

전 조직에서 뭔가를 처리할 때는 내부의 역학관계로 인해 타협할 수밖에 없다고 설명하면서 제 역할을 정당화하려고 노력했습니다. 하지만 잡스는 그 점을 이해하지 못했을 뿐 아니라, 심지어 타협이라는 개념을 인정하거나 타협이 생산성을 저하시키는데도 타협을 받아들이는 모든 사람을 존중할 생각이 없어 보였습니다. 문득 제 머릿속에는 주요 기업의 리더들은 고사하고, 이 세상에 그와 같은 사람은 극히 드물다는 생각이 떠올랐습니다.

쿠퍼티노에서 소넨필드가 낙심한 그날 이후 불과 몇 달 뒤, 잡스는 스탠퍼드 대학교에서 그 유명한 졸업연설을 했다. 연설에서 그는 이렇게 말했다. "자신이 사랑하는 일을 찾아야 합니다. 진정 만족할 수 있는 유일한 길은 스스로 훌륭한 일이라고 믿는 일을 하는 겁니다. 그리고 훌륭한 일을 하는 유일한 길은 스스로의 일을 사랑하는 겁니다."

현재 톰슨로이터Thomson Reuters의 광고 및 브랜드통합 부문 부사장직을 맡고 있는 소넨필드는 여전히 그 연설에 감동을 느끼며, 잡스와의 개인적인 경험으로 인해 더욱 큰 감동을 받는다고 말한다. 비록 자신이 애플에 적합한 인물은 아니었더라도, 그는 잡스와의 에피소드와 확고한 원칙 덕분에 자신이 변화되었다고 느낀다.

잡스는 애플이 추구하는 기업상에 대해 굉장히 뚜렷한 비전이 있었고, 그 비전에 잘 맞는 직원들을 찾는 일에 매우 까다로웠다. 그는 자신처럼 품질에 관한 한 절대 타협하지 않는 똑똑하고 재능 있는 사람을 찾았지만, 굉장히 책임감 있는 사람을 찾는 데도 그와 똑같은 비중을 두었다. 애플의 경영진은 다른 글로벌기업에서 흔히 볼 수 있는 복잡한 절차나 위계질서로부터 자유로웠다. 왜냐하면 잡스는 자신이 신뢰할 수 있는 사람들만 고용했기 때문이다.

이 책에 나오는 리더들은 채용에 대해 아주 다양한 관점을 지니지만, 채용이 회사를 심플하게 유지하는 데 굉장히 중요한 요소라는 점에는 모두들 동의한다. 가치관을 공유할 수 있는 사람을 고용하는 것은, 회사를 성장하게 만들고 복잡함이 접근할 수 없도록 막는 가장 좋은 방법이다.

"당신의 생각을 말해보세요."

론 존슨은 고용은 물론 직원들과 일하는 방식에 대해 개인적인 원칙이 있다. 그는 자신이 과거에 성공할 수 있었던 이유를 팀원들과 쌓은 좋은 관계 덕으로 돌린다.

존슨은 자신의 직속 부하직원들에게 단 하나를 요구한다. 바로 "당신의 생각을 말해보세요"이다. 단순하게 들릴 수 있지만 당신이 대기업에서 몇 년을 일해보았다면, 사람들에게서 솔직한 의견을 끌어내는 것이 언제나 어려운 일이라는 사실을 알 것이다. 해고의 두려움, 환심을 사고 싶은 욕망, 마찰을 피하고 싶은 마음 등 사람들을 솔직하지 못하게 만드는 요소가 많다고 존슨은 말한다.

> 동료들과 함께할 수 있는 두 가지 길이 있습니다. 그들과 관계를 형성하거나 아니면 협약을 맺는 거죠. 관계를 형성하면 사람들은 서로에게 자신의 생각을 말합니다. 그게 항상 편안할 수는 없겠지만 서로를 통해 배우고 성장하게 되지요. 협약을 맺으면 사람들은 자신의 개인적인 안전과 보안에 더 큰 가치를 둡니다. 그들은 진실을 말하지 않습니다. 당신이 듣고 싶어하는 것만 말합니다.

존슨은 그 점이 자신의 임기 동안 애플과 JC페니에서 벌어진 일의 두드러진 차이였다고 말한다. 애플의 소매 부문을 시작부터 이끄는 일은 새로운 무언가를 창조하기 위해 많은 사람들이 함께 힘을 합하는 과정이었다. 존슨은 정직한 의견을 들을 수 있었고, 그 자신 또한 직원들에게 정직할 것을 독려했다. JC페니에서도 그는 똑같은 가치관을 도입했으나 그곳에서는 기존의 문화를 바꾸고 싶어하는 외부인일 뿐이었다. 그 결과 일부에게 '협의'한 것 이상은 얻을 수 없었고 그로 인해 일은 복잡해졌다.

컨테이너스토어의 최고경영자 킵 틴델 또한 자신과 직속 부하직원들 사이의 관계나, 임원진 간 관계의 중요성에 대해 자주 언급한다. 자신의 회사를 경쟁사와 차별화하는 요소가 직원들의 자질이라고 믿기 때문에, 그는 특정 유형의 사람들을 찾고 고용하고 유지하는 능력이 바로 컨테이너스토어의 성공요인이라고 생각한다.

틴델은 고객서비스 부문에 열정을 지닌 사람들을 찾는다. 그는 처음부터 개방적이고 정직한 방법으로 이런 사람들을 찾는데, 이것이 훗날 복잡한 문제를 피하게 해준다는 신념에서다. 그는 사업에 가장 크게 긍정적인 영향을 미치는 두 가지 특성을 가장 중요시한다.

전 판단력과 진실성을 제외하고는 세상의 모든 것이 비슷하게 유용하다고 믿습니다. 똑똑하거나 운동을 잘하거나 그림에 소질이 있거나 음악에 재능이 있는 사람들은 많습니다. 그러나 판단력과 진실함을 갖춘 사람은 흔하지 않습니다.

사업 초기에 그는 모든 직원의 채용과정에 일일이 관여했다. 조직의 규모를 고려하면 지금은 더이상 그렇게 하지 못한다. 대신 회사 차원에서, 판단력과 진실성 같은 핵심 기준을 바탕으로 지원자들을 효율적으로 평가할 수 있는 시스템을 갖추었다.

우리 회사의 면접과정은 매우 힘듭니다. 회사를 심플하게 만들기 위한 게 아니라, 적합한 직원을 고용하는 일 자체를 굉장히 중요시하기 때문입니다. 우리는 종종 일곱 차례나 여덟 차례에 걸쳐 면접을 봅니다. 그렇습니다. 어떤 사람들은 우리가 빌어먹을 만큼 이상하다고 생각하고, 그 과정 중간에 떠나기도 합니다.

먼저 온라인으로 지원하고 그 브랜드에 대한 열정을 증명할 수 있는 주관식 질문에 답한 후에야 면접 기회가 주어진다. 일부는 일대일 면접을 보고, 어떤 이들은 집단 면접을 본다. 이 과정에서 컨테이너스토어의 강력한 문화가 제 기능을 발휘하여, 적합한 사람을 고용하고 그렇지 않은 이들을 걸러내도록 만든다.

일단 직원들이 채용되면, 그들이 우리의 문화에 잘 맞는지 아는 건 아주 쉽습니다. 그렇지 않은 이들은 대개 스스로 떠나거든요. 우리가 미쳤다고 생각하고 아주 신속하게 도망가죠.

모든 회사는 신입직원을 고용할 수 있다. 더 나은 기업을 판가름

하는 것은 그 직원들이 근속하고 참여하게 만드는 능력이다. 우리 모두는 전형적인 '첫 출근일'의 풍경을 잘 알고 있다. 보통은 오리엔테이션에 참석할 것이고 인사팀으로부터 근무시간, 복지, 휴가, 인사정책 등에 대한 간단한 설명을 들을 것이다. 반면 컨테이너스토어에서 신입 직원들의 첫날은 상당히 다르다.

일단 회사에 들어오면, 신입직원들은 '기초 주간'이라는 것을 시작한다. 자신의 업무와 관계없이 한 주 내내 한 곳의 매장에서 회사의 판매철학을 배우고 그 회사의 세부사항에 깊숙이 관여하며 지내게 된다.

앞서 본 것처럼 컨테이너스토어 내부에서는 기본 원칙이 자주 언급되는데, 그 역시 이 교육 기간의 중요한 부분이다. 새로 고용된 직원들이 왜 자신이 특정한 방식으로 행동하기를 요구받는지 스스로 깨닫는 것은 중요하다. 그것은 생각 없는 로봇이 되거나 조직에 동화되는 것이 아니라, 컨테이너스토어를 특별하게 만드는 독특한 구매경험을 진심으로 이해하는 것이다.

이렇게 긴 교육과정이 존재하는 이유는 기본 원칙 중 하나에 집약되어 있다. 활력이 넘치고 똑똑하며, 근면하고 올바른 사람을 고용하면 그 사람이 세 가지 일을 해낼 것이라는 생각에서다. 교육은 기초 주간이 끝난 후에도 멈추지 않는다. 보통 소매업에서는 새로운 직원들을 대상으로 연간 8시간 정도의 공식 교육시간을 갖는 데 비해, 컨테이너스토어는 평균 263시간을 교육한다. 틴델은 이것이 신입직원들의 능력을 계발하고, 계발한 능력을 유지하기 위한 조치라고 말한다.

우리는 첫해에 직원교육에 이렇게 많은 투자를 합니다. 상품에 대해 아무것도 모르면서 매장에 배치되는 것보다 더 최악의 경우는 없기 때문입니다. 그건 정말 끔찍한 일이죠.

컨테이너스토어의 경우가 좀 특이하다고 느껴진다면, 당신만의 오해는 아니다. 하지만 당신이 정말 느끼는 것은 회사에 형성된 매우 강력한 문화다. 깊이 뿌리내린 이런 유의 문화는 애플, 구글, 나이키, 그리고 직원들에게 개인적 성공과 회사의 목표를 동시에 달성하기 위해 협력하도록 요구하는 여러 기업들에서 자주 발견된다. 물론 이러한 문화가 모두에게 잘 맞는 것은 아니다. 그렇기에 그 문화에 적합하지 않은 이들은 꽤 빨리 떠나는 경향을 보인다.

이곳저곳에서 수많은 대규모 매장을 매끄럽게 운영해야 하는 직원 수를 생각하면, 컨테이너스토어에서 전통적인 인사팀이 채용을 담당하지 않는다는 사실은 몹시 놀랍다. 훌륭한 자질을 갖춘 사람들을 많이 찾기 위해, 경영진은 일반 직원들에게도 채용에 참여하라고 요청한다. 직원들은 어디서든 똑똑하고 열정적인 사람들을 만나면 회사에 넌지시 추천하라는 독려를 받는다. 식당 종업원일 수도 있으며, 록뮤직을 주제로 한 크루즈 여행에서 만난 사람일 수도 있다. 또는 명절 저녁식사에서 오랜만에 만난 먼 친척일 수도 있다고 틴델은 말한다.

가족이 직원이 되면 안 된다는 규칙 같은 건 없습니다. 당신의 이모 할머니, 삼촌, 사촌을 데려오십시오. 그것이 바로 우리가 회사의 인력을 충원하는 방식입니다.

컨테이너스토어는 직원들이 회사의 일원이라 느끼도록 엄청난 노력을 들인다. 틴델은 직원들이 소속감을 지닐 때 자신의 일을 친구들과 가족들에게 이야기할 거라고 생각한다. 때때로 그런 이야기는 다른 사람들의 마음속에 자신도 그런 회사에서 일해보고 싶다는 생각이 들도록 씨를 뿌린다.

비록 사람들을 찾고 고용하는 데는 높은 비용이 들지만 틴델은 그 비용을 기꺼이 지불할 의사가 있다. 컨테이너스토어는 전체 소매업에서 판매 및 제반 비용, 관리비가 높은 곳 중 하나다. 그러나 또한 그 업계에서 매출 총이익이 가장 높기 때문에 그 비용을 감당할 수 있다.

우리는 그저 열정적으로 할 뿐입니다. 우리가 수년에 걸쳐 하는 교육량은 계속해서 늘어나고, 늘어나고, 늘어나고 있습니다. 거기에 들어가는 비용은 우리가 써온 것 중 최고의 지출입니다. 이건 과학과 기술의 조화라 할 수 있죠.

첫해에 신입직원들을 교육하는 데 들어가는 어마어마한 투자는 계속해서 이익으로 돌아오고 있다. 다음해가 되면 직원들은 새로 들어온 신입직원들에게 멘토 역할을 하는 데 자부심을 느끼기 때문에, 높은 교육 비용은 그대로 수익이 된다.

채용, 교육, 문화, 커뮤니케이션 등의 모든 것을 합하면 더 높은 직원생산성으로 연결되며, 그것은 다시 훨씬 더 큰 고객만족으로 이어진다.

고객 및 직원경험 분야의 권위자 루 카본 교수의 설명에 따르면 처음에 모든 직원들이 하는 25퍼센트의 노력은 기초적인 생산성에 영향을 미치는 요소라고 한다. 이것은 맡은 일을 수행하기 위해 필요한 최소한의 노력으로, 만약 그들이 이 수준으로도 업무를 하지 못한다면 해고될 것이다. 남은 75퍼센트의 노력은 순전히 자발적인 것이다. 직원들이 얼마나 별도의 노력을 다하는가는 자신이 판매하고 있는 제품을 실제로 얼마나 좋아하느냐, 상사에 대해 어떻게 느끼느냐, 근무환경과 회사의 사명은 어떠한가 등에 달려 있다.

소매업계에 속한 대부분의 기업이 직원들로부터 기본적인 25퍼센트의 노력보다 아주 조금 더 얻을 뿐인 것과 달리, 컨테이너스토어는 직원들로부터 약 80퍼센트 정도의 생산성을 얻고 있다고 틴델은 추측한다. 그는 직원들을 찾고, 교육하고, 그들이 진짜로 최선을 다해 일을 하도록 만들며, 직원들을 계속 유지하고 만족스럽게 만드는 회사의 방식이 컨테이너스토어의 성장요인이라고 확신한다.

충성심에 값을 매길 수 있을까?

어떤 이들은 정말로 자신의 일을 사랑하기 때문에 그 일을 한다. 실제로 그들에게 돈은 부차적인 문제다. 스티브 잡스가 1977년 애플로 돌아오면서 연봉 1달러를 받기로 했다는 일화는 유명하다. 들리는 소문에 따르면, 그렇게라도 해서 애플의 정식 직원이 되면 막강한 건강보험 혜택을 누릴 수 있었기 때문이라고 한다. 나는 종종 다음해에는 그가 물가상승률에 따른 급여 인상을 받았는지 궁금했다.

그러한 유의 헌신은 존경받을 만하지만, 나머지 우리들의 경우엔 상당한 액수의 보상이 있는 편이 당연히 더 좋다. 단지 높은 급여를 선호해서만이 아니라, 추가 보상이 눈앞에 걸려 있으면 그것을 성취하기 위해서라도 지시에 잘 따를 테니 말이다. 그렇다면 여기서 "당신의 회사에 직원들을 위한 특별 성과급이나 보너스가 있다면, 반대로 잘못한 일에 대한 페널티도 있는가?"라는 질문을 던지고 싶다.

시크의 최고경영자 앤드루 바셋은 단기적인 보너스를 완전히 없애버렸다고 말했다. 사실 그건 직원들을 상당히 자유롭게 하는 결정이라고 그는 말한다. 직원들이 단기적인 성과에 따른 보너스를 약속받으면 생각 또한 단기적인 관점에서 이루어지는 경향을 보인다는 관찰을 토대로 내린 결정이었다. 바셋은 이것이 다소 피상적이며, 회사를 발전시키는 유의 사고가 아니라고 보았다.

분명 여기에는 논의의 소지가 있다. 기업은 직원들에게 다양한 이유로 보너스를 지급하고 그로부터 다양한 결과를 얻는다. 심플함의 시각으로 보면, 사람들이 보상을 받는 여러 방식으로부터 얻는 교훈들이 있다.

나는 특정 종류의 분열을 아예 제도화한 기업의 예로 델을 자주 언급한다. 델은 각각의 팀별로 손익을 계산한다. 부서의 경영진은 각 부서의 성과에 따라 보너스를 받는다. 자신이 맡은 부서에서 매출이 증가하면 상여금을 받지만, 전체 델 브랜드의 차원에서 상여금을 받는 경우는 거의 없다. 이런 상황은 각 부서들이 회사에 대해 저마다 다른 시각을 지니도록 만들며, 델 브랜드 전체의 발전을 오히려 저해하는 마찰을 일으킨다.

2010년까지 델의 기업 담당 부문과 개인고객 담당 부문에서 광고뿐만 아니라 컴퓨터에도 각기 다른 로고를 사용했던 것을 생각해보라. 가정이나 회사에서 델 컴퓨터를 사용하는 수천만 명의 사람들이 델에 관해 두 개의 회사를 떠올릴 것이라는 점을 아무도 신경쓰는 것 같지 않았다. 어떻게 이러한 상황이 그토록 오래 지속되도록 델이 방치했는지 참으로 이해하기 어렵다.

애플에 분리된 손익 같은 것은 없다. 그냥 애플이 있을 뿐이다. 모든 임원들은 각 분야에서 회사의 발전에 기여하도록 책임을 맡는다. 보상은 보통 스톡옵션 형태로 지급되며, 이것은 다른 부서에 있더라도 회사의 전반적인 성과가 훌륭하다면 이익을 얻는다는 의미다. 하나의 강력한 브랜드를 만든다는 목표가 있을 때 회사를 하나로 단결시키는 것은 그 목표에 도달하기 위한 가장 심플한 방법이다.

아마 스티브 잡스가 스톡옵션의 날짜를 소급 적용하여 애플의 주요 임원들에게 상여금으로 부여한 탓에 곤경에 처했던 사건을 기억할 것이다. 엄연한 불법이었고, 그 결과 애플의 임원 두 명이 떠나기도 했다. 그러나 이면에 깔린 원칙만큼은 반박하기 어렵다. 또한 올바르게만 실행되었다면 전혀 법적 문제가 없는 것이기도 하다. 잡스는 주요 직원들을 회사에 계속 남아 있도록 하기 위해서 적절한 보상을 하는 것이 얼마나 중요한지 알고 있었다. 매년 새로운 스톡옵션이 늘어난다면, 그것을 외면하고 떠나기는 어려워진다.

1980년대 후반에 나는 잡스의 반가운 제안을 받았고, 그의 보상 철학은 내게 개인적으로도 큰 깨달음을 주었다. 당시에 나는 광고대행사 크리에이티브 디렉터로서 넥스트의 광고 작업을 하고 있었다. 우리가 업무적으로 좋은 관계를 이어나간 지 몇 년 후, 잡스는 따로 할 이야기가 있다며 나를 자신의 사무실로 불렀다.

그의 책상 앞에 놓인 의자에 앉은 나는 넥스트 본사의 크리에이티브 디렉터 자리를 제안받고 깜짝 놀랐다. 우리는 30여 분 정도 그 업무의 본질에 대해 이야기를 나누었다. 이야기가 잘 풀려가자 주제는 돈으로 바뀌었다. 잡스는 나를 똑바로 쳐다보며 "지금 얼마나 법니까? 한 2억원 정도 받습니까?"라고 물었다.

당시 내 연봉은 그에 훨씬 못 미쳤지만, 잡스가 그렇게 믿고 있는 듯해서 나는 태연하게 "네, 대략 비슷합니다"라고 답했다. 그 짧은 순간에 나는 잡스가 내 생각보다 훨씬 더 큰 금액을 제시하리라는 공상에 젖었다.

그러나 대신 그는 "음, 난 그 정도는 못 줍니다"라고 말했다. 꿈이 깨져버리는 순간이었다. 하지만 흐름을 놓치지 않고, 그는 계속해서 자신의 제안이 높은 연봉보다 훨씬 더 가치 있는 것임을 설명했다. 내 기억에 따르면 그는 이렇게 말했던 것 같다. "연봉만으로 당신은 절대 진정한 부를 이룰 수 없을 겁니다. 얼마나 많은 월급을 받든 상관없이 그 돈은 곧장 사라질 거예요. 주택자금, 생활비, 휴가비, 그런 모든 비용을 대느라 말이죠. 당신에게 진짜 힘이 되는 건 회사의 주식이고, 저는 그걸 줄 수 있습니다. 그러면 당신은 훌륭한 회사가 놀라운 일들을 해내는 데 기여하면서 높은 급여를 받을 수 있고, 주식을 통해 진짜 부를 쌓을 수도 있습니다."

다 맞는 말이라고 생각했지만, 당시에는 개인적인 이유들 때문에 그 제안을 거절해야 했다. 그리고 이제야 '그때 잡스의 제안을 받아들였더라면 지금쯤 벌써 은퇴하고 영국에 있는 내 소유의 성에서 유유자적하며 살고 있었을 텐데'라며 가지 않은 길을 후회하고 있다.

중요한 점은 동기부여다. 일자리를 원하는 사람들로 회사를 채우기는 쉽다. 문제는 그 회사의 사명을 따르는 사람들을 찾는 것이다. 그들이야말로 오늘 지불해야 할 고지서 때문이 아니라 회사의 미래를 건설하는 데 기여하기 위해 일할 이들이다.

비전까지 위임하라

론 존슨은 잡스의 채용철학과 그가 직원들과 소통하는 방식을 개인적으로 관찰할 기회가 있었다.

소넨필드의 경험에서 살펴보았듯이 잡스는 후보자들을 면접할 때 꽤 잔인한 면이 있었다. 그것은 자신의 전문 분야에서 뛰어난 성과를 거두었고, 열심히 일할 의지가 있으며, 스스로 만족할 만큼 열정이 있고, 자신의 신념을 지키기 위해 투쟁도 마다하지 않을 특별한 소수의 인물을 찾기 위해 그가 사람들을 시험하는 방식이었다.

잡스는 한 기업이 성공하기 위해 많은 사람이 필요하다고 생각하지 않았다. 그가 거대한 관료체계의 조직을 혐오했다는 점을 떠올려보자. 존슨은 다음과 같이 회상한다.

잡스는 새로운 프로젝트를 시작할 때 항상 먼저 "이 프로젝트에서 내가 함께하고 싶은 사람은 누구인가? 혹시 내가 위기에 처하면 지휘를 도울 사람이 필요한데, 누구를 고를 것인가?"라고 질문했습니다. 하여 그는 '누가 참여하는지'를 매우 잘 알고 있었습니다. 또한 그가 챙겨야 할 사람이 적을수록 프로젝트는 더 잘 진행되었습니다.

존슨은 잡스가 평범한 사람들과 일하는 것을 몹시 싫어했다고 말한다. 잡스는 창의적으로 일하고, 참모를 거칠 필요가 없는 재능 있는 사람들과 직접 관계를 맺고 싶어했다. 내가 잡스와 함께 일하는 동안 내내 보아온 일 또한 바로 그것이었다. 어떤 프로젝트에 적극적으로 참여하지 않는 사람은 정기회의에서 환영받지 못했다. 존슨은 계속 덧붙였다.

우리가 애플스토어 중 한 곳에 유리로 된 계단을 설계했을 때, 잡스는 그 설계를 한 사람과 직접 이야기하고 싶어했습니다. 그는 구조공학 전문가를 만나 의논하고 싶어했지요. 결코 중재자와 이야기하고 싶어하지 않았습니다.
잡스는 행동파를 존중했습니다. 또한 뭔가를 만들어내는 사람을 존중했지요. 그런 사람들과 시간을 함께 보냈고, 그렇지 않은 사람들은 몹시 견딜 수 없어했습니다. 또 그는 언행이 가볍고 어떤 식으로

든 정치적인 성향을 띠는 사람들은 무시했지요. 그는 그들의 마음을 꿰뚫어볼 수 있었습니다.

잡스는 똑똑한 사람을 소중히 여겼지만, 커뮤니케이션 능력으로도 사람을 평가했다고 존슨은 전한다. 만약 누군가 명확하게 의사를 전달하지 못한다면, 잡스는 그 사람을 별로 똑똑하다고 생각하지 않았다. 그는 자신의 생각을 뚜렷하게 표현하지 못하는 이들을 견디지 못했다.

잡스의 또다른 뛰어난 점은 다른 사람에게 권한을 위임하는 능력이었다. 덕분에 그는 새로운 가치를 계발하는 일에 계속 집중할 수 있었다.

잡스는 자신이 선택한 이들을 믿고, 그들이 애플 내에서 각자의 팀을 운영하도록 함으로써 제 기능을 충실히 해내는 조직을 운영했다. 그것이 바로 팀 쿡에게 경영을 맡기고, 프레드 앤더슨에게 재정 부문을 맡기고, 론 존슨에게 소매 부문을 관리하도록 한 이유다. 잡스는 새로운 제품이 개발되거나 자신의 관심이 필요한 문제가 생겼다는 것을 감지하면 개입하여 의견을 제시했다. 존슨은 다음과 같이 설명한다.

대개의 경우 잡스는 직원들이 각자 자신의 일을 하도록 내버려두었습니다. 그는 직원들을 감독하느라 어떠한 시간낭비도 하지 않았습니다. 전혀 개입하지 않았지요. 전혀요. 그러나 잡스의 기준은 아주 높았고, 권한을 넘긴 사람들에게 자신의 기준을 아주 분명하게 전했기 때문에 비록 잡스가 거기에 없어도 다들 잡스처럼 생각할 수 있었지요.

그는 이렇게 말하곤 했습니다. "나는 자네하고 아주 많은 시간을 함께 보낼 걸세. 자네에게 내가 어떻게 생각하는지 알려주고 싶거든. 일단 자네가 그걸 이해하고 내 기준들을 알게 되면, 자네는 새처럼 자유로워질 걸세. 오직 문제가 발생하거나 무언가에 대해 의견을 묻고 싶을 때만 내게 오면 될 거야."

잡스는 일주일에 다섯 번쯤 밤에 존슨에게 전화를 걸었다. 보통 그는 "오늘은 어땠습니까? 어떻게 생각합니까? 오늘 뭘 배웠습니까?"라고 질문했다. 그것은 애플스토어에 대해 구상하고 실현해나가면서 그들 사이의 업무 관계를 밀도 있게 만드는 그의 방식이었다. 이러한 대화를 통해 존슨은 잡스의 생각과, 그가 중요시하는 것과 그렇지 않은 것을 이해하게 되었다.

애플스토어를 세울 몇 군데의 위치를 함께 선정한 후, 존슨은 부동산에 대한 잡스의 의중을 제대로 파악했다. 몇 군데 매장의 디자인을 함께 고민한 후, 그는 잡스가 선호하는 자재와 디자인에 대한 취향을 더 잘 알게 되었다. 그의 생각을 잘 이해하게 되자, 존슨의 말은 마치 잡스가 말하는 것과 비슷해졌다. 그후 잡스는 자신의 가치관과 일치하는 방식으로 운영하도록 요청하며 존슨에게 권한을 위임했다. 많은 측면에서, 잡스와 일하는 것은 자유로워지는 경험이었다고 존슨은 말한다.

마지막 말이 중요하다. 그 말은 잡스가 세세한 부분까지 감독하는 관리자였다는 세간의 인식과 대조적인 것이기 때문이다. 누군가는 어떤 일에 잡스가 대응하는 방식에 대해 약간 두려움을 느낄지도 모르지만, 또한 잡스가 진정 보고 싶어했던 것이 신선하고 경이로운 무언가였다는 점도 알 수 있다. 당신이 **독립적으로** 날개를 펴지 **못한다면** 잡스는 크게 실망할 것이다.

시간이 흐르면서 존슨은 가장 최근에 짓고 있는 애플스토어와 관련하여 1년에 단 몇 차례만 잡스와 회의를 했다. 새로 짓고 있는 애플스토어를 보여주면 잡스가 그에 대해 자신의 의견을 제시하는 식이었다.

보통은 그렇게 깊이 관여하지 않았지만, 일단 애플스토어 매장으로 들어오면 잡스만큼 세부적으로 주의깊게 살펴보는 사람도 없었을 겁니다.

이 업무철학은 애플에서의 두번째 임기 동안 잡스가 이루어낸 성공의 핵심요인이었다. 그는 자신의 한계를 이해하고, 자신이 지니지 못한 장점이 있는 사람들로 주변을 채웠다. 그는 자신이 고용한 사람들이 대범하고 창의적으로 일할 수 있는 환경을 만들었다. 그러나 거기에는 언제나 비전이 존재했다. 수준 높은 지도자로서 그 비전을 보여주든, 세심함을 찾는 완벽주의자의 눈으로 보여주든 말이다.

170

올바른 사람을 찾는 것은 분명 모든 기업에 중요하다. 그러나 한 기업의 직원이란 고용된 사람들뿐 아니라 해고된 사람들로도 규정된다.

해고의 기술

TBWA샤이엇데이는 샤이엇데이^{Chiat/Day}로 불리던 1970년대 후반에 애플 II 컴퓨터의 광고를 맡은 이래 계속 애플의 광고를 제작해왔다.

2002년 고인이 된 설립자 제이 샤이엇은 광고계에 엄청난 영향을 미친 전설적인 인물로, 사람들이 경이로운 일을 완수해내도록 지원을 아끼지 않고 오직 직원들에게 집중하는 크리에이티브 리더였다. 샤이엇데이가 광고를 제작하며 25년 이상 성공에 기여한 고객사들로는 나이키, 포르셰, 닛산, 에너자이저, 리복, 아메리칸 익스프레스 등이 있다. 위대한 마케팅 지혜와 그 산업을 뒤흔들 만한 재능을 겸비한 제이 샤이엇은 거침없고 영감을 주는 말을 많이 했기 때문에, 직원들은 『제이 회장의 어록』이라는 작은 책을 출간하기도 했다.

각 장에는 그의 철학과 유머를 잘 포착한 인용구가 한 줄씩 실려 있다. 예를 들면 "자네가 한 말은 다 옳지만, 난 그 말에 반댈세" "제한 없는 예산을 초과해버렸네" "다음번에 내게 뭔가를 말할 때는 내가 확실히 들도록 만들게" 등의 보석 같은 말들이다. 내가 개인적으로 가장 좋아하는 문구는 "난 자네한테 소리지르고 있는 게 아니야, 이 상황에 소리지르고 있는 거라고!"인데, 실제로 그가 내게 했던 말이기도 하다.

광고계에서 큰 존경을 받았던 샤이엇은 당시 업계에서 가장 권위 있던 잡지 『애드위크』로부터 몇 편의 글을 써달라는 요청을 받았다. 이 글에서 그는 무엇이 훌륭한 광고대행사를 위대하게 만드는지에 대한 자신의 지혜를 공유했다.

그가 쓴 글 중 한 편은 수십 년간 내 마음속에 남았다. 샤이엇은 강력한 기업을 설립하기 위해서, 맞지 않는 사람은 반드시 '신속하게 해고'해야 한다고 말했다. 광고대행사에 가장 중요한 것은 관계이며, 여기에는 고객뿐 아니라 회사 내부 관계가 포함된다. 직원들의 일상적인 교류가 실제로 그 회사를 정의한다는 것이었다. 샤이엇은 불만을 품은 직원 한 명이 가진 부정적인 기운이 주변을 물들인다며, 특히 압박이 심하고 창의적인 업계에서 부정적인 태도는 좋지 않다고 믿었다.

샤이엇은 '2주 전 통지' 방식을 좋아하지 않았다. 그는 해고할 직원에게 2주간의 급여는 주었지만 즉시 떠나기를 요청했다. 조금 매몰차 보이긴 하지만, 그는 직원들이 긍정적인 환경에서 최선을 다해 자신의 일에 집중하기를 바랐다. 한 사람의 나쁜 기운이 다른 사람들까지 물들이기를 바라지 않았다.

틴델 역시 신속하게 직원을 고용하고, 회사에 적합하지 않은 직원은 재빨리 해고해야 한다는 입장에 동의한다. 비록 보다 인간적인 방식으로 해고하지만 말이다.

우리는 동정심을 느끼는 인간입니다. 혹은 스스로를 그렇게 생각하는 경향이 있습니다. 오래전 우리는 해고와 관련해 너무나 순진할 정도로 관대했고 한 직원을 내보내기 전에 그 사람을 변화시키려 노력하고, 노력하고, 노력했습니다. 하지만 어떤 특성은, 특히 불안감 같은 특성은 변할 수 없더라고요. 이제 우리는 전보다 훨씬 빠르게 조처합니다.

앞서 본 것처럼, 강력한 문화에는 스스로 규제하는 능력이 있다. 문화는 그곳에 어울리지 않는 사람들을 떠나고 싶어하게 만든다. 그러나 한 지점의 책임자나 리더가 문제를 일으키면서도 자발적으로 떠나지 않는다면, 틴델은 그 상황을 신속히 다루어야 한다고 믿는다.

그 사람과의 관계는 원활히 마무리되지 못하더라도, 그 상황이 해결되는 방식을 통해 모든 직원들은 회사가 직원들을 얼마나 소중하게 생각하는지를 전달받을 수 있다. 심지어 컨테이너스토어가 일부 직원을 해고할 때에도, 남아 있는 직원들은 여전히 맡은 바를 훌륭히 해낸다는 점에 틴델은 자부심을 느낀다. 그는 썩은 사과를 가지에서 신속하게 떨궈내야 한다는 제이 샤이엇의 철학에는 동의하지만, 실제 해고의 본질에 대해서는 다른 태도를 취한다. 컨테이너스토어는 해고할 직원들에게 추가 수당을 지급하는 편이며 보통 사전에 충분히 통보한다고 틴델은 말한다.

왜냐고? 컨테이너스토어 같은 소매업체의 경우에는 모든 사람들의 의견이 그 브랜드 평가에 영향을 미치기 때문이다. 해고된 사람을 포함하여 회사를 떠난 사람들도 여전히 소비자가 될 가능성이 크다.

친구들에게 그 회사에 대해 이야기할 것이며 온라인에 글을 쓸지도 모른다.

따라서 틴델은 해고는 신속하게 하더라도 무자비한 방식으로 해서는 안 된다고 생각한다. 그들은 보다 인간적인 방식으로 행동하며 그 방법이 사업상 더 좋다.

물론 훨씬 더 좋은 생각은 애초에 보다 현명하게 채용하는 것이다. 그러면 불편한 상황을 아주 많이 줄일 수 있다. 다시 한번 말하지만, 가치관은 중요하다.

가치관은 인재를 끌어당기는 자석이다

어떤 기업이 자사의 가치관을 훌륭히 전달하면, 그러한 가치관을 공유하는 소비자들은 물론 미래의 직원들도 끌어들일 수 있다. 공통의 가치관은 강하고 통합된 팀을 이루는 근간이다.

예를 들어, 사회적 양심은 벤앤제리스의 문화에서 근본적인 부분이며, 이것은 기업 이미지에 반영된다. 그 결과 스스로 사회적 양심이 있다고 생각하는 사람들이 장래 직원이 될 가능성이 커진다.

단지 일자리가 필요해서 지원했을 뿐 회사의 가치관을 공유하지 않는 사람은 자신의 업무가 힘들고 복잡하다고 느낄 가능성이 더 크다. 그들은 한 회사가 관여하기에 적절하지 않다고 느끼는 문제들까지 자신들이 고려해야 한다고 느낄지도 모른다. 그 결과 개인적 신념을 회사의 신념에 맞추어야 하는 경우가 생긴다.

제리 그린필드는 회사가 빠르게 성장하던 초기, 짧은 시간 안에

174

많은 직원들을 고용해야 했는데 그때 가치관을 공유하는 사람을 채용하는 일의 중요성을 깨달았다고 말한다. 그러면서 그보다 더 햇병아리 시절에 가치관을 공유하는 사람을 채용할 만큼 똑똑하지 못했다는 점을 안타까워한다.

가치관을 공유하는 사람들은 회사를 좀더 자신과 비슷하게 바꾸려고 노력했습니다. 외부에서 보기에 벤앤제리스는 평화와 사랑의 상징이었고, 그건 아주 좋은 점이었습니다. 하지만 일부 새로 고용한 다른 가치관을 지닌 직원들 때문에 내부에서 상당히 많은 마찰이 생겼습니다. 그건 회사의 정신을 위한 싸움이었죠.

다행히도 설립자들의 가치관이 승리했고, 사회적 책임을 수행한다는 가치관은 그 회사의 유전자 속에 단단히 자리잡았다. 두 설립자가 회사를 경영하는 데 필요한 요건들이 이제 그들의 개인적인 능력을 넘어서는 정도로 늘어났다는 것을 깨달았을 때, 그들은 경영진을 확장하는 조치를 취했다. 당시 잘 알려진 벤앤제리스의 가치관은 그들의 문화에 아주 잘 맞는 사람들을 영입하는 데 도움이 되었다.

오늘날 벤앤제리스는 사회적 양심을 가진 사람들을 끌어들인다. 애플이 기술을 통해 더 나은 세상을 창조하고 싶은 사람들을 끌어들이는 것처럼, 컨테이너스토어가 고객서비스에 헌신하는 사람들을 끌어들이는 것처럼 말이다. 강력한 가치관은 사람을 끌어들이는 효과적인 자석임을 알 수 있다.

콘텐츠 제작사 래디컬미디어의 공동설립자 존 케이멘과 프랭크 셰머는 진실함이라는 그들의 주요 가치관이 올바른 인재를 영입하는 데 도움을 주는 신호등이라고 여긴다. 특히 그들의 사업에서는 브랜드가 **곧** 사람이기 때문에, 생각이 비슷하고 유능한 사람들을 끌어들이고 채용하는 것은 몹시 중요하다.

그러나 래디컬은 다른 회사들보다 채용과정에서 더 큰 어려움을 겪는다. 아주 다양한 유형의 사람이 필요하기 때문이다. 본사에 소속된 많은 디렉터, 지원부서의 상근 직원, 제작에 참여하느라 건물을 끊임없이 들락날락하는 제작자를 포함하여 많은 인력이 있다.

래디컬의 강력한 브랜드가치는 모든 분야에서 사람들을 끌어들이지만, 케이멘은 가치관이라는 신성한 불꽃을 지키는 것이 자신의 가장 중요한 임무 중 하나라고 믿는다. 그는 신입직원들이 래디컬의 가치관인 진실함을 제일 중요한 것으로 받아들이고 그에 동화되도록 만드는 데 최선을 다한다. 그렇다고 직원들이 항상 가치관을 제대로 이해한다는 말은 아니다. 하지만 실수가 생기면 그들은 상황을 '바로 잡으려고' 최선을 다한다. 틴델은 그들이 상황을 부드럽게 해결하려고 노력한다고 여긴다. 제작업계에서는 언젠가 다시 마주칠 가능성이 크기 때문이다. 그는 이전에 해고된 사람들을 우연히 마주쳤을 때 그들이 앙심을 품고 있는 것 같지 않아 보였다는 점이 래디컬의 면모를 잘 드러내는 것 같다고 말한다. 사실 대부분의 사람들은 래디컬에서 보냈던 시간을 감사히 여기는 듯했다.

케이멘과 셰머가 열정적으로 자신들의 문화를 보호한 덕에 래디컬미디어에서는 오랫동안 선순환이 이어지고 있다. 새로운 사람들은 그들의 브랜드에 끌리고, 직원들은 그 브랜드를 강화하기 위해 일하고, 더 강력한 브랜드는 다시 훨씬 더 많은 훌륭한 인재를 회사로 끌어들이는 것이다.

모두에게 최선의 해결책을 찾다

심플함의 힘으로 혜택을 본 기업 중 일부는 리더 중심의 기업들이었고, 일부는 협력을 강조하는 기업들이었다. 리더십을 발휘하는 데 마법의 공식 같은 것은 없다.

그러나 채용에는 효율적인 공식이 있다. 바로 회사의 가치관을 공유하는 사람들에게 집중하는 것이다. 그들은 회사의 문화에 잘 맞을 뿐 아니라 그 문화를 더욱더 강화할 것이다.

전통적인 채용 방식을 무너뜨리는 최근의 채용 흐름에 주목하는 것 또한 중요하다. 우버, 포스트메이츠, 먼처리Munchery 같은 회사들을 포함한 주문형서비스 산업은 2000만 명에 가까운 사람들을 서비스 제공자로 끌어들였다. 이 회사의 직원들은 유연한 근무 시간과 스스로의 삶을 더 많이 관리할 수 있다는 점을 매력적으로 느꼈다.

하지만 이러한 근무 형태가 점점 더 인기를 끌면서 직원들이 소속감을 느끼지 못하고 업무에 전념하지 못하게 된다는 부정적인 의견도 나온다. 결과적으로 이러한 새로운 유형의 직원들은 회사의 가치관으로부터 적은 영향을 받고, 점점 더 자신이 세운 가치관을 중심으로 일하게 된다.

론 존슨은 '양쪽 모두에게 최선인' 해결책이 있다고 믿는다. 다음은 그가 2015년 중반에 설립한 벤처기업 엔조이^{Enjoy}에서 시행한 사례다. 엔조이는 자사를 '기술을 구매하는 더 나은 방법'을 제시하는 곳이라고 소개한다. 그들은 고품격 전자기기(휴대폰, 태블릿, 드론, 음향시스템, 카메라 등)을 엄선한다. 다른 소매업체들과의 차이점이라면, 이들은 어떤 고객이 구매를 하면 자질을 갖춘 전문가 한 명을 구매자의 집이나 사무실, 카페, 또는 고객이 지정한 장소로 보내 그 상품을 직접 건넨다는 것이다. 그후 고객과 함께 한 시간 정도를 보내며 그 기기를 조립하고 어떻게 사용하는지 시범을 보인다. 아무런 추가 비용 없이 말이다.

이 주문형서비스를 성공시키기 위해서 존슨은 엔조이의 직원들이 매우 뛰어난 기술을 지니도록, 또 열정적일 뿐 아니라 회사의 사명에 충실하도록 만들어야 했다. 따라서 그는 이 새로운 주문형서비스 기업을 정말로 직원 중심으로 설계했다. 엔조이의 직원들은 다른 주문형서비스 업체들과 마찬가지로 자신이 원하는 시간, 장소, 방법을 정해서 융통성 있게 일할 수 있다. 차이점은 직원들 모두에게 회사의 주식과 복지, 그리고 급여 혜택이 돌아간다는 것이다. 존슨의 목표는 직원들에게 모바일업계의 특징인 자유와 모험심을 느끼게 하면서, 전통적인 경제적 안정감과 보상도 함께 주는 것이다.

여전히 존슨은 '삶의 질을 개선하는' 것을 목표로 삼는 회사에 있다. 애플스토어를 구상하고 발전시키면서 했던 것처럼 그는 서비스에 열정이 있는 사람들을 찾고 있으며, 그 과정에서 고객과 직원 모두의 삶의 질을 개선하고 있다. 엔조이를 설립하면서 존슨은 이러한 가치관을 가장 중심에 두었다. 이 가치관은 신생기업의 문화를 형성하는 데 도움이 될 '적합한' 직원들을 자석처럼 끌어들이는 도구가 될 것이다.

앞서 본 것처럼 직원들의 개인적인 가치관이 회사의 가치관과 일치할 때 직원들은 더 큰 만족감을 느끼며, 더 큰 동기부여가 이루어지고, 고객들을 보다 행복하게 만들기 위해 효율적으로 일한다.

5장

심플한 브랜드 하나가 회사를 살린다

위대한 브랜드에는 문화와 언어를 초월하는 가치가 있습니다.
또한 그 가치는 시간까지 초월합니다.

_스티브 윌하이트(애플 전 마케팅 부사장)

브랜드라는 개념은 별로 새롭지 않다. 브랜드는 분명 한 회사의 가장 소중한 자산이기 때문에, 대행사들은 광고업의 초기부터 뛰어난 브랜드를 만들어내며 명성을 쌓았다.

본질적으로, 브랜드는 한 회사에 대한 모든 인식의 총체다. 이러한 인식은 상품, 서비스, 매장, 웹사이트, 포장지, 고객지원 등에서 우리가 개인적으로 겪은 경험과 마케팅을 통해 받은 느낌, 온라인과 오프라인에서 언론을 통해 얻게 되는 인상, 신뢰하는 주변인들로부터 들은 이야기 등을 통해 형성된다. 브랜드의 힘은 그 회사가 직접적으로 통제하지 못하는 부분을 비롯하여 많은 다양한 경로로 생성된다.

강력한 브랜드는 사람들을 끌어들인다. 그것은 고객들의 마음을 움직이고 충성심을 만들어낸다. 구매를 할 때 사람들은 먼저 자신이 가장 가치 있다고 생각하는 브랜드를 찾는다. 그리고 애정을 느끼는 브랜드를 위해 기꺼이 더 많은 돈을 지불한다. 그것이 훨씬 더 가치 있다고 믿기 때문이다.

사명은 한 회사의 토대가 되고, 가치관은 그 사명을 따르도록 회사의 행보를 이끈다. 하지만 이 모든 것 위에는 브랜드가 있다.

직장생활에서 유사한 점을 발견할 수 있다. 우리 대부분은 커리어 목표(사명)가 있고 회사에서 우리의 행동을 이끄는 일련의 원칙(가치관)이 있으나, 한 인간으로서 우리는 그보다 훨씬 더 많은 특징을 지닌다. 우리와 관계 맺는 사람들은 우리가 말하고 듣는 방식과 우리가 가진 지식, 유머, 연민, 디자인 감각 등으로 우리를 알아간다. 이러한 모든 특징을 합한 것이 '나'라는 브랜드다. 아주 많은 요소들이 모여 한 회사의 브랜드를 이루는 것처럼 말이다.

한 회사에 강력한 브랜드가 있으면, 그곳에서 일하는 사람들의 삶은 훨씬 더 심플해진다. 기회를 받아들이거나 결정을 내릴 때 '브랜드에 맞는 것' 또는 '맞지 않는 것'으로 판단할 수 있기 때문이다. 브랜드를 유지하는 것은 회사에 대한 인식을 명확히 하는 데 도움이 된다. 브랜드를 버리는 것은 회사의 초점을 흐릿하게 만들고 혼란의 씨를 뿌리는 격이다.

건강한 브랜드를 확립하는 것이 몹시 중요하기 때문에, 어떤 기업의 리더는 단순화 작업을 진행하는 것에 대해 초조해하기도 한다. 단순화 작업이 브랜드를 약화시킬지도 모른다는 걱정 때문이다. 하지만 사실은 그 반대다. 기업이 단순화에 성공하면, 그 회사의 브랜드는 더욱 강력해지고 더욱 매력적이며 가치 있어진다. 사람들이 그 기업을 더 잘 이해하고 인정하게 되기 때문이다. 반대로 기업이 복잡해지면 브랜드를 약화시키는 다양한 신호들이 나타난다.

바로 이것이 스티브 잡스가 애플의 브랜드를 창조하고 강화하는 일에 그렇게 몰두하고 브랜드에 흠을 내는 어떠한 아이디어에도 격렬히 반대했던 이유다. 예를 들어 일부 비평가들은 저렴한 가격의 휴대폰을 내놓지 않으면 애플의 휴대폰 사업은 곧 침체될 거라고 오랫동안 주장해왔다. 잡스는 비싼 돈을 주고서라도 고품질에 멋진 디자인의 상품을 살 만한 가치가 있다고 믿는 사람들이 좋아할 프리미엄 브랜드가 애플이라 보았다. 만약 애플이 비평가들의 말대로 '저렴한' 휴대폰을 생산했다면, 시장점유율은 증가했을지 모르나 브랜드가치는 약화되었을 것이다. 잡스는 강력한 브랜드가 실제적으로나 상징적으로나 안전한 자산이라고 믿었다.

브랜드를 뚜렷하게 정의하는 일은 마케팅의 가장 단순한 원칙이며, 당연히 심플함을 성취하는 가장 쉬운 규칙이기도 하다. 만약 회사가 취하는 모든 행동이 '브랜드에 맞는다'라고 확신할 수 있다면, 당신은 당신의 존재, 당신이 하는 일, 당신이 제공하는 가치에 대해 혼란을 겪지 않을 것이다. 그리고 고객들이 당신의 회사와 경쟁사 사이에서 확실한 선택을 하도록 만들 수 있다.

물론 기업은 다양한 방법으로 자신의 브랜드를 표현한다. 어떤 브랜드는 스타일, 신뢰성, 혁신처럼 그 기업의 제품에서 전부 드러날 수 있는 것을 나타낸다. 반면 우리가 만지거나 느끼거나 심지어 맛볼 수 있는 대상이 아닌 우리 머릿속에 존재하는 무언가를 대표하는 브랜드도 있다.

브랜드를 살리는 추억 마케팅

거의 대부분의 사람들은 코카콜라와 펩시에 친숙하다. 하지만 체코에 머문 적 없다면 아마도 코폴라Kofola라는 탄산음료에 대해 들어보지 못했을 것이다. 코폴라는 심플함의 원칙에 기반을 두어 성공한 사례 가운데 하나다. 코폴라는 코카콜라와 펩시를 상대로 다윗과 골리앗 게임을 벌여 승리할 방법을 찾았다.

1989년 체코슬로바키아에서 벨벳혁명이 일어나기 전까지, 서구의 탄산음료회사들은 공산주의체제에서 환영받지 못했다. 위의 거대음료회사 두 곳은 공식 허가를 받은 국영기업에 의해 오직 한정된 양의 음료만 생산하도록 승인받았다.

1960년에 체코슬로바키아의 한 기업이 독자적인 방식으로 탄산음료를 만들어내기 시작했고, 그 결과 코폴라가 탄생했다. 1970년대 즈음 코폴라는 현지에서 가장 인기 있는 탄산음료가 되었고 전국의 많은 공장에서 생산되었다. 병에 담긴 형태, 혹은 생맥주처럼 바에서 직접 따라주는 식으로도 판매되었다. 코폴라는 전 국민의 일상생활에 깊이 자리잡았다.

그러나 혁명 후, 모든 것이 바뀌었다. 공산주의의 붕괴로 새로워진 체코에서는 서구 기업들이 갑자기 환영받았다. 코카콜라와 펩시는 돌진하듯 곧바로 쏟아져들어왔고, 한때 가장 인기 있는 음료였던 코폴라를 비롯하여 기존의 브랜드들은 밀려났다. 그러다 결국 코폴라는 매대에서 완전히 사라졌다.

수년이 지난 1998년, 그리스 출신의 이민자 코스타스 사마라스가 코폴라의 판매권을 샀다. 그리고 3년 후 완전히 브랜드를 넘겨받았다. 이때부터 코폴라는 수명을 되찾기 시작했다. 이즈음 체코인들은 코카콜라와 펩시에 홀딱 빠져 있었다. 그러나 코스타스는 그 거대 브랜드들이 결코 코폴라를 완전히 대체하지는 못했다고 확신했다. 그건 코폴라가 꽤 독특한 맛을 지니고 있었기 때문이었다.

비록 콜라처럼 보이긴 해도, 코폴라는 채소를 기본으로 열네 가지 정도의 재료를 혼합하여 만든 음료다. 코카콜라와 펩시콜라의 맛 차이는 잘 못 느끼는 사람들이라도, 코폴라와 두 음료의 차이는 놓치기 어렵다. 좋게 말하자면, 코폴라는 서서히 익숙해지는 맛이다. 사람마다 다르겠지만 코폴라는 세상에서 가장 훌륭한 음료 중 하나이거나 아니면 거의 한 모금도 넘길 수 없는 맛이다. 그와 별개로 코폴라는 여전히 많은 체코인의 마음속에 자리잡고 있다.

코스타스의 사업가적 본능 덕분에 코폴라는 다시 체코로 돌아왔고, 이제는 거대 탄산음료 제조사들과 정면으로 맞설 수 있게 되었다. 이 작은 회사가 어떻게 그러한 힘을 얻을 수 있었을까? 맛으로만 경쟁한다면 만만치 않았겠지만 향수를 일으키는 데 있어 체코 내에서 코폴라는 누구든 이길 수 있었다.

코폴라는 코카콜라와 펩시가 대세인 시대에 멋지고 인기 있는 음료를 표방하지 않았다. 그보다 코폴라가 어린 시절의 맛임을 이야기했다. 체코슬로바키아에서 자라던 시절의 맛, 가족과 함께하던 맛, 그리고 전국에서 코폴라가 병 또는 생음료로 넘쳐나던 시절로 되돌아가 친구들을 사귈 때의 맛이었다.

거대 음료회사와 경쟁해야 하는 상황에 직면해, 코폴라는 심플한 한 가지 콘셉트로 브랜드를 세웠다. 바로 향수를 자극하는 따뜻한 감성이었다. 코스타스는 1960년에 디자인된 라벨을 다시 가져와서 향수를 마케팅 활동의 기본으로 삼았다.

코스타스가 그 브랜드의 특징을 아주 잘 전달한 덕분에, 코폴라는 다시 한번 체코인들의 일상의 한 부분으로 자리잡았다. 그리고 수많은 탄산음료와 주스류 사이에서 빠르게 성장하여 코카콜라 그리고 펩시와 어깨를 나란히 하는 주류 음료로 발전했다. 코폴라그룹^{the Kofola} Group이라고 불리는 모기업은 현재 체코, 슬로바키아, 폴란드, 러시아에 일곱 군데의 제조 공장을 보유하고 있으며 직원 수도 2100명이 넘는다.

2004년, 코스타스의 아들 야니스 사마라스가 코폴라그룹의 최고경영자 자리를 물려받은 뒤에도 회사는 계속해서 성장하고 있다. 코폴라 브랜드는 훨씬 더 강력해졌으며 브랜드를 명확하게 표현한 정책은 그들의 가치관에 이끌린 새로운 직원들을 불러들였을 뿐만 아니라 새로운 고객들까지 끌어들이는 요소로 작용했다.

경쟁이 치열한 시장에서 진짜 차이를 만들어낸 단순화 도구는 바로 코폴라의 브랜드였다.

결코 타협할 수 없는 전략

애플의 전 마케팅 책임자 스티브 윌하이트는 폭스바겐을 비롯하여 자동차업계에서 많은 경험을 쌓았다. 그는 닛산과 현대자동차의 마케팅

부서도 이끈 경험이 있기에 자동차와 그 브랜드의 힘에 대해 매우 잘 알고 있다.

진정 위대한 브랜드는 무언가 특별한 것을 대표하고 지속적으로 그렇게 행함으로써 차별성을 갖는다고 윌하이트는 말한다. 기업이 자사의 브랜드를 표현하는 방식은 광고 전반뿐만 아니라 모든 국가에서 일관되게 이루어진다. 특정 지역의 혜택을 입기 위해 일관성을 놓치거나 대중에게 각기 다른 방식으로 브랜드를 홍보하는 기업과는 대조적이다.

윌하이트는 특정한 국가에서 그만의 독특한 모델을 판매하는 자동차기업들을 가리켜 태국의 도로와 중국의 도로가 다르고 미국, 독일, 일본의 도로와도 다르다고 생각하는 것 같다고 비판한다. 그 기업들은 각국 시장에서 소비자의 기대에 부응하고 시장환경에 적합해 보이는 자동차를 개발한다. 일부 마케터들은 그에 맞는 문화적, 지리적 타당성을 찾아낸다. 하지만 윌하이트의 생각은 다르다.

지속적으로 가장 많은 수익을 내고 브랜드가치가 가장 높은 회사는 절대로 그렇게 믿지 않는다는 점에 주목하십시오.

그 증거로 그는 세계적인 프리미엄 자동차 브랜드 페라리를 예로 든다. 상하이의 페라리 자동차는 베벌리힐스, 베를린, 런던에서 볼 수 있는 것과 전혀 다르지 않다. 소비자가 지불하는 자동차 구매 비용은 그 브랜드가 오랜 시간 동안 쌓아온 가치와 명성을 반영한다. 포르셰의 경우도 마찬가지다. 중국형 911, 미국형 911, 또는 브라질형 911을 생산하지 않는다. 오직 포르쉐 911만 만든다. BMW 역시 전 세계의 시장에서 똑같은 3시리즈 자동차를 판매한다. BMW는 큰 의미를 지닌 브랜드로, 판매되는 모든 곳에서 '최고의 고품격 자동차'로 효과적인 마케팅이 이루어지고 있다. 월하이트가 보기에 BMW는 시공간을 초월하는 브랜드다.

위대한 브랜드에는 문화와 언어를 초월하는 가치가 있습니다. 또한 그 가치는 시간까지 초월합니다.

월하이트는 거대 기업에 심플함을 도입하는 용기를 지녔던 리더의 예로 포드자동차의 전 최고경영자 앨런 멀럴리를 든다. 멀럴리는 자동차산업에서 일반적이라 여기는 일들과 상반되는 행동을 했다. 멀럴리가 주장하는 메시지는 다음과 같았다. "하나의 포드. 우리는 각 시장에 따라 각기 다른 자동차를 생산하지 않을 것이다. 우리는 최고의 엔지니어링 자원을 쏟아부을 것이다. 모든 시장에서 판매될 수 있고 똑같은 방식으로 마케팅할 수 있는 포드 포커스와 포드 퓨전 같은 차들을 생산할 것이다. 그 자동차들은 똑같은 가치관과 똑같은 특징과 똑같은 기술을 지닐 것이다." 그는 이 주장을 실현시키는 데 자신의 직권을 이용했다.

문화적으로 민감하게 반응해야 할 현실적이고 심오한, 그리고 합리적인 필요성이 있다. 하지만 또한 문화를 초월하는 가치들도 있다.

윌하이트는 상징적인 브랜드는 그러한 가치를 추구하며 그 가치에 브랜드를 맞추고, 모든 분야에서 의미 있는 결과를 얻기 위해 이를 활용한다고 강조한다.

> 그것이 바로 애플이 '다르게 생각하라' 캠페인으로 시도했던 겁니다. 피카소가 프랑스인이든, 스페인인이든, 혹은 미국인이라 한들 무슨 차이가 있겠습니까? 마리아 칼라스, 어밀리아 에어하트, 짐 헨슨이 어디에서 태어나 어디에서 활동했다 한들 무슨 차이가 생겼겠습니까? 그들은 다른 사람에게 영감을 주는 데 기여했습니다. 자신의 조국뿐 아니라 세상을 바꾸었지요. 애플이라는 브랜드가 문화를 초월하는 힘도 이와 같습니다.

이러한 '브랜드 명확성'은 쉽게 얻을 수 있는 것이 아니다. 문화를 초월하는 힘이 있는 기업 내에서도 다른 지역에서 어떻게 브랜드를 제시해야 하는지에 대해 자주 토론을 벌인다. 윌하이트는 스티브 잡스가 '다르게 생각하라' 캠페인으로 전하려던 메시지는 분명했지만 애플의 글로벌마케팅팀 일부는 거기에 동의하지 않았다는 사실도 털어놓았다.

때때로 다른 국가에서 근무하는 애플의 직원들은 그 지역에서 '자신들만의 일'을 하고 싶어했다. 예를 들어 애플재팬에서는 당시 애플의 미학적 특징을 반영한 전면이 흰색으로 채워진 광고를 내보내는 것을 별로 달가워하지 않았다. 일본 소비자들이 애플의 스타일에 흥미를 느끼지 못하리라는 사실을 증명하기 위해 일본에서 대성공을 거둔 광고들을 한데 모아 두꺼운 자료를 만들기도 했다. 윌하이트는 그 상황에 "안 됩니다"라고 말하는 것이 자신의 임무였다고 말한다. 그는 이들에게 회사의 전략을 설명하고 그것을 찬양하고 받아들이도록 설득했다.

애플 브랜드는 변화하려고 하지 않았습니다. 그게 하나의 기업으로서 우리의 본질이었으니까요. 저는 그들에게 이렇게 말했습니다. "당신은 계속 당신이 생각하는 최고의 촬영을 하십시오. 하지만 그건 정말 시간낭비입니다. 그리고 언젠가는 '이것 보세요, 아예 이해하지 못했군요, 당신은 해고입니다'라는 말을 듣게 될 겁니다."

글로벌기업에서 일해본 사람들은 가장 중요한 문제에 대해서는 절대 타협할 수 없다는 사실을 이해한다. 스티브 잡스의 세계에서 브랜드는 소중히 간직하고 육성해야 하는 것이지 결코 약화되어서는 안 되는 것이었다. 그것은 핵심적인 결정을 내리는 지침이 되며, 애플이 항상 심플함을 유지하는 데 필수적인 부분이었다.

브랜드를 직접 만나다

애플스토어의 설립은 애플 역사상 몹시 중요한 순간이었다. 애플스토어 안에서 소비자들은 처음으로 애플 브랜드를 직접 만나게 된다. 문제는 어떻게 애플스토어의 환경을 애플의 가치관이 전달되도록 디자인하여, 매장 안에 들어가는 순간 누구나 그 가치를 느낄 수 있게 만드는가였다.

애플스토어가 생기기 전에 고객들이 애플의 제품을 경험할 수 있는 유일한 방법은 공인 판매자의 매장을 방문하는 것이었는데, 그곳에서 애플은 판매중인 많은 브랜드의 상품 중 하나일 뿐이었다. 수년 전에 애플은 대대적인 홍보와 더불어, 이제는 없어진 컴프USA에서 '숍인숍 모델'을 시도한 적이 있었다. 하지만 그 실험은 흐지부지 끝났다. 판매원들이 애플의 제품에 공을 들이지 않았기 때문이었다. 그들은 애플 제품에 대해 별 지식이 없었다. 그들은 맥 컴퓨터 대신 아무 브랜드의 PC 한 대를 팔면 그만이었다.

애플스토어는 이 모든 것을 영원히 바꾸어놓았다. 마침내 신규 고객과 충성고객 들은 애플 브랜드와 개별적인 관계를 맺고 애플의 혁신, 디자인, 심플함에 대한 열정을 지지할 수 있게 되었다. 론 존슨은 2001년 애플스토어 1호점의 탄생을 이끌었던 애플스토어 구상 초반의 논쟁과 몇 가지 조정사항에 대해 이야기한다.

막 작업을 시작했을 때 제가 잡스에게 "대비하십시오"라고 말했던 것을 기억합니다. 지금은 사람들이 애플을 하나의 상품으로 보지만, 애플스토어에서 고객들이 애플에 대해 갖게 될 인상은 그 '장소'일 거라고요. 당시 애플의 시장점유율이 겨우 3퍼센트였다는 점을 떠올려보세요. 오프라인 매장은 우리가 어떻게 남은 97퍼센트에 도달할지를 좌우할 테고, 사람들이 애플에 대해 가질 첫인상이 될 것이었죠. 따라서 상품 자체만큼이나 매장의 모든 부분이 아주 중요했습니다.

그러한 프로젝트를 과연 어디에서부터 시작해야 할 것인가? 존슨은 실제로 작업을 시작하기 전에 반드시 두 가지 결정을 먼저 내려야 했다고 설명한다. 얼마나 크게 지을 것인가, 그리고 어디에 지을 것인가.

전 잡스에게 제품라인의 규모가 얼마나 될지 물었습니다. "이만큼 크지." 그는 회의실에 있던 테이블을 가리켰는데, 그 테이블은 애플의 모든 제품라인을 가뿐히 수용할 만큼 컸지요. 그래서 전 "브랜드는 얼마나 크죠? 갭Gap만큼 큰가요?"라고 다시 물었습니다. 그러자 잡스는 말했습니다. "더 커야지."

존슨은 물리적으로 봤을 때 만약 애플스토어가 적어도 갭의 매장만큼 크지 않다면, 상대적으로 애플 브랜드가 더 작게 느껴질 거라 생각했다. 그게 바로 사람들이 어떤 것을 판단하는 방식이다. 매장 규모가 작으면 '부티크'처럼 느껴진다.

충분한 논의 끝에 애플스토어는 대략 전형적인 갭 매장 정도의 크기로 만들자는 결정을 내렸다. 그 하나의 결정은 바로 다른 결정, 즉 월세로 얼마 정도를 낼 것인가, 그 매장들이 얼마의 수익을 올려야 수지가 맞는가 같은 문제들로 이어졌다. 매장의 크기는 내부에 물품을 어떻게 진열할 것인지, 그리고 문을 열고 들어오는 고객들에게 직원들이 어떻게 대할지 등 모든 결정의 시작이었다.

잡스는 애플스토어가 큰 혁신을 일으키길 바라며, 마치 애플스토어가 제일 최근에 나온 애플 상품인 듯 첫번째 애플스토어 설립 작업에 온 에너지를 쏟았다. 그러나 존슨이 개발하던 것은 결코 하나의 상품이 아니었다. 그것은 경험이었다. 애플 매장에 들어오는 모든 사람들은 애플이라는 브랜드에 몰입하게 될 것이었다.

이 생각은 제품보다 훨씬 더 훌륭한 '경험'을 토대로 매장을 만들도록 우리를 이끌었습니다. 대부분의 매장은 기본적으로 제품을 진열하기 위해 설계됩니다. 마치 제품들의 창고 같은 격이죠. 우리는 사람들로 하여금 우리의 제품이 그들의 삶에 어떻게 잘 맞을지 이해할 수 있게 만드는 쇼케이스를 설계하고 있었습니다.

시범 매장이 비밀 장소에 세워졌고, 존슨과 그의 팀은 다양한 건축 자재와 시설, 배치를 시도해보았다. 잡스와 존슨은 일주일에 한 번씩 그곳에 들렀다. 소매팀은 모든 새로운 사항을 공유했고, 잡스는 그에 의견을 냈다. 가장 매력적인 모습으로 만들기 위해서 모든 요소들을 시도해보는 데 꽤 오랜 시간이 걸렸다.

일단 1호점의 설계가 완성되자, 잡스는 "자, 이제 매장을 많이 지어봅시다"라고 말했다. 그는 새로 짓는 모든 매장에 일일이 집착할 필요가 없었다. 애플 브랜드의 상징인 1호점의 높은 기준에 맞게 모든 매장이 들어설 것을 알고 있었기 때문이다. 그것은 잡스가 이후 진행해야 할 또다른 큰 프로젝트에 집중할 수 있도록 그를 자유롭게 만들었다고 존슨은 말한다.

잡스는 자신의 모든 시간을 극히 소수의 몇 가지에 할애했습니다. 그는 한 번에 하나의 일에 집중하는 것을 좋아했습니다. 애플이 휴대폰 제품개발에 착수하면, 그는 그 휴대폰에만 전념합니다. 제품을 제대로 만드는 데 얼마나 많은 시간이 걸리든 그만한 시간을 들였습니다. 많은 기업들이 다양한 상품을 만들어 다양한 분야에 진입하지만, 잡스는 한 번에 하나만 깊이 파고들었습니다. 거의 이진법체제였지요. "우리는 이걸 먼저 할 거고, 그후 다음 걸 할 것이네." 그는 아주 놀라울 정도로 계속 집중했습니다.

현재 많은 이들이 자연스럽게 애플스토어를 경험하고 있다. 그곳의 넓은 공간과 깔끔한 진열에서는 애플의 분위기가 잘 느껴진다. 이러한 디자인은 이미 대부분의 사람들이 가진 애플 브랜드에 대한 인식을 기반으로 하되, 관련 지식이 풍부한 대규모의 직원들로 구성된 인적 요소가 더해진 것이다.

브랜드에 대한 숭배는 언제나 잡스가 지닌 철학의 일부였다. 『미친듯이 심플』에서 '브랜드은행'이라는 개념에 대해서 이야기했다. 잡스는 한 소비자가 그 회사에서 겪은 모든 긍정적인 경험(매력적인 광고, 멋진 제품, 품격 있는 포장, 유쾌한 매장경험 등)은 은행 예금과 같으며 모든 부정적인 경험들(하자 있는 상품, 부정적인 언론 보도, 형편없는 광고, 불쾌한 서비스경험 등)은 그 예금이 인출되는 것과 같다고 생각했다. 이러한 관점에서 잡스는 브랜드은행에 저축을 하기 위해 모든 기회를 이용하여 혜택을 보는 것이 중요하다고 느꼈다. 예금액이 높다는 것은 애플이 고객들의 마음을 얻고 있다는 의미이기 때문이다. 높은 예금액은 소비자들의 충성도를 유지할 뿐만 아니라, 미래에 일어날지도 모를 예상치 못한 부정적인 언론 보도에서 회사가 견뎌내도록 도와줄 완충 작용을 할 것이다. 그리고 애플스토어는 그 브랜드은행에 더해질 엄청난 기회를 뜻했다.

아이맥 3000대의 판매를 포기하다

스티브 월하이트가 애플에서 일한 시기는 애플스토어가 구상되기 전이었지만 그는 브랜드에 대한 스티브 잡스의 깊은 헌신, 그리고 브랜드가 결정을 심플하게 만드는 데 어떻게 기여했는지를 목격했다.

월하이트는 자신이 성스러운 불꽃을 지키는 수호자처럼 느껴졌다고 말한다. 애플 브랜드의 가치를 높이는 일뿐만 아니라, 문제가 감지되었을 때 해를 입지 않도록 브랜드를 지키는 일 또한 그의 임무였다. 그의 막중한 책임 가운데 하나는 그 브랜드를 뒷받침하는 데 있어 모든 직원들이 똑같이 브랜드를 이해하도록 만드는 것이었는데, 한시도 해이해져서는 안 되는 일이었다.

한 예로 월하이트는 애플의 한 영업 담당 임원의 이야기를 들려주었다. 1998년의 어느 날, 그 임원은 펩시로부터 연락을 받은 뒤 몹시 흥분한 상태로 월하이트의 사무실에 나타났다. 펩시는 소비자 경품행사를 위해 방송 매체에 300억원을 쓸 계획이었고, 경품으로 아이맥 3000대를 구매하려 했다. 펩시는 그들이 판매하는 모든 캔음료, 6개들이 팩, 상자에 아이맥의 사진을 부착할 생각이었다. 편의점의 대형화면에도 아이맥 사진을 띄우고 북미 전 지역에서 "펩시 하나 구매하고, 아이맥 받자" 캠페인을 진행할 계획이었다.

당시에 아이맥은 이제 막 출시된 핫한 신제품이었고 애플도 회복세를 나타내던 참이었다. 한번에 3000대의 컴퓨터를 판매한다는 것은 굉장히 솔깃한 제안이었다. 그 영업 담당 임원은 너무 좋아서 한껏 들뜬 상태였다. 그러니 월하이트가 빠르고 강하게 "안 됩니다"라고 말하자 큰 충격을 받은 것도 이해가 된다.

그는 마치 제가 화성에서 오기라도 한 듯 저를 바라보았습니다. 전 그 임원에게 설명했지요.
"이 상황은 펩시가 우리의 브랜드가치와 제품을 경품으로 이용해서 자신들의 설탕물을 더 많이 판매하려고 하는 것이네. 그걸 우리가 돕게 하려는 것뿐이야. 우리는 아이맥 3000대를 팔 수 있겠지만, 아무에게도 우리가 누군지, 뭘 대표하는지, 그게 왜 중요한지를 말하지 못하는 거지. 어떻게 하더라도 우리가 제시하는 가치를 설명하지 못해. 아이맥이 인터넷 사용에 적합한 최고의 컴퓨터이고, 디자인이 뛰어난 최고의 컴퓨터라고 말할 기회를 얻지 못하지. 아무것도 받지 못해. 여기서 애플은 그저 누군가 운좋게 펩시 한 캔을 샀을 때 받게 되는 경품일 뿐이야. 그러니 이건 하지 않을 걸세."

그 말은 환희에 찬 영업맨에게 찬물을 끼얹었다. 월하이트가 엄청난 마케팅 기회를 묵살해버렸다고 생각한 그는 곧장 스티브 잡스에게 갔다. 물론 잡스도 월하이트의 의견을 지지했다. 뿐만 아니라 나중에는 브랜드를 보호해주었다며 월하이트에게 고마워했다.

마이크로소프트 사에게서 막 1500억원을 빌리고 브랜드를 재정립하기 위해 전전긍긍하던 시기에, 한번에 컴퓨터 3000대를 팔아 수익을 올리고 언론에 노출될 수 있는 기회를 거절하는 최고경영자는 많지 않을 거라 생각합니다.

이것이 바로 수년 동안 애플을 세상에서 가장 가치 있는 브랜드 순위의 정상에 서게 만든 생각이다. 마음속 제일 중요한 위치에 브랜드를 둔다면, 골치 아픈 결정들조차 보다 심플해진다.

월하이트는 자신이 애플의 마케팅 사장 자리를 받아들인 첫번째 이유가 브랜드의 힘을 믿는 자신의 신념을 공유하는 회사에서 일하고 싶었고 애플에 잡스가 있는 한 그 점에는 의심의 여지가 없었기 때문이었다고 말한다. 그는 채용 전 나눴던 대화를 통해 잡스가 브랜드를 강화하고, 고객들의 인식을 분명하게 만들고, 회사의 다양한 부분을 통합하는 데 마케팅의 역할이 중요하다는 사실을 인정한다고 분명히 깨달았다. 잡스는 또한 브랜드는 시간이 지나면서 반드시 육성되고 발전해야 하는 대상이라는 점도 알고 있었다.

일관성이 만드는 길

애플 브랜드에 대한 월하이트의 이야기를 들으며, 같은 기간에 내가 대행사의 입장에서 겪었던 경험이 떠올랐다. 최신 제품을 널리 알리고 애플의 브랜드은행에 예금이 쌓이도록 만드는 광고를 만들어내는 것이 우리의 일이었다.

광고를 만드는 모든 크리에이티브 분야 종사자의 목표는 새로운 무언가를 만들어내어 결코 이전의 틀 안에 갇히지 않는 것이다. 하지만 애플 같은 브랜드에서 일한다면, 그 소망은 당신을 진퇴양난에 빠뜨릴 것이다. 기발한 방식으로 그 브랜드를 새롭게 만들고 싶더라도, 룩 앤드 필*에 관한 한 당신은 이미 존재하는 틀 안에서 활동하기를 요구받는다. 그렇지 않으면 브랜드를 손상시킬 위험이 있기 때문이다.

대행사의 애플 담당팀에 아트디렉터 한 명이 새로 합류했던 적이 있다. 그는 여러 유명 기업의 브랜드 작업에서 뛰어난 성과를 거두었기에 크리에이티브업계에서는 유명한 인물이었다. 게다가 유능하고 선해서 우리는 그가 적임자라고 확신했다.

그러나 약 반년 만에 그는 사라졌다. 무슨 일이 벌어진 걸까. 이 새로운 디렉터는 애플이 수년 동안 쌓아온 브랜드가치를 인정하지 않았던 것이다. 기존의 틀에서 벗어나고자 하는 의도에서, 그는 애플 브

---

* 마케팅 분야 혹은 소프트웨어 디자인 분야에서 쓰이는 용어. 제품의 색상, 모양, 레이아웃, 서체와 같은 외관상의 요소(look)뿐 아니라, 버튼, 박스, 메뉴와 같은 동적 요소(feel)를 가리킨다.

랜드의 심플하고 품격 있는 디자인에 반하는 복잡하고 체계적이지 않은 광고를 설계했다. 심지어 애플의 서체도 사용하지 않았다. 대신 전면에 휘갈겨 쓴 손글씨 카피를 고집했다.

그는 단지 광고 규칙만 저버린 것이 아니었다. 애플이 수년에 걸쳐 애정을 담아 육성해온 가치관도 무시했다. 잡스 같은 사람에게 그의 작업은 브랜드를 강화하기 위한 창의력이 아니라 '창의력을 위한 창의력' 같은 불안정한 느낌을 가져다주었다.

다시 한번, 애플의 문화는 불청객에 맞서 스스로를 방어했다. 그 아트디렉터는 자신의 아이디어가 퇴짜를 맞자(때로는 별로 부드럽지 않게 거절당했다) 별로 맞지 않는 곳에서 일하고 있다는 느낌을 받았고, 자신이 훨씬 더 인정받는다고 느끼는 이전 자리로 돌아갔다.

진실은 성공적인 브랜드는 틀림없이 진화하며, 경이롭고 새로운 방향으로 진화하는 경우가 많다는 것이다. 그러면서도 소비자들이 그 브랜드를 알아차리도록 만드는 독특한 특성을 쉽게 버리지 않는다. 이러한 요소들로는 그래픽디자인, 서체, 또는 단순히 태도 등이 포함될 수 있다.

'일관성'은 모욕이 될 수도, 칭찬이 될 수도 있는 단어다. 랠프 월도 에머슨이 "일관성을 가진 위대한 영혼은 그저 아무것도 할 게 없을 것이다. 그는 아마 자신을 벽에 비친 그림자 정도로 생각할지도 모른다"라고 한 말에서 일관성이 지닌 부정적 의미를 찾아볼 수 있다.

그러나 일관성은 심플함과 창의성의 조력자일 수도 있다. 애플의 마케팅에서 일관성은 애플이 친숙한 분위기로 소통하면서 계속 발전할 여지를 남겨두게 한 굉장히 효과적인 단순화 요소였다. 윌하이트는 이것을 다음과 같이 설명한다.

> 애플은 훌륭한 일을 해낼 수 있는 환경과 분위기를 찾았습니다. 계속해서 새롭고 의미 있는 일을 추진하지만, 여전히 애플만의 독특함을 갖추고 있습니다. '다르게 생각하라'라는 카피를 통해 아이폰과 아이패드의 마케팅 활동을 살펴보면, 모두 단 하나의 브랜드로 연결됩니다. 강약이 있긴 하지만 스토리는 일관됩니다. 이것은 시간이 지날수록 애플 브랜드를 훨씬 더 강하게 만들지요.

비록 애플의 광고들이 수십 년간 한결같다고 느껴져도, 그 광고들은 애플의 제품이 그랬던 것처럼 계속 놀라운 방면으로 발전해왔다. 일관성이 소비자들에게 단지 그 브랜드와 연결되는 친숙한 방법만 제공하는 게 아니라, 그 브랜드가 현명하게 발전해나가는 길도 만들기 때문이다.

호주에서 나는 이례적인 사례를 발견했다. 겨울잠에 빠져 있던 수년을 포함하여 시간이 지나면서 발전을 거듭해온 어느 금융 브랜드의 이야기다.

답은 가까운 곳에 있다

빅토리아는 호주에서 두번째로 큰 주로, 호주 제2의 도시 멜버른이 있는 곳이다. 이곳에서 브랜드에 충실하면 금융업에서도 훨씬 더 심

202

플한 사업 모델을 창조할 수 있다는 것이 증명되었다. 바로 빅토리아 주에서 활약하고 있는 세 은행 브랜드, 웨스트팩 은행(앞서 3장에서 소개했듯이 호주에서 가장 큰 은행 중 하나), 세인트조지 은행St. George Bank(여러 개의 주에 지점이 있다), 그리고 뱅크오브멜버른Bank of Melbourne(빅토리아 주 은행)의 사례다.

웨스트팩 은행의 모기업인 웨스트팩그룹은 1997년에 뱅크오브멜버른을 인수했고, 지점명을 신속하게 웨스트팩 은행으로 바꿨다. 이로써 뱅크오브멜버른은 추억 속의 브랜드가 되어버렸다. 이 합병 후 수년이 지나, 세인트조지 은행 또한 웨스트팩그룹의 일부가 되었다. 2011년 빅토리아 주에서 웨스트팩그룹은 세인트조지 은행과 웨스트팩 은행의 지점을 전부 소유하고 있었지만 사업은 그다지 호황을 누리지 못했다.

당시 스콧 태너는 웨스트팩에 합류하여 금융업에서 수익을 내라는 임무를 부여받았다. 심플함의 힘을 믿는 그의 신념은 호주의 금융업계에서 주목할 만한 성공신화를 만들어냈다. 태너는 다음과 같이 말한다.

이전 직장이었던 컨설팅회사 베인앤컴퍼니Bain & Company에서 저는 항상 심플함의 힘에 대해 쉴 새 없이 떠들곤 했습니다. 우리에게는 '복잡성 축소 그룹'이라고 불리는 팀도 있었지만, 제가 보기에는 그게 문제의 핵심이었습니다. 이름 하나조차 제대로 짓지 못했지요. 이름부터 복잡하다면 심플함이라는 생각을 납득시키기 어렵습니다.

태너는 웨스트팩에서 맞닥뜨린 문제 앞에서 도전자의 자세를 취했다. 그는 포화상태인 빅토리아 주의 시장에서 모든 새로운 은행은 치열한 경쟁에 직면하리라고 인식했다.

경쟁이 심한 세계에서 '헤쳐가려면', 반드시 당신의 사업 방식을 알리는 심플하고 통일된 하나의 아이디어가 있어야 합니다. 그것은 당신이 집중할 수 있도록 만들고, 일관되고 논리적인 이야기를 전달해줍니다.

통일된 아이디어를 찾는 과정에서 태너와 그의 팀은 지역 브랜드의 힘에 매료되었다. 전국적인, 그리고 세계적인 은행들은 규모와 힘을 자랑하지만 많은 고객들은 지역 브랜드가 그 사회에 더 깊이 관여하며 더 쉽게 접근할 수 있기 때문에 주민들의 삶과 그들의 필요를 더 잘 이해한다고 믿는다. 그래서 세계적으로 25~45퍼센트의 개인 고객과 기업들이 지역은행을 이용하지만, 빅토리아에서는 그 비율이 단 13퍼센트에 불과했다.

그 차이는 큰 기회로 다가왔다. 왜 빅토리아에서는 지역은행을 이용하는 고객이 더 적을까? 분명 충족되지 않은 욕구가 있을 것이라는 답이 나왔다. 그리하여 '지역적'이라는 키워드가 새로운 은행의 핵심 아이디어가 되었고, 태너가 찾고 있던 '일관적이고 논리적인' 이야기의 토대가 되었다.

이 생각은 뱅크오브멜버른의 부활로 이어졌다. 빅토리아 주에만 집중하는 이 은행은, 세계적으로 선망받는 빅토리아만의 삶의 방식과 비즈니스 환경에 자부심을 느끼는 지역 주민들에게 호소하면서 큰 반향을 불러일으킬 잠재력이 있었다.

태너는 지역은행들이 전국적인 은행이 되면 고객과 직원 모두 애착감을 잃기 시작한다고 믿는다. 지역사회에 깊이 뿌리내리게 되면 뱅크오브멜버른에 대한 새로운 연대가 형성되고, 긍정적인 입소문도 퍼질 것이었다. 상황은 정확히 그렇게 전개되었다. 이 은행의 재출범은 첫날부터 눈에 보일 정도로 성공적이었다.

태너는 그 브랜드가 남기게 될 유산이 아니라 미래에 대한 이야기를 만드는 것이 중요하다고 생각했다. 그는 명성을 떨칠 틈새시장을 찾아내는 데 집중하고 싶어했다. 결코 모든 사람에게 모든 것을 제공하는 은행이 되기를 바라지 않았다. 대부분의 은행이 그렇게 하고 있었기 때문이다.

뱅크오브멜버른은 딱 세 가지, 주택금융 지원, 창업과 성장 지원, 은퇴 대비 지원에 초점을 맞추었다. 비록 과거의 브랜드 하나를 소생시킨 것이었지만, 태너는 새로운 회사 하나를 설립하듯 이 은행을 되살렸다. 그것은 자유를 누리는 일이었다고 그는 말한다.

신생기업으로 다시 태어나는 것은 다른 은행들이 지니지 못한 자유를 누리게 해주었습니다. 우리는 더욱 심플해지고 더욱더 집중했기 때문에 경쟁이 심한 이 업계에서 잘 헤쳐나갈 수 있었습니다. 우리에게는 지켜야 할 유산 같은 것도 없었습니다. 그저 우리가 바라는 은행이 되는 데만 초점을 맞출 수 있었습니다.

'지역은행'이라는 아이디어를 기반으로 시작한 새로운 브랜드는 흥미롭고 대범한 결정들로 이어졌다. 한 가지 큰 변화가 바로 은행 지점의 물리적인 배치였다. 사실 요즈음 일반 금융거래는 대부분 휴대기기를 통해 처리하기 때문에, 태너는 기존처럼 거래 위주가 아닌 대화를 촉진하는 방식으로 지점을 설계했다. 그는 직원이 철창 안에 들어가 있거나 방탄유리 뒤에 앉아 있지 않다면 유쾌하고 생산적인 대화를 나누기에 더욱 좋을 것이라고 말한다.

하여 그는 상호작용을 가장 중요시하는 유럽형 모델을 수용했다. 직원들은 넓은 공간에서 고객과 얼굴을 맞대고 이야기한다. 필요하면 고객과 함께 컴퓨터 앞으로 자리를 옮겨 문제를 해결하거나 조언할 수도 있다.

브랜드에 꼭 맞도록 고객경험을 새롭게 설계하는 과정에서, 태너는 채용 기준 또한 다시 고려해야 했다. 기계를 조작하는 게 편한 사람들이 전면에서 고객과 소통하는 데 편안함을 느낄 리는 없었다. 그 결과, 이 은행의 고객서비스 담당 직원 중 70퍼센트는 금융업계가 아닌 다른 산업에서 채용되었다.

제가 가장 하고 싶지 않았던 일은 다른 은행에서 직원들을 고용하는 것이었습니다. 전 정말로 **사람들을 좋아하고 서비스에 애정을 갖는** 팀을 만들고 싶었습니다. 그래서 각 지점에서 일할 직원들을 지역사회에서 채용했습니다. 그들이야말로 그 지역의 문화와 언어를 가장 잘 이해하기 때문이었죠. 그건 하나의 통합된 아이디어를 우리가 하는 모든 일에 적용하는 또다른 사례라 할 수 있습니다.

이 심플한 하나의 아이디어가 또 어떻게 발전했을까? 곧장 고객 서비스 콜센터로 이어졌다. 태너는 뱅크오브멜버른에 지역 콜센터가 없다면 진정한 지역은행이 될 수 없다고 느꼈다. 따라서 그는 멜버른 중심에 콜센터를 지었다. 또다른 지역으로 통화가 넘어가는 대신에, 전화 상담은 이제 고객들의 문제를 훨씬 더 잘 이해하고 그들과 훨씬 더 잘 통하는 지역의 직원들에 의해 다루어졌다.

은행 지점을 물리적으로 바꾸는 일은 빛의 속도로 이루어졌다. 2011년의 어느 금요일, 세인트조지 은행 지점들이 문을 닫은 그 주말 동안 각종 표지와 담보물, 사무실 배치가 뱅크오브멜버른으로 100퍼센트 전환되었다. 그리고 다음 월요일 아침 개점 시간이 되자, 완전히 새로운 은행이 문을 열었다.

주말에 일어났던 변화는 관련된 모든 이들에게 굉장한 영감을 주었습니다. 아주 특별한 순간이었지요. 열정과 사기가 하늘 높이 치솟았습니다. 뭔가 다르게 하고 있다는 느낌이 있었거든요. 우리는 빅토리아 주 주민들과 지역사회에 지속적으로 헌신하는 데 큰 열정을 가진 팀을 만들었습니다. 이건 그들의 은행이기도 했습니다.

비록 그 도시에 살지 않더라도 그 세 가지 요소가 모든 빅토리아 주민들이 멜버른에 대해 느끼는 자부심을 뒷받침했고, 뱅크오브멜버른은 그 세 요소 모두와 관계를 구축했다. 먼저 그 도시에서 가장 인기 있는 스포츠 경기장인 멜버른 크리켓 경기장과 제휴를 맺었다. 또한 지역예술과 문화기관뿐만 아니라 멜버른의 인기 음식점과 와인 산업과도 제휴했다. 기본적으로 모든 지점은 각 주변을 살피고, 작고 지역성을 띠는 조직으로 스며들라고 독려받았다. 또한 2013년부터는 자선 프로그램을 통해 지역사회에 기반을 둔 조직들에 10억원 이상을 기부하고 있다.

뱅크오브멜버른은 지역사회 참여에 대해 대대적으로 홍보하지 않았다. 태너가 보기에 그것은 회사 차원에서 이루어진 것이라기보다는 자신의 시간과 재능과 에너지를 투자하는 지점 직원들의 열정에 따른 것이기 때문이다. 이 상호작용은 고객들과의 관계를 돈독하게 하고 주민들의 삶에 영향을 미친다.

태너의 리더십과 더불어 뱅크오브멜버른의 명확성과 목적은 성공을 더욱더 촉진시켰다. 원래 34곳이었던 지점은 이제 100여 곳 이상으로 확대되었다. 300여 명에 불과하던 직원 수도 1200명 이상으로 늘어났다. 분명하고 일관성 있는 브랜드는 성공으로 향하는 강력한 동력이다.

때로는 고집이 필요하다

일부 기업 평가기관들이 내놓는 결과가 있긴 하지만 한 브랜드를 평가하기란 그렇게 쉽지 않다. 우리가 이미 살펴본 대로 어떤 브랜드에 대한 인식은 다양한 요소에 의해 영향을 받기 때문이다.

일부 리더는 브랜드에 대한 그들만의 직관이 있는데, 이것은 그 브랜드를 지켜내고 이끄는 데 도움이 된다. 그들은 제품회의나 마케팅회의에서 "이건 정말 우리 같지 않아"라는 결론에 도달하기 전에 이미 새로운 아이디어를 고민할지도 모른다. 그것이 바로 리더들이 그 아이디어가 브랜드에 맞지 않는다고 말하는 방식이다. 다른 말로 그것은 브랜드를 강화하지 못하거나, 더 나쁜 경우 약화시킨다는 뜻이다.

강력한 브랜드는 그 회사의 리더, 직원, 고객에게도 단순화 효과를 낸다. 내부 직원에게 브랜드는 올바른 방향으로 결정을 내리도록 돕는 역할을 한다. 외부인에게 브랜드는 그 회사에 대한 인식과, 회사에 대해 평가하는 방식을 만든다.

이러한 이유들로 심플함의 힘을 믿는 리더들은 고집스러울 정도로 완강하게 고유의 브랜드를 발전시켜야 한다고 주장한다. 그들이 브랜드에 힘을 쏟는 모든 순간, 브랜드은행에 예금이 쌓이게 되는 것이다.

6장

회사가 크면 복잡함도 증가할까?

우리가 창조하는 경험은 복잡해질 수 있지만,
정말로 효과를 발휘하는 것은 명확합니다.
정수만 뽑아내는 거죠.

_크리스 윙크(블루맨그룹 엔터테인먼트 최고경영자)

비즈니스업계에는 변하지 않는 법칙이 있다. 바로 작은 회사는 대기업보다 훨씬 심플하게 운영된다는 것이다. 20명 정도의 직원들이 있는 회사라면 복잡성은 다루기 어려운 문제가 아니다. 작은 회사들은 위계질서가 약하고, 보다 초점이 명확하고, 제품라인이 더 적고, 커뮤니케이션이 더 쉽다는 이점이 있다.

그러나 완전히 그렇게 되지는 못하더라도, 대기업이 분명 훨씬 더 **심플해질** 수는 있다. 심플함으로부터 얻을 수 있는 이득은 끝이 없다. 사실 심플함의 훌륭한 교훈 중 몇몇은 복잡함을 대규모 차원에서 해결하려던 기업들로부터 온다. 은행, 통신사, 다국적기업, 그 외에도 수많은 지사에 수천 명의 직원들을 거느린 기업 말이다.

설립 시기에 어땠는지와는 상관없이, 시간이 흐르면서 기업들은 '점점 더 복잡해진다'. 제품라인이 확장되고, 직원들이 늘어나고, 위계질서가 생기고, 절차가 급증하면서 한때는 매우 멋지고 초점이 명확했던 회사는 갑자기 직원들의 사기를 높게 유지하고 고객들을 만족시키기 위해 쩔쩔매고 있다.

수년 동안, 혹은 심지어 수십 년 동안 해를 끼쳐온 복잡성의 요소에 대응하기 위해서 대기업이 할 수 있는 일은 무엇인가? 이 책에서 인터뷰에 응한 많은 리더들은 유사하고 논리적인 접근법을 제시했다. 바로 고객의 입장이 되어보는 것이다.

수년간의 경험을 통해 얻은 자신의 본능을 믿고 고객의 시각에서 사업을 바라보자, 대기업의 운영 방식에 심플함의 요소를 들여올 수 있었다. 또한 리더들은 심플함을 실현한다는 명목하에 화를 내는 데도 거리낌이 없었다. 심플함을 실현하려는 열정을 보이는 리더들은 제멋대로이거나 부담스러워 보이거나 심플함의 논리에 맞지 않는 절차와 정책에 기꺼이 이의를 제기한다.

한 번도 복잡성의 위기에 처하지 않았던 대기업도 있다. 일찍이 심플함을 수용하고 그것을 기반으로 문화를 세웠기 때문이다. 그들에게 문제는 현실안주였다. 대기업으로 성장하면서 그들은 현실에 안주하려는 발상을 경계하고, 복잡함이 뿌리내리지 않도록 확실히 노력했다.

당신이 복잡한 조직을 심플하게 만들려고 노력하는 중이든, 아니면 성장하고 있는 회사를 복잡해지지 않도록 막으려 애쓰는 중이든, 여기에 나오는 리더들로부터 값진 교훈을 얻을 수 있을 것이다.

'단순하고 어리석게' 애플을 변화시켜라

『미친듯이 심플』에서 나는 심플함을 두뇌와 상식의 조합이라 정의했다. 주로 스티브 잡스가 애플을 오늘날의 모습으로 변화시킨 행동을 관찰한 바에 따른 것이었다.

잘 알려진 잡스의 결정 중 많은 것들은 아주 대범했으며, 세상을 바꾸는 효과를 가져왔다. 그러나 신제품 개발을 지휘하고 매주 마케팅 전략을 이끌면서 내린 다수의 결정들은 굉장히 논리적이고 명확했다. 그때가 바로 상식이, 아니 보다 정확하게 말하자면 상식을 기반으로 **행동하는** 능력이 잡스의 가장 위대한 강점이라고 느꼈던 때였다.

1997년 복귀 직후 애플을 심플하게 만들기 위해 잡스가 했던 행동은, 당신의 회사가 단순화 작업에 들어가기 전에 갖추어야 할 '개념의 증거'일 수 있다. 복잡함으로 곤경에 빠진 거대한 기업도 극적인 방식으로 변할 수 있다는 증거이기도 하다.

귀환한 잡스의 첫 공식 행보 중 하나는 전임 최고경영자 길 아멜리오의 광고대행사를 차버리고 잡스와 오랫동안 함께했던 TBWA샤이엇데이의 광고팀을 고용한 것이었다. 동시에 그는 아멜리오 체제에서 일했던 수석마케팅팀을 대부분 정리하고, 새로운 마케팅 담당으로 앨런 올리보를 지명했다.

올리보는 잡스가 돌아오기 전부터 애플에서 오랫동안 일해왔기 때문에 잡스가 회사를 변화시키는 방식에 대해 흥미로운 입장을 가지고 있었다. 특히 그가 윙크를 하며 잡스가 애플을 "단순하고 어리석은 방식으로" 부활시켰다고 언급한 것은 아주 재미있었다. 잡스가 어리석은 것과는 아주 대조적인 인물이기에 그 표현이 더욱 신선했다. 잡스가 애플을 재건할 당시 기능 중심의 매우 새롭고 심플한 방식으로 접근했다는 사실을 말하는 중이었다. 그는 이렇게 기억한다.

> 누가 무엇을 책임지는지 매우 분명했습니다. "그녀의 일은 걱정하지 말게. 왜냐하면 내가 걱정할 테니까. 만약 그녀가 맡은 일을 제대로 하지 못하면, 나는 그녀를 해고할 걸세. 자넨 자네 일이나 신경쓰게. 나는 자네 일도 걱정할 테니까 말이야."
> 잡스가 이렇게 근본적으로 기능적이고 심플한 접근법을 취했던 이유는 그게 바로 누가 무슨 일을 하고 있는지 머릿속에서 똑바로 정리할 수 있는 유일한 방법이었기 때문일 겁니다.

앞서 우리는 이미 가장 똑똑한 사람들만 고용하고 싶어했던 잡스의 바람에 대해 살펴보았다. 그는 똑똑한 사람들을 찾아내는 선천적인 재능을 지녔을 뿐만 아니라, 그들을 위한 자리를 만드는 데도 능했다. 자기만의 독특한 표현으로 잡스는 그 절차를 "멍청이들 자르기"라고 불렀다.

기본적으로, 복귀하자마자 잡스는 11년 동안 애플에 쌓인 거미줄을 제거하는 데 온 힘을 다했다. 그는 대기업 같은 조직적 구조를 몹시 싫어했고, 다시 한번 그의 지휘 아래 있게 된 애플은 복잡한 위계질서를 단순화하는 작업에 돌입했다. 이제 애플에는 위원회도 복잡한 승인절차도 없을 것이다. 기업가정신이 살아나고 신선한 발상이 환영

216

받을 것이다.

잡스의 목표는 애플을 혁신적인 기업으로 되돌려놓는 것이었다. 그 목표를 위해서는 가장 경이로운 방식으로 혁신할 능력이 있는 직원들이 필요했다. 그다음에 일어난 일은 이미 여러분도 잘 알고 있겠지만, 그것은 심플함의 가치를 논하는 어떠한 책에서도 간과될 수 없는 부분이다.

해야 할 일을 점검한 잡스는 애플 디자인팀의 비밀 스튜디오를 방문했고, 거기서 조너선 아이브와 그의 팀을 만났다. 당시 아이브는 획기적인 디자인에 별로 관심이 없던 애플에 지친 상태라 회사를 떠날 준비를 하고 있었다. 아멜리오의 지휘 아래 애플의 우선순위 목록에서 디자인은 한참 아래로 밀려나 있었다. 여전히 업계의 선두가 되기를 바랐던 아멜리오의 경영진은 사람들의 관심을 꺼뜨릴지도 모를 어떠한 방식도 경계하고 있었다. 위험이 따르는 디자인은 그저…… 너무 위험할 뿐이었다.

잡스는 그에게 재탄생한 애플에서 디자인은 아주 중요한 역할을 할 거라고 장담하며 떠나지 말라고 설득했다. 결과적으로 그곳에 남은 것은 아이브의 경력에 해가 되지 않았다.

아이브와 그의 팀에 권한을 부여한 잡스의 본능적인 결정은 애플의 미래를 바꾸어놓았다. 그는 오랫동안 약화된 애플의 혁신 정신을 되살리기 위해 임원진에 빈자리가 있다는 점을 분명히 했다. 이것이 바로 갈피를 못 잡고 헤매는 회사에서 사람들이 집중하게 만드는 잡스의 방식이었다. 그것은 단번에 애플의 사명, 문화, 가치관을 재확인

시켰다.

만약 아이브에게 권한을 부여하지 않았다면, 애플은 결코 그리 빠르게 회복하지 못했을 수도 있다. 여기에 침체에 빠진 모든 기업이 참고할 만한 좋은 교훈이 있다. 바로 회사의 문제를 해결할 사람이 이미 조직 내에 있을 수 있다는 것이다. 잡스가 증명한 것처럼 우선순위를 재평가하고 적합한 인물에게 자율권을 주는 것은 한 조직이 다시 힘을 얻는 데 큰 도움이 될 수 있다.

그후 잡스는 방해요인을 모두 제거하여 애플이 다시 한번 강력하게 목표에 초점을 맞출 수 있도록 만들었다. 집중을 방해하는 첫번째 요인은 마이크로소프트와의 법정 싸움이었다. 애플은 윈도가 애플의 매킨토시 인터페이스가 따낸 특허를 위반했다고 주장하며 마이크로소프트를 상대로 소송을 걸었고, 수년을 질질 끌고 있었다. 잡스는 마이크로소프트가 애플에 1500억원을 투자하고, 향후 5년간 맥 플랫폼에 MS오피스를 지원하겠다는 약속을 받고 빌 게이츠와 합의를 보았다. 이 합의로 맥 컴퓨터를 구매하려고 고민중인 사람들은 더욱더 안심하고 선택할 수 있게 되었다. 또한 독점 행위로 다른 소송에 휘말려 있던 마이크로소프트에게도 도움이 되었다. 이것은 마이크로소프트가 PC 외에 다른 플랫폼을 적극 지원하고 있었다는 증거이기도 했다.

많은 애플 고객들은 잡스가 '적'과 화해하자 기분나빠했다. 그러나 1997년 보스턴에서 열린 맥월드 행사에서 잡스는 이렇게 맞받았다. "애플이 이기고 마이크로소프트는 져야 한다는 생각을 버려야 합니다. 우리는 애플이 이기고, 애플이 정말로 훌륭한 일을 해야 한다는 생각을 품어야 합니다. 누군가 우리를 도우려 한다면 그건 아주 좋은 일이죠." 이 논쟁을 끝내면서 잡스는 애플을 더욱더 조직에 초점을 맞추도록 만들었다.

그후 잡스는 회사의 제품들로 눈을 돌렸다. 그가 쿠퍼티노에서 다시 왕좌를 차지했을 때, 혁신과 품질에 대한 애플의 명성은 심각하게 훼손되어 있었다. 연구개발과 마케팅 예산이 필요한 20여 종 이상의 제품(노트북, 컴퓨터, 단말기, 출력기, 스캐너, 카메라 등)라인에서 돈이 줄줄 새고 있었다. 또한 다른 제조사들이 애플 제품이 아닌 다양한 기기에 매킨토시 운영체제를 넣을 수 있도록 허가하고 있었다. 심플하게 바꿔야 할 부분이 아주 많았다.

1998년 아이맥을 선보였던 바로 그 행사에서, 잡스는 두 가지 컴퓨터 모델을 제외한 애플의 전 제품군을 효율적으로 정리하겠다고 발표했다. 나는 일찍이 어떠한 회사도 이렇게 대범한 행동을 하는 걸 본 적이 없다.

다양한 제품들을 만드는 대신, 이제 애플은 오직 네 가지(일반용과 전문가용 컴퓨터와 노트북) 제품만 생산할 것이었다. 많은 제품군을 없애버리자 두 가지 효과가 나타났다. 첫째, 많은 제품들을 지원하기 위해 필수적이었던 자원 분산이 끝났다. 둘째, 애플에 완전히 새로운 제품철학이 탄생했다. 더이상 애플은 단순히 특정 범주의 제품을 만들지 않았다. 그날 이후로 모든 애플 제품들은 '동종 최고'가 될 테고, 그렇지 않다면 아예 생산하지 않을 것이니 말이다.

제품군의 극적인 재정비로, 잡스는 오늘날까지 애플을 이끄는 철학을 탄생시켰다. 좀더 쉽게 말하자면 양보다 질을 추구하는 자세다. 대범한 결정 덕에 애플은 재정적으로도 회복할 수 있었고 혁신, 디자인, 신뢰도, 품질에 대한 명성을 쌓기 시작했다. 이것이 바로 애플을 경쟁사들과 차별화하고, 비싼 가격마저도 정당화하는 브랜드가 되도록 만든 것이다.

새로 지휘봉을 잡은 잡스는 심플함의 힘에 대한 강력한 주장 가운데 하나를 증명했다. 바로 소수의 것을 더 잘하는 회사가 위대해질 수 있다는 것이다.

제품라인을 단호하게 없앤 것처럼, 잡스는 애플의 내부 조직도 단호하게 개편했다. 그는 위계질서를 무너뜨리고 절차보다 아이디어를 우선시했다. 귀환 후 채 1년도 되지 않았던 1998년, 『비즈니스위크』와의 인터뷰[5]에서 그는 회사의 개혁을 이렇게 평가했다. "명확하고 간단하게 이해할 수 있으며 신뢰할 수 있는 조직이 되어야 합니다. 단지 모든 것이 더 심플해졌을 뿐입니다." 그는 자신의 좌우명인 '집중과 심플함'을 드러내는 말로 평가를 요약했다.

애플의 사례처럼, 눈앞에 위기와 종말이 닥치면 회사는 행동에 박차를 가하기도 한다. 하지만 당신의 정신건강을 위해, 나는 그 지점까지 가기 전에 미리미리 조직을 심플하게 만들기를 권한다.

일단 위기 모드에서 벗어나기 전에, 심플함에 재능이 있는 리더 덕분에 애플처럼 전환점을 맞은 또다른 기업을 한번 살펴보자.

금융 선진기업, 심플함으로 다시 일어서다

앞서 우리는 현대카드를 이끌고 있는 정태영 부회장의 사례를 살펴보았다. 현대카드가 한국의 신용카드 선두기업 중 한 곳이기에, 나는 정 부회장이 금융업의 대가일 거라고 예상하고 대화를 시작했다. 분명 그는 금융산업을 깊이 알고 있었지만, 금융계 출신은 **아니었다**. 이 사실은 정 부회장의 이야기를 훨씬 더 인상적으로 만들었다. 그 '결점'에도 불구하고, 혹은 그것 덕분에 그는 현대카드에 경이로운 성공신화를 일으킬 수 있었다.

정 부회장은 현대자동차그룹의 멕시코 지사 최고책임자로 커리어를 시작했다. 거기서 그는 10년 동안 손실만 낸 2500명의 직원이 있는 한 공장의 대표 자리를 맡았다. 정 부회장의 지휘 아래, 그 공장은 3년 만에 현대자동차그룹의 회사 중 최고로 높은 수익률을 내는 곳으로 성장했다.

그 성공 덕분에 정 부회장은 서울로 자리를 옮길 수 있었다. 서울에서 그는 현대자동차그룹의 금융 부문을 맡아 수익을 내도록 만들라는 임무를 맡았다. 그러나 서울로 옮긴 후에야 자신이 맡게 될 회사의 전체 손실 규모를 알게 되었다. 세 회사의 손실액을 전부 합치면 그해에만 가히 2조원에 육박할 것이라는 추정이 나왔다. 어찌된 영문인지 정 부회장은 그 무시무시한 숫자 속에서 한 가닥 희망을 발견했다.

아내는 제 반응이 아주 이상하다고 생각했습니다. 전 실제로 제가 맡은 회사들이 그해에 2조원가량 잃을지도 모른다는 생각에 흥분이 되었거든요.

그 숫자로 인해 겁에 질리기보다, 정 부회장은 이것을 일생일대의 사업 기회로 보았다. 알다시피 실패에 직면한 회사를 성공적으로 전환하는 것은 가장 짜릿한 비즈니스 경험 중 하나다. **엄청나게 큰** 실패를 성공으로 돌리는 것은 훨씬 더 신나는 일이다.

정 부회장은 현대자동차그룹 내에서 현대카드의 독특한 특성을 잘 파악했다. 그룹에는 약 60여 개의 회사들이 있었는데, 대부분은 자동차나 엔진 등을 만드는 곳이었다. 현대카드는 고객들에게 자동차 소유권을 넘어 금융 상품을 제공한다는 점이 그 회사들과 달랐다. 기업과 고객들의 삶에 중요한 역할을 할 잠재력이 충분했다.

그러나 어떻게 회사가 수익을 내는 길로 들어서도록 할 수 있을까? 그는 회사를 연구하고, 직원들에게 가능한 한 가장 정직한 방법으로 자신을 소개하며 몇 달을 보냈다. "제가 신용카드 사업에 대해서는 그리 해박하지 않습니다만, 이 상황을 바로잡을 준비가 되어 있습니다. 믿어주세요."

비록 많은 사람들이 "믿어주세요"라고 말하는 사람을 신뢰하는 것을 본능적으로 두려워하지만, 정태영 부회장은 자신의 뜻을 전달할 방법을 찾아냈다. 회사가 나아갈 방향에 대해서 사람들에게 더 많이 이야기할수록, 그는 무언가 중요한 것이 빠졌다는 느낌이 들었다. 직원들은 회사의 사명을 알지 못했고, 따라서 열정을 가질 만한 요인이 아무것도 없었다. 그들에게는 회사의 사명을 상징하고 다양한 집단이 공통 목표를 추구하도록 만드는 핵심적인 초점이 필요했다. 정 부회장의 설명에 따르자면, '최전선'이 말이다.

> 직원들은 누가 적인지도 몰랐고, 목적도 없었습니다. 대체로 사기가 저하되어 있었고 공허함이 가득했습니다. 변화절차에 돌입하기 전에, 저는 먼저 최전선을 창조해내야 했습니다.

어느 날 저녁 8시 무렵, 정 부회장은 거의 비어 있는 사무실을 둘러보고 있었다. 그러다 작은 사무실에서 일하던 직원 네 명과 마주쳐 대화를 나누기 시작했다. 그들은 새 신용카드 개발과 관련된 일을 하고 있었다.

밤늦도록 일하는 그들의 노고에 깊은 인상을 받은 그는 스타벅스로 달려가 커피를 한 잔씩 사다주었고, 커피를 마시며 그들에게 더 많은 이야기를 들려달라고 부탁했다. 그들은 현대자동차나 기아자동차를 구매하는 고객들이 구매를 하기 전에 최대 50만원까지 먼저 할인 받을 수 있는 캐시백 카드를 되살리는 일에 몰두하고 있었다. 그후 해당 카드로 구매를 할 때마다 추가로 적립이 되고, 더 많이 구매하면 더 많은 보상을 받을 수 있게 될 터였다. 정 부회장은 깊은 인상을 받았다. 그는 이 아이디어가 자신이 찾던 '최전선'이라고 느꼈다. 엠카드the M Card라고 불리던 그 신용카드는 무언가 다른 것을 제안했고, 그 차이가 현대카드의 최전선이 될 것이었다.

이미 이 프로젝트에는 5억원의 예산이 책정되어 있었다. 정 부회장은 그 예산을 500억원으로 늘렸다. 만약 이것이 회사가 초점을 맞출 단 하나의 최전선이라면, 그는 이것을 통해 놀라운 일을 이루어내고 싶었다. "이걸 엄청나게 대단한 상품으로 만듭시다." 투자를 늘리며 그가 말했다.

저는 회사가 위기에 처해 있던 1월에 이곳으로 왔습니다. 단 몇 달 후 저는 이 새로운 엠카드 개발에 착수했고 예산을 늘렸습니다. 많은 사람들이 저더러 제정신이 아니라고 했지요. 잠재적인 손실이 2조원에 육박한 상황에서 어떻게 추가로 500억원을 더 쓸 수 있겠느냐고 말이죠. 저는 이렇게 말했습니다. "2조원을 잃는 것과 2조 500억원을 잃는 게 뭐가 그리 다르겠습니까? 우리는 이미 죽은 목숨이에요."

투자를 하면서 정 부회장이 생각한 목표는 직원들에게 강력한 메시지를 전달하는 동시에 대중에게 현대카드에 대한 긍정적인 이미지를 심어주는 것이었다.

이게 우리의 새 상품이고, 우리는 이 상품에 목숨을 바칠 겁니다. 이것이 우리의 최전선입니다. 모든 부서의 모든 직원들은 여기에 초점을 맞추어야 합니다. 이 프로젝트가 성공한다면 우리의 미래는 밝을 겁니다.

이 노력은 전과는 다른 방식으로 회사를 통합시켰다. 분열된 회사를 단 하나의 목표에 전념하며 모두가 그 새로운 목표를 향해 조화를 이루어 나아가는 조직으로 변화시켰다.

이것은 시작에 불과했다. 정 부회장은 만약 직원들이 두려움을 가진다면 큰 변화를 이루지 못하리라는 사실을 알았다. 불안감을 없애고 직원들의 사기를 높이기 위해서 그는 전 직원의 급여를 10퍼센트 인상하며 또 한번 세상을 놀라게 했다.

그는 또한 회사가 부활하는 데 도움이 되도록 특별한 인재들을 고용했다. 가장 똑똑한 신용카드 전문가를 찾는 대신, 그는 다른 산업 분야의 인재들을 고용하여 현대카드에 새로운 사고방식을 싹틔우도록 했다.

이러한 방법은 스티브 잡스와 유사하다. 1996년 PBS 다큐멘터리 〈괴짜들의 성공〉에서 잡스는 이렇게 말했다. "매킨토시를 위대하게 만든 요인 중 하나는 그것을 만든 사람들이 뮤지션, 시인, 화가, 동물학자, 역사학자였던 점이라고 생각합니다. 동시에 그들은 세계 최고의 컴퓨터과학자이기도 했죠."

정 부회장은 똑똑하고 창의적인 사람들에게 신용카드 비즈니스를 교육하는 것은 어렵지 않을 거라고 생각했으며, 다른 산업에서 재능 있는 인재들을 데려와 얻게 되는 가치가 당장 교육에 들어가는 수고보다 훨씬 더 클 것이라 믿었다. 그가 새로 고용했던 직원 대부분은 꽤 젊은 편으로 최고임원의 나이가 겨우 서른세 살에 불과했다.

그는 또한 6명의 직원으로 이루어진 리더십팀을 만들었다. 이 팀은 나중에 12명으로 확대되었고, 그중 절반 이상은 외부 업계 출신들로 이루어졌다. 이들은 회사가 회복을 넘어 발전을 향해 혁신적인 길을 가도록 도와줄 집단이었다. 매주 두 시간씩 모여서 다음번에 다루어야 할 문제와 계획을 놓고 토론을 벌였다.

정 부회장은 엄청난 적자에 시달리는 한 회사를 한국에서 가장 수익을 많이 내고 인기 있는 회사 중 하나로 바꾸어 언론의 주목을 받았다. 그는 자신의 성공 중 많은 부분이 심플함의 힘에서 왔다고 믿는다. 직원들을 단결시킬 최전선을 찾아 사명의식을 심고, 비록 그 분야의 전문가가 아니더라도 적합한 재능을 지닌 이들을 찾아 영입하고 권한을 부여하면서 성공을 거둘 수 있었다.

2003년 출시한 엠카드는 1년 만에 가입자 수가 100만 명에 이르렀고, 4년이 채 되지 않아 가입자 수 500만 명을 돌파하며 한국에서 가장 많은 이들이 가입한 신용카드가 되었다.

엠카드의 이례적인 성공 덕분에 현대카드는 심각한 재정 위기를 극복할 수 있었다. 또한 그 성공으로 미래의 가능성에 눈뜨게 되었다. 새로운 업무 방식은 앞으로 훨씬 더 큰 성공으로 이어질 것이다.

비록 회사가 거의 파산상태에 처해 있었지만, 정 부회장이 처음부터 많은 변화를 목표로 삼은 것은 아니었다. 그는 몇 가지 필수적인 변화에 신속하게 매달렸고, 그후 리더십팀의 정기회의에서 새로운 사고와 전략이 나오면 매달, 혹은 격달로 계속해서 새로운 정책을 도입했다.

그가 처했던 위기처럼, 위기의 순간은 심플함을 모색해야 할 하나의 자극제가 된다. 그러나 심플함을 추구해야 할 훨씬 더 큰 이유는 심플함이 진정 비즈니스에 도움이 되기 때문이다. 특히 당신의 회사가 오랫동안 복잡하기로 이름난 산업에 속해 있다면 더욱더 그렇다.

대형은행도 간소화할 수 있을까?

역사적으로 대형은행은 사람들의 마음을 사기가 어려웠다. 대부분 거대 금융기관을 따뜻하고 부드러운 곳으로 생각하지 않는다. 수년간 사람들이 은행에서 겪은 경험은 혼란스러운 옵션, 엄격한 규칙, 수수료 인상 등 대부분 좋지 않은 기억이었다.

호주 웨스트팩 은행의 사례는 심플함이 어떻게 가장 어려운 환경에서 뿌리를 내리고 멋진 결과를 낼 수 있는지 보여준다.

최고경영자 브라이언 하처는 스코틀랜드 왕립은행의 영국 내 소매 및 자산운용 최고경영자로 근무하던 시절 심플함의 중요성에 대해 터득했다. 당시에 이 은행은 1990년대 후반의 애플과 다를 바 없는 끔찍한 상황에 처해 있었다. 하처는 심플함을 목표로 삼고 사업을 변화시키는 일에 착수했다. 그는 은행의 상품, 서비스, 콜센터, 그 외 많은 것들을 새로운 시각으로 바라보았다.

우리가 아는 것, 우리가 하는 일의 핵심에 초점을 맞추고 그것을 확실히 잘해내려고 노력했습니다. 그러자 비용이 줄어들고 수익이 증대했을 뿐만 아니라 위기요인 일부도 사라졌습니다. 복잡하고 변화가 많은 상황은 일을 망칠 기회도 그만큼 더 많다는 뜻이니까요.

227

하처가 합류했던 2012년에 웨스트팩 은행은 재정적으로 튼튼한 상태였다. 하지만 기술의 발전으로 세상이 급변하고 있었고, 세계 금융위기 후 각종 규제와 사회적 변화에도 대응해야 했다. 거기다 호주 금융업계의 치열한 경쟁까지 더해져, 하처는 문젯더미에 직면했다.

그는 은행의 지속적인 성공에 방해가 되는 잠재적인 두 가지 걸림돌을 바로 알아차렸다. 복잡한 은행 상품, 그리고 확실하게 자리잡기 위한 명확한 전략이 없다는 점이었다. 더욱 심플해지기 위해 하처가 선택한 방법은 '물살을 거슬러오르기'였다.

많은 사람들이 은행의 테크놀러지 플랫폼과 운영이 복잡하다고 이야기합니다. 그러나 물살을 거슬러오르다보면 본래의 제품군을 발견하게 됩니다. 순수하고 심플한 상품 말이지요. 그리고 은행의 시스템, 절차, 정책 등 거의 모든 복잡성의 요소는 실제로 그저 후속효과라는 것을 깨닫게 됩니다. 시간이 지나면서 상품에 부가적인 특성이나 기능을 추가하거나 시장 가능성을 인식하고 새 상품을 더해온 환경의 결과입니다.

하처는 이렇게 서서히 복잡함이 더해지는 일이 거대 조직에서는 흔한 일이라고 말한다. 그는 대개 제품 개발책임자들이 실제 고객을 상대하는 직원들과 멀리 떨어진 본사에 있기 때문에 주로 은행에서 이런 상황이 자주 벌어진다고 생각한다.

제품책임자는 마케팅부서 출신인 경우가 많은데, 마치 자신들이 비누를 파는 것처럼 은행 상품을 패키지로 보는 경향이 있다. 시장점유율을 높이거나 수익을 더 높이라는 지시를 받으면, 그들은 항상 똑같은 도구에 손을 뻗는다고 하처는 말한다.

> 그들은 광고를 내보내거나, 가격을 조정하거나, 이윤폭을 늘리거나, 비용을 줄이거나, 아니면 그들이 놓쳤던 기능을 추가한 새 상품들을 만들어내지요. 그건 마치 '내게 망치밖에 없으면, 모든 것이 못으로 보이는' 경우와 같지요.

영업부서에서 일하지 않으므로, 상품책임자들은 자신의 행동이 실제로 영업부서의 일에 얼마나 지장을 줄지 알 수 없다. 시간이 흐르고 상품이 점점 더 복잡해지면 고객들에게 상품을 설명하기가 더욱 어려워진다. 더욱 나쁜 상황은, 영업 담당 직원들조차 혼란스러워지는 것이다.

하처는 최전선에 있는 영업 담당 직원들을 그들이 쉽게 이해할 수 있는 도구와 상품으로 무장하는 조치를 취했다. 그는 이러한 명확성이 일을 더 쉽게 만들고 더 많은 수익을 낼 거라고 예상했다.

> 저는 제품 패키지를 보다 심플하게 구성하는 것이 실제로 직원들을 더욱 유능하게 만들고 고객들의 마음을 더 활짝 열리게 만든다고 생각합니다. 당연히 더 적은 상품군이 실제 수익창출에도 도움이 되겠지요.

이런 방식으로 비즈니스를 심플하게 만드는 것은 위기와 규제 면에서도 큰 이득을 가져온다. 절차들이 보다 심플해지면 실수가 더 적어지고, 더 적은 실수는 규제기관을 만족스럽게 만들며 시간낭비도 줄인다.

제게 금융서비스를 심플하게 만드는 것은 수익, 비용, 위험요인 모두에서 승리, 승리, 승리, 승리, 승리하는 전략입니다.

엄밀히 따지면 여기에서 승리는 세 번이지만, 하처의 열정이 계속 승리하도록 두자. 그 세 가지는 금융업계에서는 매우 큰 승리이니까 말이다.

상품군을 심플하게 만들자는 생각을 실제로 설득하기는 그리 어렵지 않았다. 은행처럼 복잡한 환경에서 심플함을 향한 움직임은 즉각적인 지지를 얻는다. 하처는 그것이 마치 모성과 같다고 말한다. 심플함을 추구함으로써 모두가 덕을 보는 것이다.

그는 또한 큰 조직을 단순화하는 데 기여하는 말의 힘에 대해서도 이야기한다. 이것은 내가 『미친듯이 심플』에서 상세히 말했던 것이다. 애플은 심플하고 강력하고 기억에 남을 만한 문구를 이용하여 성공을 더욱 가속화했다.

조직을 개선하려는 노력 차원에서, 하처는 직원들에게 미래에 웨스트팩 은행의 고객들이 경험할 모습을 상상해보라고 했다. 만약 그 모습을 명확히 설명할 수 있다면, 그들은 앞으로 해야 할 보다 명확한 목표를 지니게 될 것이라고 여겼다.

우리 팀은 앞으로 만들어내고 싶은 멋진 모습에 대한 구체적인 생각을 떠올렸습니다. 그 생각을 어떤 논리적인 말로 조직하려고 애쓰고 있을 때, 제 머릿속에 '서비스혁명'이라는 단어가 떠올랐지요.

하처는 이 단어가 조직 내에서 엄청난 힘을 발휘하리라는 사실을 알았다. 그 단어는 그가 창조하고 싶은 것을 설명해줄 뿐만 아니라, 직원들에게 그 생각을 현실로 바꾸는 방법을 찾아내도록 영감을 주고 활기를 불어넣었다.

심플함을 위한 노력에서 말의 힘을 절대로 간과해서는 안 된다. 중요한 사안을 미성숙한 말로 망쳐버려서도 안 되지만, 세심하게 잘 만들어진 구절은 정말로 사람들을 하나의 목표로 묶을 수 있다. 광고 업계에서 일하는 동안 내가 사용했던 가장 훌륭한 테스트는 언제나 '티셔츠에 이 말이 쓰이면 어떨까?'를 생각해보는 것이었다. 만약 사람들이 그 카피가 쓰인 셔츠를 자랑스럽게 입고, 그 카피가 모두에게 공통의 목표를 알려준다면, 훌륭한 일을 해낸 것이다.

하처의 단순화 작업에서 큰 역할을 했던, 그리고 티셔츠에 쓰여도 아주 멋질 만한 또다른 구절은 '영웅적인 은행원'이었다. 그의 팀원 한 명이 언젠가 회의에서 꺼낸 말이었다. 은행원을 묘사하기에 너무나 예상 외의 말이었기에 오히려 그 방에 있던 사람들에게 큰 공감을 일으켰다.

그는 은행업계 밖의 외부인들이 들으면 분명 키득키득 비웃을 거라는 사실을 인정한다. 그러나 은행 직원들 사이에서 이 말의 효과는 엄청났다.

제가 직원들에게 고객의 눈에 그들이 영웅적인 은행원으로 보이기를 바란다고 말하자, 그들은 더이상 단순한 서비스 제공자가 아니게 되었습니다. 자신의 일을 잘해낸다면, 그들은 고객에게 영웅이 될 것입니다. 고객의 재정상황이 미래에 더 밝아질 수 있도록 도울 것이고, 재정난을 해결할 수 있도록 도울 것이고, 꿈꾸는 집을 소유할 수 있도록 도울 것이고, 은퇴 후 생활이 안전하도록 도울 것이고, 여러 가지 문제를 해결하는 데 기여하는 등의 일을 할 것이기 때문이지요. 따라서 이제 우리 직원들은 스스로 "내 고객에게 영웅이 되려면 무엇을 해야 하는가?"라고 묻습니다.

그 말에 활력을 불어넣으려면 적합한 사람들을 고용해야 했다. 하처는 직원들이 적절한 교육을 받아, 현장에서 결정을 내릴 때 자율권을 발휘할 수 있도록 보장했다. 직원들은 고객의 입장이 되어 긴급함을 느낄 필요가 있고, 난관을 극복하면 그에 대한 보상을 받을 필요가 있었다.

'영웅적인 은행원'이라는 문구는 긍정적인 변화를 가져오기 위한 일련의 행동으로 퍼져나갔습니다. 그 심플한 아이디어 하나가 정말로 분명한 행동으로 이끈 것이죠.

그렇게 큰 조직, 또한 굉장히 많은 지점에서 모든 사람을 똑같이 이해시키고 단합하는 일은 쉽지 않다. 하지만 이 심플한 문구는 활활 타오르는 불길처럼 회사 전체에 퍼졌고, "한 훌륭한 영웅 은행원 이야기를 들었습니다……"라는 이메일이 하처에게 날아오기 시작했다.

인터뷰에서 하처는 한 이메일을 소개했다. 최근 한 고객의 아내가 매우 위급한 상태에 처하자 그들을 병원에 데려다주고, 그 부부 곁에서 아내가 치료를 잘 받을 수 있도록 도우며 긴급 상황에 대응한 어느 은행원의 이야기였다. 비록 은행 업무와는 별로 상관이 없는 매우 이례적인 상황이었지만, 확실히 '영웅적인 은행원'이라는 말에 의미를 더한 행동이었다. 고객을 돕기 위해서 탁월한 조치를 취한 이 은행 직원의 의지가 담긴 사례다.

하처가 받은 또다른 이메일에는 비즈니스 차원에서 감각을 발휘한 어떤 직원의 행동이 적혀 있었다. 어느 일요일, 한 고객이 후원금 행사를 주최하고 있었다. 그 고객은 그 주 금요일까지도 신용카드 단말기를 준비했어야 한다는 생각을 하지 못했다. 안타깝게도 은행의 정책상 그보다 더 빠르게 단말기를 받는 것은 불가능했다. 그 상황을 통지받은 웨스트팩 지점 책임자는 서둘러 조치를 취했다. 규칙에 예외를 적용할 수 있는 사람을 찾아냈고 단말기를 구하는 데 성공했다. 그는 직접 단말기를 전달했고, 덕분에 고객은 3500만원 정도의 후원금을 모을 수 있었다.

하처는 그 고객의 입장에서 해당 직원은 영웅이 된 거라고 말했다. 그 직원은 전화만 건 게 아니라 구체적인 조치를 취했고, 그 고객에게 엄청난 의미가 있는 서비스를 베풀었다. 모두 그것을 이해했다.

영웅적인 은행원이라는 발상은 은행 내부에서 열광적인 반응을 일으켰으며, 단순한 어휘의 조합 하나가 어떻게 조직을 심플하게 만드는 힘을 부여할 수 있는지를 다시 한번 입증했다.

솔직히 전 이러한 문구가 어떻게 사용되기 시작했는지 놀랍습니다. 불과 한 시간 전에 저는 위기관리팀과 회의중이었고, 그들은 서비스혁명이라는 원칙 아래 실행중인 모든 프로젝트의 진행과정을 보여주었습니다. 위기관리팀이 말이죠! 심플함이 언어로 진화하면, 정말로 강력해집니다.

웨스트팩 은행에서 하처는 현존하는 큰 조직에 심플함을 도입하고 있다. 그는 잃어버린 심플함을 다시 찾기 위해서 물살을 거슬러오르고 있으며 직원들이 보다 집중할 수 있도록 조치를 취하고 있다.

이제 대규모로 성장했지만 여전히 엄격하게 심플함을 유지하고 있는 한 작은 회사를 살펴보자. 이 회사는 숫자나 절차와는 멀리 떨어져 있으며 순전히 창의력을 기반으로 하는 곳이다.

절제된 성장, 블루맨그룹

블루맨그룹Blue Man Group은 독특한 엔터테인먼트 브랜드다. 이 회사의 매력적인 성공 스토리는 심플함의 힘에 대한 특별한 사례를 보여준다.

1987년 세 명의 거리 예술가들이 모여 시작한 활동은 이제 거의 600여 명의 직원을 갖춘 어엿한 기업으로 성장했다. 블루맨그룹은 미국 내 5개 도시와 독일 베를린에 전용극장을 보유하고 있으며, 캐나다, 영국, 네덜란드, 스위스, 일본 등을 비롯한 많은 국가에서도 장기 공연을 하고 있다. 현재 세계적으로 이들 공연을 본 관객 수는 3000만 명에 이른다.

〈블루맨쇼〉를 잘 모르는 이들을 위해 잠깐 설명하자면 이는 행위예술, 음악, 코미디, 전자공학을 독특하게 조합한 공연이다. 어떤 우주에서 왔는지는 알 수 없으나 대머리에 푸른색 얼굴과 푸른색 손을 지닌 세 명의 남자가, 순수한 호기심에서 시작해 사람들의 넋을 빼놓는 모험을 하며 관객들을 사로잡는다. 그들은 초자연적인 타악기를 연주하는데, 그 과정에서 굉장히 아름답고 다채로운 이미지를 창조해낸다. 또 경이롭고 유쾌한 방법으로 자신들의 여정에 관객을 참여시킨다.

크리스 윙크는 원조 블루맨 중 한 명으로, 지금은 최고경영자이자 최고크리에이티브책임자로 활약하고 있다. 다른 두 명의 설립자들은 필 스탠턴과 맷 골드먼인데, 스탠턴은 현재 무대 제작 최고책임자이며, 골드먼은 블루스쿨(그렇다, 블루맨 지망생들이 테크닉을 배우는 학교도 있다)의 수장이다.

처음부터 세 사람은 블루맨그룹이 보다 대단한 무언가가 되기를 바라긴 했지만, 절대로 창의성을 희생하고 싶지는 않았다. 그들은 의도적으로 천천히, 조심스럽게 발전하되 결코 창의성만은 타협하지 않겠다는 결심을 했다.

블루맨그룹에는 '경이로운 관극경험 창조'라는 사명이 있다. 이 사명은 그들을 앞으로 나아가게 하고 성장하게 만든 힘이었다. 그들에게 언제나 최우선순위는 이 사명이지 더 많은 장소, 더 많은 관객들 앞에서 연기하고 싶다는 바람은 아니었다.

일이 진행되는 데는 한참이 걸렸다. 외부 제작자들이 꾸렸던 그들의 첫번째 정기공연은 1991년 뉴욕에서 열렸다. 세 명의 블루맨은 계약이 만료될 때까지 단 하룻밤도 쉬지 않고 꼬박 3년간 일했다. 그러고 나서야 블루맨쇼의 진짜 주인이 되어 자신들의 미래를 스스로 결정할 수 있게 되었다. 그때부터 천천히, 계획적인 발전이 시작되었다.

윙크는 블루맨그룹이 오프브로드웨이에서 돌풍을 일으킨 후 다가온 놀라운 기회들에 대해 이야기했다. 그들은 뉴욕에서 가장 유명한 쇼가 열리는 브로드웨이의 극장 한 곳에서 공연 제의를 받았지만 거절했다.

우리가 한 일들 중 가장 중요한 것이 그 제안을 거절한 겁니다. 만약 그때 브로드웨이로 갔다면 우리는 너무 빨리 성장했을 거고, 쇼는 지금쯤 막을 내렸을 가능성이 크겠죠. 작은 공연을 계속하면서 우리는 천천히, 일종의 유기적인 조직을 만들어낼 수 있었습니다. 우리가 벌어들이는 수익으로 우리는 보다 건강하게 발전하고 있었지요. 제작사로 변신할 능력을 갖추었고, 그로 인해 다른 지역으로도 확장해갈 수 있었습니다.

이들은 1995년 보스턴에서도 쇼를 열었다. 2년 후에는 시카고에서도 공연했다. 그리고 3년이 지나 라스베이거스에서도. 이들은 엔터테인먼트업계의 낙원과도 같은 라스베이거스에서 수많은 공연을 열었던 〈태양의 서커스〉의 전철을 밟지 말자고 결심했다. 그들과 같은 길을 가려면 투자자들을 끌어모아야 할 것이고, 그러면 투자자들은 '정말 끝내주는 공연'을 해야 한다고 압력을 행사할 것이다. 그들이 얼마나 빨리 성장할 수 있는지를 보고 싶어할 것이기 때문이다. 대신 블루맨그룹은 라스베이거스의 딱 한 장소에서만 쇼를 열었고, 오늘날까지도 계속 그곳에서 공연하고 있다.

절제된 방식으로 성장하는 것은 블루맨그룹이 지속가능한 문화를 세울 수 있다는 의미였다. 설립자들은 신입직원들이 관객에게 순수한 경이로움을 선사하기 위해 맡은 역할에 최선을 다하고, 자신의 공연을 단순한 엔터테인먼트 쇼 이상의 '숭고한 노력'으로 느끼기를 바랐다. 그들은 배우, 뮤지션, 제작 담당 직원, 사무직원을 포함해 그 조직에서 일하는 모두가 이러한 경험을 창조하는 일부라고 느끼기를 바랐다.

블루맨그룹은 빠른 성장만 피하려고 한 것이 아니었다. 전반적으로 블루맨의 정책은, 그들이 진짜로 이해하지 못하는 플랫폼을 피하는 것이었다고 윙크는 말한다.

> 우리는 비디오게임이나, 제품라인, 영화, 텔레비전 쇼, 만화 등을 만들려고 애쓰지 않았습니다. 우리가 잘하는 비즈니스 영역에만 머물렀습니다. 우리는 성공하려고 노력하지만, 또한 지속가능하기를 바랍니다. 또한 늘 변함없기를 바랍니다. 천천히 나아가는 건 우리가 의식적으로 선택한 일 중 하나일 뿐입니다.

윙크는 본받을 만한 기업의 예로 디즈니를 든다. 창의적인 콘텐츠 때문이라기보다는 불멸성 때문이다. 디즈니는 계속해서 새로운 관객을 만들어내는 법을 안다.

> 우리는 성공적인 쇼만 갖고 싶지는 않습니다. 성공적인 회사도 갖고 싶습니다. 아주 오랫동안 번영하는 회사 말이지요. 물론 회사가 지금까지 얼마나 오랫동안 지속되어왔는지를 생각하면 놀랍고 기쁘지만, 우리는 다음 단계로 나아가는 데 여전히 굶주림을 느낍니다.

이는 다른 조직들이 직면한 난관과 비슷하다. 회사가 성장하면서 상황을 심플하게 유지하는 문제 말이다. 블루맨그룹은 사명에 초점을 맞추는 행동을 제도로 정착시켜 심플함을 유지하고 있다. 경이로운 관극경험을 창조하는 것이 가장 중요한 일이기 때문에 블루맨그룹은 모든 공연 전에 무언가 특별한 것, 관객들이 이전에 결코 본 적이 없던 것을 준비한다.

그건 우리에게 하나의 전통입니다. 정말 전례가 없지요. 브로드웨이
에서는 본 공연을 시작하기 전에 배우들이 나와서 몇 가지 다른 쇼
를 보여주는 일이 없습니다. 하지만 우리는 항상 그렇게 합니다. 관
중도 없고 결과도 없는 그 시간은 배우와 직원이 모두 자유로워지는
시간입니다. 그때 우리는 블루맨그룹의 '핵심'으로 들어가고 협동심
을 형성합니다. 우리에게 정말로 중요한 일이죠. 그건 사명에 대해
이야기하는 우리의 방식입니다.

오늘날 블루맨그룹은 여느 대기업처럼 경영관리, 회계부서, 본
부 등으로 조직되어 있다. 하지만 이 회사는 복잡해지지 않았고, 자신
들이 존재하는 이유에 대한 초점을 잃지 않았다. 세 명의 원조 블루맨
모두가 조직에 심플함을 심어놓기 위해서 열심히 노력했기 때문이다.
심지어 가장 심플한 생각조차 발전하기 위해서는 많은 수정이 필
요하다. 완벽함은 투지, 단호함, 인내심을 필요로 한다. 블루맨그룹의
심플함은 엄청난 노력과 헌신, 끊임없는 진화의 결과다. 결국에는 더
욱 굉장한 일이 일어나리라고 윙크는 믿는다.

시간이 흐르면 그 노력은 더욱 심플해집니다. 더욱 분명해지고 심플
해지고 더욱 품위 있어지지요. 우리가 창조하는 경험은 복잡해질 수
있지만, 정말로 명확한 것들은 진짜 효과를 발휘할 겁니다. 무언가

를 심플하게 만드는 데는 엄청난 노력이 필요합니다.

이를 설명하기 위해 윙크는 모든 라이브공연에서 각 장면에 각기 다른 무대장치가 필요할 때 흥미롭게 장면을 전환하는 것이 얼마나 어려운 일인지 이야기한다. 블루맨그룹의 세계에서 그러한 장면 전환은 항상 창의적인 도전으로 여겨진다. 그들이 영민하게 해낸다면, 관객들은 그것을 재미요소의 일부로 받아들인다. 비록 아주 매끄럽게 장면전환을 하는 데 얼마나 많은 노력이 들어가는지는 알지 못하지만 말이다. 다시 한번 말하지만, 심플함이라는 인식을 만들어내기까지는 굉장한 노력이 들어간다.

윙크는 다른 회사에서 제작한 공연을 볼 때 장면 사이에 흐름이 끊기면 속에서 짜증이 치민다고 한다.

'저게 뭐야' 하는 생각이 듭니다. 제 말은, 그건 그냥 나태한 거예요. 그저 너무 일찍 노력을 멈춘 거죠. 더 잘할 수 있는 방법은 언제나 있기 마련이에요. 단지 더 열심히 노력해야 하는 겁니다.

블루맨그룹의 마케팅 방식은 '통제된 성장'의 다른 부분이다. 20여 년 이상이 지나면서 관객들 역시 변했음을 이해하고, 그들의 메시지가 계속 중요한 의미를 지니도록 해야 한다. 그들은 〈블루맨쇼〉를 본 적이 없는 사람들이 그 쇼가 무엇에 관한 것인지 이해하지 못한다는 것을 알아차렸다. 그래서 크리에이티브업계 사람들로서는 예상 밖의 행동을 했다. 바로 한 번도 그들의 공연을 본 적이 없는 관객들을 모아 설문조사를 실시한 것이다. 그 결과는 큰 깨달음을 주었다.

> 우리는 그 쇼가 어떨 것 같은지 생각을 물었고, 그들은 별다른 말을 하지 못했습니다. "드럼이나 뭐 다른 악기를 연주하겠죠" 같은 말이 다였죠. 그 공연을 잘 이해하고 있지 못했어요. 아니면 '음식을 가지고 싸움을 하는 기이한 무언극'이라는 둥의 잘못된 인식을 지니고 있었죠.

그들은 관객에게 쇼를 보여준 후 다시 관객들을 모아 관극경험을 들었다. 대부분의 관객들은 몹시 놀라워했다. 예상했던 것과 전혀 달랐기 때문이다. 이 경험으로 윙크와 블루맨그룹은 보다 단순한 방법으로 〈블루맨쇼〉의 정신을 알려야 한다는 점을 깨달았다.

윙크에게 이 조사는 심리치료요법과 비슷했다. 그들은 맨 처음으로 돌아가 "애초에 왜 우리가 이 모든 것을 시작했나?"라고 묻기 시작했다.

> 만약 제가 어떤 술집에서 누군가와 이야기를 하는데, 그가 제 평생의 일이 뭐냐고 묻는다면 뭐라고 답할까요? 그건 분명 '블루'에 관한 것만은 아닐 겁니다. 그 이상의 무언가죠. 그렇다면 뭘까요? 고민을 거듭할수록 우리는 그것이 '살아 있음을 느끼는 짜릿한 경험'이라는 것을 깨달았습니다.

그 콘셉트는 잘 맞아떨어진다. 배우들의 호기심 넘치는 성향은 흥미롭고 전염성이 강한 방식으로 그들이 사물을 '발견'하도록 이끈다. 그들은 페인트를 끼얹거나 무대의 전기장치를 이용하여 갖가지 색깔을 독특한 방식으로 사용하며 장면에 활기를 불어넣는다. 색은 언제나 블루맨그룹이 지닌 유전자의 일부였으므로, 그들은 쇼의 풍부함을 살리는 데 색깔을 굉장히 의미 있는 도구로 활용한다. 그것은 "형형색색으로 살아갈 담대함을 지녀라Dare to live in full color"라는 새로운 카피를 탄생시켰다.

한 회사가 하기에 가장 어려운 일 중 하나는 진실함을 지닌 주제를 개발하는 것이다. 애플의 '다르게 생각하라'는 처음 창고 안에서 첫 컴퓨터를 개발했던 시절로 되돌아가 그 회사의 정신을 포착했기 때문에 진실함이 묻어 있다. 마찬가지로 '형형색색으로 살아갈 담대함을 지녀라'라는 문구 또한 블루맨그룹의 전 역사에 걸친 본질을 제대로 묘사한다. 그것은 사람들이 틀에 박힌 규칙에서 벗어나 보다 멋지게 삶을 경험하도록 만든다. 블루맨에게 이 주제는 마케팅 도구 이상의 의미를 지닌다. 전투 구호이자 되살아난 사명이다.

윙크와 스탠턴, 골드먼이 지닌 이점이 있었다. 바로 이 작은 회사의 설립자들로, 회사를 키우는 과정에서 심플함을 독려할 수 있는 권한을 지녔다는 점이었다. 그러나 사실 심플한 조직을 만들려 애쓰는 많은 리더가 그들과 같은 위치에 있는 것은 아니다. 그보다는 현상 유지를 하려는 일부 세력과 싸워야 하는 경우가 더 많다. 그럴 때는 어떻게 해야 할까?

최고결정권자를 끌어들여라

만약 당신이 단순화 절차를 시작할 수 있는 위치에 있지 않다면, 조직 내 핵심 인사들의 지지가 필요할 것이다. 한 회사를 더 쉽게 변화를 받아들이는 곳으로 만들기 위해서는 기본적인 인간 행동의 특성에 대해 잘 알고 있어야 한다.

리타 로스스테피의 경우가 그렇다. AMC 극장의 마케팅 전략 부사장으로서 그녀는 2000년에 이 회사의 브랜드를 쇄신하기 위해 최고경영자, 그리고 최고마케팅책임자와 협력했다(현재 그녀는 AMC의 스튜디오 제휴 부문 부사장이다).

90년 전에 설립된 AMC는 미국 전역에 340여 곳 이상의 영화 상영관을 보유하고 있으며, 연간 2억 명 정도의 관람객을 끌어들이고 있다. 브랜드 쇄신 작업으로 AMC는 깨끗하고 편안한 멀티플렉스 상영관에서 품격 있는 관람경험을 제공하는 활기찬 회사로 이미지를 재구축하는 데 성공했다.

그러나 2000년대 전까지는 그런 이미지가 아니었다. 시간이 흐르면서 AMC의 브랜드는 초점을 잃어갔다. 광고, 극장 내부의 포스터, 예고편과 본 영화가 상영되기 전 화면에 등장하는 브랜드에서 관객들은 모순된 메시지를 얻고 있었다. 관람객의 머릿속에 분명하고 심플하게 극장의 이미지를 자리잡게 할 AMC만의 '단단한 브랜드'는 없어 보였다. 많은 고객들에게 AMC는 단지 또다른 극장일 뿐이었다. 사실 전통적인 영화관람 경험을 사랑했던 많은 이들에게 거대 멀티플렉스 상영관으로 바뀌는 전반적인 추세는 별다른 흥미를 끌지 못할 수도 있었다.

이러한 분위기에서 그녀는 심플하고 독특한 브랜드를 개발하는 일에 착수했고, 그것을 중심으로 모든 마케팅 활동이 실행되도록 만들었다. 계속 활기 넘치며 모던한 이미지의 브랜드를 만드는 것이 목표였다.

처음 시도해본 일이었지만 다행히도 최고경영자 게리 로페즈와 최고마케팅책임자 스티븐 콜러네로의 지원을 받았다. 하지만 계획이 어떻든 AMC 임원진의 지원도 필요했다. 지원을 받는 일은 만만치 않았다고 그녀는 회상한다.

제 생각엔 이게 바로 많은 회사들이 난관에 부딪히는 순간인 것 같습니다. 우리는 새로운 무언가에 착수해야 한다고 생각했습니다. 하지만 어떤 이들은 아주 오랫동안 유지해온 것을 지키려고만 했지요.

지원이 필수적인 이상, 임원진을 멀어지게 만드는 위험을 감수하는 대신 그녀는 임원진을 개선과정의 일부로 만들고 한 번에 한 걸음씩 끌어들이면서 극적으로 회사의 브랜드를 바꾸는 전략을 썼다.

먼저 전략적인 파트너 한 명을 지정해 철저한 브랜드연구를 요청했다. 임원진 인터뷰도 그 과정의 일부였는데, 그들은 임원진의 의견과 인식이 연구의 일부가 되도록 했다.

로스스테피는 브랜드연구가 진행되는 동안 임원진에게 주기적으로 보고를 하여 고객, 월스트리트 분석가, 스튜디오 제휴사, 그리고 코카콜라 같은 전략적 제휴사와의 인터뷰를 통해 얻은 것을 그들이 계속 잘 이해하도록 만들었다.

조사가 마무리되자 로스스테피와 그녀의 팀은 AMC의 사업을 홍보하기 위해서 많은 브랜드 제작업체와 광고대행사 들을 초청했고, 여기에서 그녀는 다시 한번 임원진이 그 과정의 일부라 느끼도록 만들었다.

임원진을 참여시키는 방식을 통해 로스스테피는 AMC를 지금의 일관되고 인기 있는 브랜드로 변화시킬 수 있었다. AMC의 동그랗고 붉은 로고는 다양한 영화, 현대적인 편안함, '무비클럽' 같은 로열티 프로그램을 비롯하여 AMC에서 경험할 수 있는 긍정적인 면을 부각시키기 위해 활기찬 느낌을 담은 '이모티콘'처럼 제작되었다.

미국 전역에 퍼진 AMC 극장의 수를 고려하면, 브랜드를 다시 정비하고 통합한 것은 과제의 절반에 불과했다. 일단 브랜드 재구성 작업이 승인되자, 모든 극장들의 외관을 재정비하는 작업이 필요했다. 새로운 브랜드가 탄생했음을 알리고 직원들을 그 작업에 참여시키기 위해서는 전국에서 행사도 개최해야 했다. 그녀는 극장들이 일관된 외관과 느낌을 갖추자, 내부적으로나 외부적으로 즉시 효과가 나타났다고 설명한다.

새로운 브랜드 작업은 모든 것을 통합했습니다. 웹사이트, 화면에 띄우는 홍보물, 광고, 홍보자료, 직원들의 명찰, 인사팀의 자료, 지불 수표, 명함 등등…… 모든 것을 말이지요.

오랫동안 이어온 브랜드를 급진적으로 바꾸는 과정이었기에, 만약 단지 새 마케팅팀이 그 일을 추진하여 밀고 나가려 했다면, 분명 내부에서 진통을 겪고 분열이 일어났을 것이다. 극단적인 전투를 벌이는 대신, 그녀는 인간에 대한 이해를 발휘하여 주요 의사결정자들이 주인의식을 갖고 AMC를 재설계하는 시도에 참여하도록 만들었다.

여기서 최고결정권자를 과정에 참여시킬 때의 장점이 다시 한번 드러난다. 어떤 과정의 마무리 단계에서 최고결정권자가 놀라게 되는 상황이 벌어지면 그 제안은 그대로 받아들여지거나 아니면 버려진다. 그러나 결정권자가 핵심적인 순간 그 과정에 개입하고 참여하면, 행복한 결말로 향할 가능성이 훨씬 더 커진다.

실제로 리타는 대범한 결정으로 이끌기 위해 보수적인 접근법을 취했다. 회사에 깊이 뿌리내린 문화가 이미 존재하는 상황에서 그녀는 한 명의 임원에 불과했다. 보다 창의적인 지점으로 가기 위해 창의적인 방법을 찾아야 했다.

AMC의 과제는 오직 미국 내에서만 자사의 브랜드를 확고하게 만드는 것이었다. 그러나 다양한 국가에서 많은 회사를 보유한 경우라면, 브랜드 이미지를 심플하게 만드는 것은 상당히 다른 문제다.

심플함은 국경을 초월한다

브루스 처칠이 다이렉티비 라틴아메리카DirecTV Latin America의 사장이 되었을 때, 그가 마주한 환경은 위압적일 만큼 복잡했다. 다이렉티비 라틴아메리카는 이름만 하나일 뿐, 실제로는 서로 중복된 회사와 책임의 집합체였다.

혼란스러운 세부상항의 설명은 생략하겠다. 이 회사의 복잡한 상황은 루퍼트 머독이 소유한 뉴스코퍼레이션이 미국 내 운영을 위해서 다이렉티비를 인수한 2003년부터 시작됐다. 당시 다이렉티비는 많은 제휴사들과 협력하며 라틴아메리카에서도 운영중이었는데, 그중 일부는 그 지역에서 이미 머독의 다른 회사들과 경쟁 구도에 있었다.

다이렉티비 라틴아메리카의 사장으로서 처칠은 이 복잡한 구도를 정리해야 할 의무를 느꼈다고 말했다.

전 6개 회사의 이해관계가 얽혀 있는 합병을 여섯 가지 측면에서 지휘했습니다. 그후 우리 다이렉티비는 주요 영역에서 독자적인 사업을 운영하는 대신 단 하나의 회사를 창조하기 위해 뉴스코퍼레이션의 라틴아메리카 지분을 매입했습니다.

합병 전 각 회사에는 약 300만 명의 구독자가 있었고 수익은 1조원 규모였다. 오늘날 통합 브랜드가 된 다이렉티비 라틴아메리카는 1800만 명의 구독자를 보유하고 있으며 수익은 8~9조원에 이른다. 처칠은 오늘날까지 회사가 존재할 수 있었던 유일한 이유는, 조직 전체가 심플해지는 방법을 찾았기 때문이라고 말한다.

회사를 하나의 브랜드로 통합한 것은 시작에 불과했다. 다이렉티비의 운영을 심플하게 만들려면, 처칠은 먼저 복잡한 관계를 다루기 위해 복잡한 방식으로 변해온 보고체계부터 조정해야 한다고 여겼다.

다이렉티비는 각 국가의 기능별 책임자가 플로리다에 있는 책임자 한 명에게 보고하도록 되어 있었다. 예를 들어 페루, 칠레, 콜롬비아에 있는 마케팅책임자들은 모두 플로리다에 있는 마케팅책임자 한 명에게 보고했다. 다른 모든 부서도 마찬가지였다. 플로리다에서 모든 국가의 사업부서를 감독하고 끝없이 피드백을 주고받는 과정에서 엄청난 간접비가 발생했다. 처칠의 설명처럼 이것은 이상적인 구조가 아니었다.

> 이 방식이 얼마나 엉망이었는지 들려드리겠습니다. 이 일을 시작한 직후에 플로리다를 방문한 적이 있었죠. 부문별 사업책임자들 모두는 저마다 담당부서가 수익을 내고 있다고 주장했습니다. 그러나 계산을 해보면 실제로 그들은 파산 직전이었습니다.
> 상황은 아주 복잡해져갔고, 재정보고는 그러한 복잡한 구조를 반영하게 되어 있었습니다. 하지만 어찌된 일인지 모두 스스로 돈을 벌어들이고 있다고 확신하더군요. 모두가 자신만의 작은 세상에 갇혀 있었습니다.

처칠의 해결책은 플로리다에 있는 관리조직 전체를 없애고 각 국가의 경영진에게 맡은 사업에 책임을 지도록 권한을 부여하는 것이었다. 그것은 각 국가가 별도의 손익, 영업, 마케팅, 인사, 법무, 재무부서를 갖게 된다는 의미였다. '자연스러운 시장'이라고 부르는 방식으로 운영을 단순화하자, 새 조직은 즉각 보다 더 모험적이면서도 덜 대기업 같은 모습을 갖추었다. 각 국가는 그들이 큰 조직 속의 작은 바퀴에 불과한 것이 아니라 하나의 팀에 속한 것처럼 느꼈다. 그 소속감이 모든 조직의 운영정신을 변화시켰다.

심플함이 필요했던 또다른 분야는 고객에게 제공하는 기술 부문이었다. 처칠이 책임자 자리에 올랐을 때, 다이렉티비 라틴아메리카는 미국과 다른 테크놀러지 플랫폼을 사용하고 있었다.

미국에 있는 2000만 명의 시청자를 위해서 하나의 플랫폼을 개발한 다음 라틴아메리카의 시청자들을 위해서 또다른 플랫폼을 개발하는 데 별도의 비용을 지출하는 것은 말이 되지 않았습니다. 미국 제품들은 우리가 기존에 지니던 것보다 더 나았고, 시장에서도 충분히 증명되었습니다. 또한 거대한 산업 규모 덕에 더 저렴한 비용으로 구매할 수 있었지요. 그건 너무나 명백했습니다. 저는 누군가 라틴아메리카를 위한 별도의 플랫폼을 개발하는 것이 좋은 아이디어라고 생각했다는 것이 도무지 이해가 되지 않습니다.

처칠은 심플함의 가장 좋은 동료인 '상식'에 의존한 셈이다. 나는 과거 이렇게 '명백히 잘못된' 결정들이 나오게 된 원인이 뭐라고 생각하는지 그에게 물었다.

주로 자만심에다 통제하고 싶은 갈망이 더해진 겁니다. 때때로 사람들은 진짜로 거기에 차이가 있다고 믿습니다. 필수적이지 않더라도 자연스레 자신의 국가에서는 무언가 달라야 한다는 생각을 지니죠.

처칠은 미국과 라틴아메리카의 문화적 차이를 존중한다. 그러나 이 경우, 그러한 차이가 관련된 모든 사업의 발전을 저해하고 있었다. 운영중이던 시스템은 논리적인 측면의 평가에서 불합격한 것이다.

이 책을 위해 인터뷰하는 동안, 리더들이 거듭 이야기한 것은 결국 확실한 결정을 내리는 일에 대한 것이었다. 보다 효율적인 결과를 내도록 만든 것은 강력한 반대에 부딪힐 때조차도 자신 있게 그러한 결정을 내릴 수 있었던 능력이다.

이것이 바로 모든 리더들이 심플함을 이룰 수 있는 길이다. 마법이 아니다. 생각을 실행에 옮기는 대범함이 결합된 논리, 경험, 그리고 뛰어난 감각의 결과다.

"그게 바로 내가 원하던 겁니다."

톰 수터에게는 애플, 그리고 스티브 잡스에 얽힌 독특한 추억이 있다. 1982년에 그는 애플 본사의 크리에이티브 디렉터로 고용되었고, 그때부터 잡스와 개인적인 친분을 쌓았다. 수년이 지나는 동안, 그는 잡스로부터 디자이너, 크리에이티브 디렉터, 대행사 대표, 크리에이티브 고문 등 다양한 역할들을 맡아달라는 요청을 받았다.

수터는 잡스 개인의 성장과, 애플이 점점 커지면서 마케팅을 심플하게 유지하는 데 중요한 역할을 했다. 비록 잡스는 많은 사람들을 불편하게 만든 조치를 취하기도 했고 비즈니스의 전통적인 규칙에 위배되는 일도 했지만, 정말로 본능과 상식에 충실했다.

애플의 초창기 시절, 잡스는 외부 디자인대행사를 계속 이용할지 아니면 내부에서 직접 디자인을 하는 것이 더 나을지 고민했다. 수터의 제안을 따라 잡스는 후자를 선택했고, 수터에게 65명 규모의 크리에이티브 서비스팀을 만드는 일을 맡겼다.

전반적으로 그 부서는 애플II와 그다음에 나온 매킨토시 컴퓨터의 디자인과 포장 등을 포함하여 당시 광고대행사였던 샤이엇데이가 하지 못했던 모든 일을 해냈다. 1985년에 잡스가 최고경영자 존 스컬리와 사이가 틀어지면서 애플에서 쫓겨날 때까지 모든 일은 이 방식대로 진행되었다.

잡스와 함께 수터도 애플을 떠났다. 다음 몇 해 동안 그의 커리어는 조금 다른 방향으로 진행되었지만, 그는 계속 잡스와 연락을 주고받았다. 잡스가 픽사를 인수했을 때, 수터는 두 명의 동료와 함께 CKS파트너스CKS Partners라는 디자인회사를 설립했다. 잡스는 CKS파트너스에 픽사의 브랜드 이미지를 만드는 작업을 맡겼다.

픽사 영화를 소개할 브랜드 작업에 대한 아이디어를 듣기 위해 존 라세터와 잡스가 샌프란시스코에 있는 CKS파트너스 사무실에 찾아왔다. 많은 콘셉트가 제시되었지만, 디자이너들이 특별히 선호하는 아이디어가 하나 있었다.

바로 픽사의 영화 속에 나오는 멋진 등장인물 중 일부가 픽사Pixar에서 i의 자리에 서고 싶어 서로 다툰다는 발상이었습니다. 우리는 작은 룩소램프가 등장하는 아주 간단한 매크로마인드 디렉터 애니메이션 영상을 만들었습니다. 이 영상에서 룩소램프는 깡충깡충 뛰어나와 거기에 있던 I를 누르고 그곳을 자기 자리라고 생각하며 자랑스럽게 섭니다. 우리는 그것을 잡스와 라세터에게 보여주었습니다. 모두 아주 긴장했죠. 영상이 다 끝났을 때, 잡스는 라세터를 돌아보며 "그렇게 나쁘지는 않군"이라고 말했습니다.

완벽히 잡스다운 반응이었다. 그는 항상 개선의 여지를 남겨두었다. 결국 픽사는 이 브랜드 이미지를 사용했다. 그것은 친근하고 재미있으면서 픽사 브랜드의 본질을 완벽하게 포착한다.

모두 잡스가 애플을 떠나 넥스트와 함께 무언가 새로운 것을 창조하려고 분투하던 시절에 이루어진 일이었다. CKS파트너스는 픽사의 마케팅을 위한 크리에이티브 작업을 계속했다. 그후 1997년, 잡스가 애플로 귀환하자 또다른 모험이 시작되었다.

이즈음 CKS파트너스의 인원은 대폭 늘어났고 애플의 크리에이티브서비스 그룹에 다시 속한 수터는 1980년대와 유사한 직무를 다시 맡게 되었다. 그러나 잡스는 거기서 멈추지 않았다. 그는 자신의 부재 기간에 애플의 마케팅 방식이 복잡하고 비효율적으로 변했다고 생각했으며, 애플이 성공적으로 재기하려면 마케팅 방식을 점검해야 한다고 판단했다.

당시 애플의 광고대행사는 BBDO였는데, 1985년 스컬리 시절에 계약한 이후 계속 애플의 광고를 담당하고 있었다(BBDO는 스컬리가 펩시의 최고경영자였을 때 그의 광고대행사였다). 길 아멜리오의 시대가 끝날 즈음 이미 새로운 대행사 검토가 시작되었다고 수터는 말한다.

> 그때 전 잡스로부터 아주 기쁜 전화 한 통을 받았지요. "난 BBDO를 교체하려고 하네. 그리고 우리 회사의 홍보를 맡을 다른 대행사를 찾고 있어. 나와 함께 골라볼 텐가?"

수터는 많은 대행사들이 똑같은 발표자료를 가지고 달려와 자신들이 가장 훌륭한 전략과 최고로 창의적인 두뇌를 가졌다며 잡스를 설득시키는 장면을 볼 기회에 선뜻 응했다. 그리고 정확히 그런 상황이 펼쳐졌다.

톰은 보스턴의 유명한 크리에이티브 광고대행사인 아널드Arnold와 당시에는 TBWA샤이엇데이라고 불리던 대행사의 발표가 이어질 즈음 그 자리에 합류했다. 크리에이티브업계의 전설 리 클로가 이끌던 샤이엇데이는 애플 초기부터 잡스의 좋은 동료였다. 수년 전 매킨토시 출시 광고를 맡았고, 슈퍼볼 광고에 '1984' 편을 내보내며 광고 역사에 남을 만한 업적도 세운 바 있었다. 지금까지도 많은 이들이 최고의 상업광고로 꼽는 '1984' 광고는 슈퍼볼 방송을 위해 제작된 광고 중 최초의 대작으로, 이후 수많은 기업들이 이를 따라 하기 시작했다. 결국 잡스는 샤이엇데이와 함께하기로 결정했고, 그후 얼마 지나지 않아 '다르게 생각하라' 캠페인이 탄생했다.

수터는 오랜 시간을 잡스 그리고 애플과 함께하며 끈끈한 관계를 맺었다. 많은 사람들처럼 수터 역시 잡스가 없던 시절 애플이 쇠락하는 모습에 슬픔을 느꼈다. 한때는 아주 심플했던 애플이 이제는 너무나 복잡해 보였다.

많은 면에서 애플은 현재 하고 있는 일에 안주하게 되었고, 산만해지고, 목적이 불분명해졌습니다. 정확한 숫자는 기억이 안 납니다만, 잡스는 그가 다시 돌아왔을 때 애플 내부에서 약 87개의 계획이 진행중이었다고 말했죠. 그는 아주 가차없이 불필요한 것들을 없애기 시작했습니다.

애플 최초의 '개인용 디지털단말기'인 뉴턴을 비롯해 존 스컬리 시대의 잔재를 없애버리면서 잡스는 분명 어느 정도 기쁨을 느꼈겠지만, 그가 단지 개인적인 즐거움을 위해 프로젝트를 없앤 것은 아니었다. 그는 집중을 방해하는 것들을 제거하기 위해서 그런 조치를 내리고 있었다. 마이크로소프트를 상대로 한 소송에 합의했던 것처럼 말이다.

마케팅 활동을 심플하게 만드는 것 역시 잡스의 계획에서 중요한 부분이었다. 수터는 잡스가 애플의 본사 크리에이티브팀을 CKS파트너스팀에 소개했던 한 회의를 떠올린다. 잡스는 애플 본사팀에게 이제부터는 CKS가 브랜드 작업과 디자인에 관한 모든 일을 할 거라고 말해 그들을 놀라게 했다.

브랜드 작업과 디자인이 자신들의 임무라고 여겼던 애플 본사팀은 상당한 충격을 받았다. 하지만 이제 그들은 새로운 세계에 순응해야 했다. 잡스의 이러한 행동은 일부 사람들의 기분을 언짢게 했지만, 그는 조직 내 정치적 문제나 다른 이들의 마음을 상하게 하는 일에 대해 전혀 개의치 않았다. 그저 사람들이 각자 맡은 역할을 이해하고, 그 일을 뛰어나게 완수하기를 바랐다.

어떤 회사가 점점 커질 때 승인절차를 늘리며 마케팅부서를 재정비하는 것은 흔한 일이다. 잡스가 부재하던 시절에 애플이 했던 일도 바로 그것이다. 그러나 복귀한 후, 잡스는 신속하게 자신이 보다 편안하게 느꼈던 상태로 회사를 되돌리는 일에 착수했다.

잡스는 자신도 팀의 일원으로 마케팅에 직접 관여하겠다는 의사를 분명히 밝혔다. 광고를 만드는 동안 그 작업에 대해 까맣게 모르는 걸 원치 않았다. 그 과정의 일부가 되기를 바랐다.

수터는 잡스가 기술에 대한 열정 못지않게 마케팅에 대해서도 열정적이었던 점, 그리고 회사의 메시지를 복잡해지지 않게 하려고 부단히 노력했던 덕분에 애플이 성공할 수 있었다고 믿는다. 제너럴일렉트릭, 유나이티드 항공 등 수터가 일했던 다른 유명 기업들의 방식과 잡스의 방식은 몇 광년쯤 떨어져 있었다. 그는 잡스의 개입이 최고의 단순화 기제였다고 말한다.

정말 대단했던 것은, 그리고 애플 II 시절에는 결코 하지 못했던 것은 주간회의였습니다. 제 말은, 사람들에게 한 회사의 최고경영자와 직접 일할 기회가 얼마나 자주 주어지겠느냐는 뜻입니다. 최고경영자 앞에 자기가 한 일을 내어놓고 "그걸로 합시다. 그게 바로 내가 원하던 겁니다"라는 말을 듣는 일 말이에요. 끝없는 토론 따위는 없었습니다. 수십 가지의 다른 의견을 묻는 일도 없었지요. "그렇게 합시다"라는 말이 다였어요.

심지어 새로운 토론거리가 없을 때조차도 잡스는 그 정기회의를 계속하자고 주장했다. 그는 회의를, 무엇이든 자신의 머릿속에 떠오른 것에 대해 이야기할 기회로 삼았다. 그 팀의 모든 이들은 소속감과 책임감을 느꼈다.

1997년 애플이 거의 파산 위기까지 갔던 직후, 미국의 한 잡지는 애플의 새로운 성공에 관한 기사를 실었다. 그 기사에는 잡스가 소프트웨어 담당인 에이비 티베이니언, 상품마케팅 담당인 필 실러, 그리고 다른 몇 명과 함께 테이블에 앉아 있는 사진 한 장도 함께 실려 있었다. 그 테이블 위에는 상품 패키지 몇몇과 아이북iBook 광고자료가 놓여 있었다. 수터는 그 사진이 모든 것을 말해준다고 이야기한다.

그게 바로 우리가 일하는 방식이었지요! 모든 사람은 다른 이들이 각자 어떤 일에 집중하고 있는지 알았어요. 잡스에게는 그저 "우리는 이 회의를 매주 해야 해"라고 말할 직감이 있었던 거죠.

잡스가 정식으로 경영교육을 받았기 때문에 이러한 일들을 한 것이 아니었다. 그는 경영교육을 받은 적이 없다. 단지 큰 기업을 최소한의 절차만 가지고 고도로 집중하는 작은 회사처럼 운영하는 본능이 있었다. 그는 가장 재능이 있는 사람들을 적절한 장소에 배치했고, 책임분담을 줄였고, 최고결정권자인 자신이 적극적으로 참여할 수 있도록 정기적인 회의에 참석했을 뿐이다.

1997년 잡스가 애플로 돌아왔을 때 직면했던 딜레마에 많은 리더들도 똑같이 빠질 수 있다. 주로 효율성이라는 명목으로 수년에 걸쳐 층층이 쌓인 복잡성 때문에 한 회사가 앞으로 나아갈 동력이 제한받는 경우가 많다.

그러한 경우에 분명 심플함은 어려운 일이다. 그러나 잡스가 증명한 것처럼, 결코 이룰 수 없는 것은 아니다.

"직원들의 마음을 얻은 것이 제 업적입니다."

호주 최대 통신사 텔스트라Telstra의 임원인 로버트 네이슨을 만나기로 한 날, 나는 시드니에서 한 친구와 점심을 먹었다. 내가 그녀에게 이 책에 대해 이야기하며 네이슨이 인터뷰에 응해주어서 얼마나 신나는지 말하자, 그 친구는 움찔하며 놀란 표정을 지었다.

"네 책이 신뢰를 얻길 바란다면, 텔스트라는 예로 **들지 마**." 그녀는 이어서 텔스트라의 다양한 문제점을 지적했다. 모두 텔스트라의 획일적인 정책과 융통성 없는 고객서비스에 관한 이야기였다. 그녀의 의견에 따르면, 텔스트라는 복잡함의 전형인 기업이었다. 그녀는 문제해결에 전혀 도움이 되지 않았던 텔스트라 고객서비스팀과의 대화

기록을 보관하고 있었다. 거의 몇 쪽에 걸친 분량이었다.

실제로 내 친구의 이야기는 네이슨에게 큰 반향을 일으켰다. 2010년에 그가 사업지원 및 개선 부문 임원으로 이 회사에 영입되었던 주요한 이유도 바로 산더미처럼 쌓인 텔스트라에 대한 소비자들의 불만이었다. 그는 심플함을 향한 텔스트라의 여정에는 아직도 해야 할 일이 많다고 거리낌없이 말했다.

네이슨은 텔스트라를 대기업증후군에 빠진 잘못된 사례라고 생각했다. 몹시 복잡해진 절차와 과정은 직원들은 물론 소비자들에게 불만을 야기하고 있었다.

텔스트라의 문제는 너무나 잘 알려져 있었기에, 네이슨이 이 상황을 개선하라는 임무를 부여받고 회사에 합류했을 때 한 언론은 그가 방금 '호주 기업에서 최악의 일'을 떠맡았다고 보도했다.

고객서비스 문제에 관한 한 우리는 업계 최악이었습니다. 수익 관련 경고 세 번을 받은 후, 최고경영자는 한번 더 수익 경고를 받으면 자신의 목이 날아갈 거라고 말했습니다. 다시 고객들의 마음을 얻기 위해서는 그 구렁에서 벗어나야 했습니다. 우리는 "고객들이 원하는 게 뭐지?"라는 질문을 던져야 했습니다. 그리고 심플함이 핵심이라는 것을 깨달았습니다.

많은 이들이 네이슨을 비용절감의 귀재라고 묘사하지만, 그는 자신은 그저 심플함을 실천하는 사람일 뿐이라고 생각한다. 그는 절차를 간소화하고 부담스러운 관료체계에서 벗어나는 일에 착수했다. 이것은 비용을 줄일 뿐만 아니라 훨씬 더 심플한 조직을 만든다. 작업을 시작하면서 네이슨은 이 노력이 약 2조원을 절감하는 효과를 내리라고 추측했다. 그후 3년간, 그로 인한 감소 비용은 약 9조원에서 10조원에 달하는 것으로 추정된다.

그는 단순화 자체가 목표는 아니라고 단호하게 말한다. 심플함은 보다 행복하고 보다 활기찬 일터를 만들려는 목표를 달성하기 위한 수단이다. 네이슨의 생각에 심플함은 '성공하기 위한 근본적인 구조'다.

> 우리 회사를 몹시 사랑하고, 그래서 친구와 가족에게 우리에 대한 이야기를 하고 싶어하는 고객을 만들고 싶습니다. 모든 것이 복잡한 상태로는 고객에게 감동을 줄 수 없습니다. 그 반대지요. 고객을 위해 모든 것을 매우 심플하게 만들어야 합니다.

대기업들에 복잡성을 일으키는 메커니즘이 작동하고 있다는 네이슨의 생각은 웨스트팩 은행의 최고경영자였던 브라이언 하처와 비슷하다. 종종 똑똑하고 선한 의도를 지닌 사람들에게 그들의 재능, 경험, 또는 경영능력을 증명하라는 압력이 가해진다. 그 결과 많은 경우 상황을 보다 심플하게 만들려는 목적보다 한 사람의 일을 보호하기 위해서 새로운 절차가 만들어진다.

> 그런 사고방식을 떨치기 위해서 정말 열심히 노력해야 합니다. 아주

아주 심플하게 일을 처리하면서도 영리하게 상황을 개선해나갈 수 있습니다. 우리가 리더십팀으로서 해결해야 했던 일 중 하나가 바로 그것입니다.

전형적으로 대기업에서는 어떤 절차가 성공에 중요하다고 인식되면, 다들 맹목적으로 그 절차를 따른다고 네이슨은 말한다. 예를 들어 텔스트라의 직원들에게 프레젠테이션을 요구하면, 그들은 아주 충실하게 발표자료를 준비했다. 그렇지만 그 주제를 제일 잘 전달하는 방식이 무엇인지에 상관없이 보통 매 30초당 한 장의 슬라이드를 넣은 자료를 만들곤 했다.

그는 또한 큰 변화를 꺼리는 사람들의 행동에서 또다른 대기업적 성향을 발견했다. 주로 자신의 자리가 위태로워지지는 않을까 하는 두려움 때문이었다. 하여 더 나은 해결책을 찾기 위해 가장 기본적인 단계에서 문제를 파고들기보다, 그저 원래 있던 데 새로운 것 하나를 덧붙이려고만 했다. 아니면 실제로 문제를 해결하지 못한 채 그 문제를 피하거나, 에둘러 넘어가려 했다.

'문제회피'는 당연히 복잡함의 또다른 이름입니다. 복잡함은 더 많은 복잡함을 만들어내는 지름길이지요.

네이슨의 팀은 텔스트라의 기본 구조 중 일부가 사실은 복잡성을 키우고 있다는 것을 알아냈다. 그중 하나가 '오류대비반'이라고 불리던 팀이었다. 고객들의 문제를 응대하는 게 그들의 일이었기에, 그들은 접수된 문제가 아주 중대한 사항인 것처럼 과장되게 부풀렸다. 문제를 바로잡기 위해서 존재하는 팀이었으므로, 마치 이들은 회사가 완벽해지기를 바라지 않는 듯했다. 그 팀에서는 자기중심적인 예언이 실행되고 있었다고 로버트는 말한다.

텔스트라는 '오류대비반'이 보고하는 수치를 활용하여 회사의 문제해결 능력을 측정하고 있었다. 평균적으로 문제 하나를 해결하는 데 5일이 걸렸다. 복잡한 조직이라면 그 수치를 어느 정도 허용가능한 수준으로 줄이려는 목표를 잡을 것이다. 하지만 네이슨은 점진적인 변화는 텔스트라에서 거의 영향을 발휘하지 못할 거라고 생각했다. 회사에 대한 대중의 인식을 바꾸지 못할 것이며 직원들에게 영감을 주지도 못할 것이다. 그리고 어느 정도까지 오류를 받아들일지에 대해서만 이야기하는 회사는 오직 느리고 점진적인 변화만 거듭하고 있는 셈이다. 그게 바로 그가 애플에서 배운 교훈이다.

잡스에게는 어떤 식으로 상황을 발전시켜야 한다는 비전이 있었습니다. 그는 작은 시도나 점진적인 변화에는 관심이 없었습니다. 목표를 설정하고 직원들이 달성하도록 동기를 부여하는 것이 최종 목표였습니다.

네이슨은 오류의 정도를 줄이는 것만이 목표가 되어서는 안 된다고 생각했다. 목표는 '오류대비반'에 어떠한 문제도 보고되지 않는 것이어야 한다. 그 목표를 직원들에게 명확하게 전달하자 텔스트라는 더 나은 발전 기회를 얻고 보다 훌륭하고 뚜렷한 결과를 낼 수 있었다.

처음 텔스트라에 왔을 때 네이슨은 회사 내에 고객서비스나 혁신에 관한 문화가 없다는 것을 알아차렸다. 사실 문화라는 것 자체가 거의 없었다. 직원들은 각자 떨어져서 일하고 있었고, 따라서 서로의 생각을 교환하거나 더 괜찮은 사람을 사귈 기회가 없었다. 마지막으로 회의를 열어 사명과 가치관에 대해 토론한 때가 이미 수년 전이었다.

네이슨의 첫번째 지시는 직원들을 토론에 참여시키고, 잘못된 부분을 개선하는 노력에 참여하도록 독려하고, 텔스트라가 변화를 위해 전념하리라는 사실을 확실히 이해시키라는 것이었다.

우리는 직원들이 '임원진이 꽤 진지하구나, 당장 시작할 것 같군'이라고 생각하기를 바랐습니다.

네이슨은 7000명이 넘는 팀장들을 70명 또는 80명씩 무리지어 불러모았다. 텔스트라의 수석임원 중 한 명이 최고경영자에게 보고할 때 최고임원 200명 중 다섯 명은 매번 동석했다.

주목적은 우리가 이 문제를 정말 해결하기를 원하며, 제대로 해내려면 다 함께 힘을 모아 헤쳐나가야 한다고 말하는 것이었습니다.

모든 이들에게는 '나만의 텔스트라 스토리'가 있는 듯했다. 그들은 자신이 왜 이 회사에 들어왔는지, 그리고 성공할 수 있다고 믿는 회사의 장점에 대해서 이야기했다. 몇 대에 걸쳐 텔스트라에서 일해온 가족도 있다는 사실을 고려하면, 그들이 들려준 많은 이야기는 꽤 감동적이었다.

자주 언급되었던 하나는 '바비큐 뒷담화'였다. 이건 매우 호주다웠다. 많은 직원들은 바비큐 파티에서 자신이 텔스트라에서 일한다고 말하면, 그 자리에 있던 사람들이 그 회사와 관련된 끔찍한 각자의 경험을 들려주고 싶어했다고 말했다. 최고경영자부터 시작해서 모든 직원들이 이러한 대화를 피할 수 없었다. 실제로 그들이 전해들은 이야기는 끔찍했다.

직원들은 텔스트라를 자랑스러워하고, 휴일 모임 자리에서 회사를 방어하지 않아도 되길 바랐다. 그러한 이야기를 듣자 경영진은 개선의 시급함을 느꼈으며, 직원들 또한 회사를 간절히 돕고 싶어했다.

네이슨은 직원들에게 텔스트라가 고객서비스를 단순화할 수 있는 방법에 대해서 생각해보라고 지시했다. 그는 매년 두 차례씩 최고 임원 200명을 한자리에 모아 어떻게 그러한 변화가 실행될 수 있는지, 그리고 일이 더 잘 진행되기 위해서 어떻게 회사가 변할 수 있을지에 대해 토론했다.

초기에 그 회의는 매장에서 근무하는 직원, 수리 담당 직원, 엔지니어 등 고객들을 가장 가까이에서 접촉했던 직원들의 경험에 초점을 맞추었다. 이들은 문제가 생겼을 때 고객으로부터 직접적으로 비난을 받는 위치에 있었다. 네이슨에게 이 회의는 매우 중요한 경험이었다.

우리는 첫 회의 내내 고객들이 불만을 토로하려고 고객센터로 거는 전화를 함께 들었습니다. 고객서비스팀 직원들은 최전선에서 일하는 것이 어떠한지, 그리고 회사의 조치가 자신들에게 미치는 영향에 대해 설명했습니다. 굉장히 개인적인 사례가 이어졌습니다. 제게는 이 회사에 대한 비전이 있었지만, 이건 그와는 달랐습니다. 상황을 바꿔야만 했습니다.

내부적으로 텔스트라의 헌신을 더욱 잘 보여주기 위해서 그는 임원들이 노력하는 모습이 직원들의 눈에 더 잘 보여야 한다고 생각했다. 임원들은 짧은 교육기간을 거친 후, 직접 고객들의 문제를 다루기 위해 고객서비스 현장에 뛰어들었다. 그리고 이 모습을 촬영하여 전사에 공유했다.

그것은 우리 임원들도 현장에 함께 있으며, 직원들을 이해하고 싶어 하고, 최전선에 있는 직원들이 겪는 것을 직접 느끼고 싶어한다는 것을 보여주었습니다.

이 경험은 회사 내에서 새로운 플랜을 탄생시켰다. 그리고 그 플랜은 7500명 이상의 직원을 포함하는 것으로 확대되었다. 고객과 직접 접촉했던 직원들의 의견이 보다 강하게 반영되었다. 매장에서 일하거나 수리를 담당하는 직원들은 이제 그들이 관찰하고 경험한 것을 곧바로 경영진에게 보고할 수 있게 되었고, 이로써 회사는 필요한 절차를 개선할 조치를 취할 수 있게 되었다.

모든 상장기업들이 그러하듯, 텔스트라 역시 성과와 관련해 투명해야 하며 다음 분기의 예상 실적을 시장에 공개해야 한다. 네이슨이 부임한 첫해에 텔스트라는 세 번이나 "실적이 좋지 않습니다. 바라는 만큼 수익을 내지 못할 겁니다"라고 발표했다. 그리고 석 달 후에 다시 "죄송합니다. 우리가 생각했던 것보다 상황이 더 좋지 않습니다. 수익은 더 떨어질 것입니다"라고 말했다. 똑같은 비참한 메시지가 세 번씩이나 전달되었다.

그 결과 텔스트라의 주가는 거의 30퍼센트나 떨어졌다. 그러나 네이슨의 팀이 시도한 변화는 가시적인 효과를 내기 시작했다. 심플해지기 위해 노력한 첫 3년 동안, 주가는 두 배 이상 올랐다. 모든 부문의 시장점유율도 증가했다.

> 이제는 모든 사람들이, 심지어 우리가 일을 제대로 하지 못하고 있을 때에도 우리가 신경쓰고 있다고 말하는 듯합니다. 그것만으로도 이전과는 크게 달라졌죠.

심플해지려 고심하는 모든 대기업은 텔스트라가 어떻게, 그리고 왜 그러한 발전을 이룰 수 있었는지를 이해하는 게 좋다. 비록 네이슨에게는 해결해야 할 힘겨운 과제가 있었지만, 또한 분명한 역할이 있었다. 그는 텔스트라 이사회로부터 회사 내에서 어디든 가도 좋으며 필요한 조치는 무엇이든 취해도 좋다는 허가를 받은 상태였다.

첫 12개월 동안, 그는 30개가 넘는 단순화 프로젝트를 시작할 수 있었다. 그는 절차에 이의를 제기하고, 조직을 다시 설계하고, 비효율성을 제거했다. 그의 입장이 지지를 받은 데서 오는 탄력이 터닝포인트가 되었다고 네이슨은 말한다.

이제는 훨씬 더 수월합니다. 팀이 저를 믿어주기 때문이지요. 복잡함을 없애고 직원들이 자신의 일을 좋아하면 탄력을 유지하기가 훨씬 더 쉽습니다. 사람들은 상황을 심플하게 만드는 것을 좋아합니다. 거기에서 자부심을 느낍니다. 그들은 자신이 그것을 어떻게 해냈는지 제게 보여주고 싶어합니다.

여기에서 다시 한번 대기업의 직원들이 대개 변화를 갈망하고 심플함을 빠르게 받아들이는 것을 알 수 있다. 그러나 복잡함은 이러한 직원들을 반대 방향으로 움직이게 만든다.

네이슨은 최고경영자인 자신이 직접 대기업을 단순화하는 일을 지휘할 필요가 없다는 것을 보여주었다. 다른 누군가에게 권한을 넘겨도 그 노력은 성공적일 수 있다. 심플함을 이루기 위해 진짜 중요한 것은 회사에 심플함의 지지자가 있어야 하며, 반드시 그 지지자가 권한을 지녀야 한다는 것이다.

텔스트라의 변화는 계속되고 있다. 네이슨은 3년이 지난 현재 회사가 목표치의 절반 정도에 도달했을 뿐이라고 분명히 말했다. 그가 목표로 두는 것은 직원들의 사기가 높아지고 심플한 하나의 사명을 따라 자율권을 얻는 것이며, 결국 그로 인해 고객의 만족도가 높아지고 긍정적인 입소문이 퍼지는 상태다.

지금까지 자신의 가장 중요한 공적이 무엇이라고 생각하느냐고 내가 묻자, 그는 단 1초도 망설이지 않고 직원들의 마음을 얻은 일이었다고 답했다. 이것이 바로 더욱 심플한 회사를 세우는 첫걸음이며 더 나은 고객경험으로 곧바로 연결되는 것이다.

당신의 회사가 못 할 이유는 없다

심플함에 관한 한, 대기업들은 거의 절망적인 수준이라는 인식이 있다. 이번 조사를 하면서 가장 흐뭇했던 순간 중 하나는, 그 인식이 사실이 아니라는 것을 너무나 확실하게 보여주는 회사들을 발견하던 순간이었다.

현대카드, 웨스트팩 은행, 텔스트라 같은 거대 규모의 조직들도 심플함의 힘을 통해 가시적인 성과를 이루었다. 다른 기업들도 시도해보지 못할 이유가 없다. 더욱 중요한 건, 다른 회사들이 성공하지 못할 이유 역시 없다는 점이다. 회사가 얼마나 복잡한지에 상관없이 조직을 심플하게 만들고 싶은 바람은 모든 직원들의 마음속에 살아 있으며, 모든 리더에게는 그것을 일으킬 수 있는 힘이 있다.

사실, 더욱 복잡한 회사일수록 직원들은 변화를 일으키는 데 더욱 열심히 동참하려 할 것이다. 심플함은 빠르게 동료를 만들어낸다.

텔스트라에서 네이슨이 거대 통신사를 보다 단순하게 바꾸고 고객들에게 더 기민하게 응대하는 조직으로 만들려고 시도했을 때, 그의 앞에는 상상하기조차 어려운 어마어마한 양의 과제가 놓여 있었다. 그러나 이미 텔스트라의 변화가 증명하듯, 한 번에 한 걸음씩 앞으로 나아가면 놀라운 일들이 벌어진다.

웨스트팩 은행의 사례처럼, 단순화 작업은 때때로 힘겹게 물살을 거슬러올라가야 달성할 수 있다. 보다 심플한 형태의 상품과 서비스, 절차를 찾는 일 말이다. 특히 절차는 시간이 흐르면서 너무나 많은 '개선과정'을 겪으며 만들어지기에 결국 거추장스럽고 부담스러워지기 일쑤다.

성공한 모든 기업은 과거에는 자신들도 덜 복잡했다고 말하곤 한다. 규모가 얼마나 큰지에 상관없이 말이다. 비록 시간이 흐르면서 몇 배로 복잡해졌더라도, 회사가 보다 심플해질 방법은 여전히 존재한다.

물론, 복잡함을 개선하는 방법을 찾는 것보다 훨씬 더 좋은 방법은, 20여 년 전에 블루맨그룹이 그랬던 것처럼 회사가 복잡해지지 않도록 미리 방어하는 계획을 세우는 것이다.

하지만 현재 회사가 복잡해진 탓에 손해를 보고 있다 해도, 가망 없는 상태는 아니라는 사실에 힘을 내길 바란다. 정말로 되돌릴 수 있다. 심플함의 씨앗이 얼마나 빨리 뿌리내리는지 알면 깜짝 놀라게 되리라.

7장

저항을 줄이는 전략을 세워라

절차가 창의성을 억눌러서는 안 됩니다.
또한 혁신을 방해하거나 유연한 아이디어들이 나오는 데
걸림돌이 되어서도 안 됩니다. 균형을 갖춰야 합니다.

_제프 플러(스터브허브 공동설립자)

어린 시절 우리는 어떤 물체를 한 곳에서 다른 곳으로 옮길 때 물리학 법칙이 도움이 될 수 있다는 사실을 배웠다.

고정된 물체의 무게를 줄이면 보다 쉽게 움직일 수 있다. 물체를 공기역학적으로 만들면 끄는 힘을 줄일 수 있다. 거친 표면 대신 부드러운 표면을 따라 물체를 밀면 힘을 덜 들일 수 있다. 그 밖에도 많은 경우가 있다.

비즈니스 세계에서 이와 유사한 효과를 내도록 도와주는 수단이 바로 심플함이다. 마찰을 없애고, 절차들을 보다 역학적으로 만들고, 고객들이 더욱 분명하게 이해하도록 도우면서 회사를 보다 빨리 성장하게 만들 수 있다.

요컨대 심플함은 직원과 고객에게 방해가 되는 걸림돌을 제거하면서 비즈니스의 역학을 변화하는 힘을 지닌다.

스컹크워크스 원리를 적용하라

당신은 이미 특정 프로젝트를 위해 '스컹크워크스Skunk Works' 팀을 만들자는 이야기를 들어보았을지도 모른다.

이 용어에는 흥미로운 역사가 있다. 1943년 독일의 위협이 증가하던 시기, 미 당국은 이에 대응하고자 록히드 항공사(현재는 록히드 마틴Lockheed Martin)에 새 항공기를 신속하게 제작해달라고 요청했다. 핵심은 '신속하게'였다. 그래서 록히드는 과거 인기를 끌었던 만화 〈릴 애브너〉에 나오는 밀주공장을 참고해 **스컹크워크스**라고 불리는 특수부서를 만들었다.

스컹크워크스는 일반적인 회사의 범주 밖에 있으며 보다 빠르게 성과를 낼 수 있는 엔지니어들로 이루어진 팀이었다. 실제로 그 팀은 임대한 서커스 텐트에서 작업했다. 프로젝트는 성공적이었고, 새로운 항공기는 계획보다 빨리 완성되었다. 스컹크워크스는 오늘날까지 계속 록히드의 일부로 남아 있다.

켈리 존슨은 그 팀의 핵심 인력 중 하나였다. 그의 좌우명은 '빠르게, 조용히, 제때에'다. 분명 모든 기업에 적용될 훌륭한 조언이다. 그리고 이 책의 주제에 훨씬 더 적절한 말이 하나 더 있는데, 바로 그가 가장 좋아하던 금언인 "멍청아, 간단히 해"다. 그렇게 복잡한 기술을 설계하고 제작한 사람이 좋아했던 말이라기엔 너무나 인상적이다.

존슨은 굉장히 유능한 사람이었다. 그는 세 차례나 록히드의 회장직을 제안받았지만, 스컹크워크스를 지휘하는 일을 더 좋아했기 때문에 그 제안들을 모두 거절했다. 그는 스컹크워크스의 일원으로서 누릴 수 있었던 자유와 민첩성을 좋아했다.

존슨의 성공 스토리는 현재 록히드마틴의 웹사이트에서 찾아볼 수 있다.

> 존슨이 스컹크워크스를 그렇게 효율적이고 효과적으로 운영할 수 있었던 것은 틀에 박히지 않은 접근법 덕분이었다. 그는 혁신을 저해하고 발전을 방해하는 기존 관료제에 이의를 제기하고 관습을 깼다.[6]

그는 경영 방식을 간소화하길 바라는 오늘날의 어떠한 기업에도 잘 맞았을 것이다. 거대 조직에서 스컹크워크스 운영법으로 성공을 거두었다는 이야기를 들을 때면, 나는 언젠가 샌프란시스코의 한 코미디클럽에서 오픈마이크 행사가 열린 날 밤에 들었던 이야기가 떠오른다. 한 코미디언 지망생이 무대에 올라 비행기에 설치된 블랙박스의 불멸성에 대해 경탄했다. 비행기는 충돌하거나, 불에 타거나, 얼어붙거나, 바다 아래로 침몰하여 몇 달 동안 가라앉아 있기도 하지만 블랙박스는 어떻게든 항상 살아남는다. "왜 비행기 전체를 블랙박스와 같은 소재로 만들지 않는 거죠?" 그는 의아해했다.

오늘날 기업에도 유사한 질문을 던질 수 있을 것이다. 만약 한 회사가 스컹크워크스팀을 운영해 더 단순하고, 빠르고, 훌륭한 결과를 낼 수 있다면, 왜 전체 조직을 스컹크워크스처럼 만들지 않는가?

내가 분명 지나치게 문제를 단순화하고 있다는 걸 안다. 세계적인 유망 기업이 서커스 텐트에 모인 소수의 사람들로 운영될 수는 없다(그게 가능해 보이는 곳들도 있긴 하지만). 하지만 단순화하려는 시도에 착수할 때, 스컹크워크스 개념의 핵심 원리는 당신에게 영감을 주는 원천이 될 수 있을 것이다.

만약 당신이 기초부터 시작하려 한다면, 시간이 흐르면서 축적되는 절차의 제약과 관료제 없이도 어떠한 회사를 세울 것인지 먼저 생각해보기를 권한다. 스컹크워크스 개념의 본질은 보다 빠르고 훌륭하게 목표에 도달하기 위해, 마찰이 적은 환경에서 직원들이 최고의 결과를 내도록 자유를 부여해 정말로 '체제 밖으로 나가는 것'이다.

이미 우리는 캐나다의 거대 슈퍼마켓 체인인 로블로의 후원하에 조프레시라는 패션 브랜드를 창조한 조 밈란의 이야기를 살펴보았다. 밈란의 말에 따르면, 조프레시가 그러한 성공을 거둘 수 있었던 이유 중 하나는 그가 이 사업을 스컹크워크스 방식으로 시작했기 때문이라고 한다.

우리는 거의 외주 인력이었지요. 그 덕에 거대 조직 내에서도 우리 방식대로 해낼 수 있었습니다. 물리적으로 다른 장소에 떨어져 있었기에 모기업의 방식을 따를 수 없었습니다. 그게 바로 제가 최고로 창의적인 인재들을 영입할 수 있었던 유일한 방법이었지요.

록히드의 켈리 존슨처럼 밈란은 거대 기업에서 물리적으로 떨어진 조직 하나를 세웠다. 그러나 스컹크워크스라는 개념은 물리적인 위치 이상의 의미를 지닌다. 보다 간소화된 운영으로 이끄는 새로운 아이디어에 대해 개방적인 태도를 뜻하기도 한다.

스컹크워크스 방식의 사고를 시작하는 좋은 방법은 한 걸음 뒤로 물러나서 회사의 상품과 서비스를 고객의 눈으로 보는 것이다. 아마도 우리가 생각하는 것만큼 단순하지 않을 것이다.

맥도날드보다 인앤아웃버거를 택하라

실제로 너무나 많은 회사들이 현실과는 거리가 먼 수많은 옵션들을 제시하며 나름의 논리를 내세운다. 그러나 결함이 있는 논리는 고객에게 보다 많은 선택권을 주면 더 좋은 결과가 나올 것이라는 잘못된 믿음을 갖게 한다.

『점심 메뉴 고르기도 어려운 사람들』의 저자 배리 슈워츠는 정확히 그 반대라고 말한다. 그는 오늘날 폭발적으로 많은 옵션들이 어떻게 소비자들을 불안하게 하고 잦은 결정장애를 일으키는지 설명한다. 심플함의 지지자들은 당연히 여기에 동의한다.

넷플릭스Netflix의 제품 부문 최고책임자 닐 헌트는 슈워츠의 이론이 넷플릭스에서 실시한 한 조사결과를 뒷받침한다고 말한다. 넷플릭스는 별 5개짜리 영화 평가시스템에 별 반 개를 줄 수 있는 옵션을 추가하려고 시도했다. 보다 정확한 평가체제가 관객들의 마음을 움직일 것이라는 생각에서였다. 그러나 수정된 시스템을 시행하자 별점 이용률이 11퍼센트까지 떨어졌다. 너무 많은 선택권이 부정적인 효과를 낳은 것이었다.

존 맥그래스 역시 부동산산업에서 선택의 역설에 대해 언급한다. 고객에게 더 많은 선택권을 제공하면 결정 내리기를 더욱 어려워한다고 존은 말한다. 그는 고객이 결정할 때까지 계속해서 다양한 '부엌 싱크대 옵션' 따위를 던지는 방식을 좋아하지 않는다. 그러나 많은 부동산업체들이 바로 그렇게 하고 있다.

일반적으로 사람들이 선호하는 것은 **올바른 선택**이지 끝없는 선택이 아니다. 하지만 너무나 많은 회사들이 끝없는 옵션을 내놓기 좋아한다. 그 갈망 때문에 '상품 확장병'에 걸리기 쉬워진다. 또한 판매 절차가 강화되기보다 꽉 막혀버리는 경향이 커진다.

컴퓨터업계에서 미친듯이 쏟아지는 옵션의 사례를 찾기란 어렵지 않다. 2015년 말 HP는 데스크톱 컴퓨터 57종과 노트북 컴퓨터 61종을 내놓았다. 델에는 데스크톱 컴퓨터 30종과 노트북 컴퓨터 23종이 있었다.

가엾은 애플. 애플의 모델은 다섯 손가락으로 셀 수 있다. 그러나 우리 모두 애플이 전혀 가엾지 않다는 사실을 잘 알고 있다. 애플이 경쟁사보다 극히 적은 컴퓨터 모델을 제시해도, PC산업에서 현재 애플의 수익은 HP와 델의 합산 수익보다 많으며, 수년간 그래왔다.

애플이 소비자들에게 제공하는 것은 선택의 결여가 아니다. 혼란의 결여다. 그건 매우 매력적으로 다가온다. 잡스가 1998년에 제품라인을 대폭 줄이면서 더 적은 옵션을 제공하기로 한 결정은 애플이 품질과 디자인에 자원을 집중할 수 있도록 만들었으며, 애플 브랜드를 연이어 강화하고 자사의 상품에 높은 가격을 매길 수 있도록 해주었다.

보다 현실적인 사례는 패스트푸드산업에서 찾아볼 수 있다. 캘리포니아를 비롯해 미국 서부 다섯 개 주에 사는 이들은 인앤아웃버거 In-N-Out Burger라는 체인에 친숙하다. 이 패스트푸드점에서는 두 가지가 눈에 띈다. 바로 매장이 언제나 사람들로 꽉 차 있으며, 메뉴판이 놀라울 정도로 간단하다는 점이다. 인앤아웃버거에서는 오직 여섯 가지 메뉴만 주문할 수 있다. 버거나 아니면 버거와 곁들여 먹을 감자튀김이 전부다.

맥도날드의 메뉴와 비교해보라. 맥도날드는 2015년 말에서야 장기적인 재정난에서 헤어나오기 시작했다. 2004년부터 2014년까지 맥도날드는 소비자들에게 100여 개가 넘는 옵션을 제공하며 메뉴가 75퍼센트까지 늘어났다. 세계적인 레스토랑 컨설턴트 애런 앨런은 "맥도날드의 메뉴는 너무나 복잡하며, 그것은 소비자들을 혼란스럽게 하고 동일 산업 기준과 비교해 준비 시간이 두 배는 더 걸리게 만든다"라고 말했다.[7]

인앤아웃버거의 철학은 "더 적은 일을 더 잘하기"다. 이 철학 덕분에 이 브랜드에는 마니아층까지 생겨났다. 인앤아웃의 메뉴는 '더 적은 일' 부분에 해당하며, 음식의 질, 신선함, 서비스는 '더 잘하기'에 해당한다.

더 적은 일을 더 잘하는 것은 고객들과 보다 깊은 관계를 형성하며 마법 같은 효과를 낼 수 있다. 그것은 한 회사가 진정으로 소비자를 이해한다는 사실을 너무나 잘 보여주기 때문이다. 인앤아웃버거의 경우, 이 점은 대단한 충성심으로 이어졌다. 이 체인점은 대부분의 매장에서 브랜드 상품을 판매하고 있으며 고객들은 실제로 그것을 구매한다. 맥도날드여, 이렇게 해보라.

옵션은 하나의 전략이며, 사람들이 당신의 회사를 생각하는 방식에 영향을 미친다. 당신이 옵션에 붙인 이름처럼 말이다.

단순함이여, 그대 이름은……

모든 제조사는 완벽한 제품명을 짓는 일이 얼마나 어려운지 안다. 비록 어떤 제품을 개발하는 데 성공했다 하더라도, 그 상품을 법적으로 승인받기까지의 과정은 절망적일 만큼 어려울 수 있다.

물론, 소비자들은 그것이 얼마나 힘든 일인지를 생각하지 않는다. 단지 그들 앞에 놓인 상품에 반응한다. 제품명은 한 회사의 특성을 파악하고 구매 결정을 심플하게 내릴 수 있도록 분명한 메시지를 보낸다. 분별 있고 매력적인 명명체계를 만드는 데 가장 큰 장벽은 상품이 늘어나는 것이다. 상품이 너무 많으면 회사는 의미 없는 단어, 문자, 숫자의 바다에서 길을 잃기 쉽다.

컴퓨터산업에서 이를 확실히 뒷받침할 사례를 찾을 수 있다. HP의 웹사이트에서 노트북 모델명을 보면, 어떠한 논리도 없는 이름을 가진 상품들이 (여러 페이지에 걸쳐) 어지럽게 나열된 것을 발견할 수 있다. 모델의 이름은 Z240, 프로데스크, 엘리트데스크, Z1, Z230, Z840, 엔비, 엔비 피닉스, 엔비 750qe, 파빌리온, 스프라우트 바이 HP를 포함하여 다양하다. 델의 상황도 마찬가지다.

에이수스ASUS도 마찬가지다. 이 회사 역시 자사의 노트북 상품들을 젠북시리즈, N시리즈, E시리즈, K/A시리즈 등을 비롯한 다양한 시리즈로 나누었다. 만약 당신이 E시리즈를 사기로 결정했다면, 그중에서는 또 어떤 모델을 고를 것인가? E402MA, 아니면 EeeBook X205TA? 이러한 상품명이 무슨 의미인지 해독하려고 애쓰는 동안 당신의 신경세포는 식식거리며 폭발하기 직전 상태가 되어버릴 것이다.

애플의 상품은 전혀 복잡하지 않다. 모든 노트북은 하나의 맥 컴퓨터가 변용된 것이다. 맥북에어, 맥북, 그리고 맥북프로가 전부다. 이보다 더 간단한 명명법을 생각해내기가 어려울 정도다. 애플의 상품들은 구매하기에도 쉽고 대화중에 언급하기도 쉽다. 모든 이름은 그 브랜드나 하위 브랜드를 반영하며, 이 심플함은 소비자에게 무척 유용하다.

명명에 관한 한 애플이 지닌 불공평한 이점 중 하나는 애플의 상품군이 전혀 많지 않다는 점이다. 잡스가 애플의 전체 상품이 테이블 하나에 들어갈 수 있어야 한다고 지적했던 것을 떠올려보자. 다른 컴퓨터 제조사들도 자사의 상품라인을 완전히 단순화할 수 있다. 다만 그러지 않을 뿐이다.

물론, 유통업 체인처럼 업종의 특성상 수만 가지의 상품들을 제공해야 하는 기업도 있다. 심지어 그런 경우에도 심플함은 제 몫을 할 준비가 되어 있다.

많은 옵션을, 아주 심플하게

의도적으로 적은 종의 노트북 모델을 생산하는 애플의 사례를 이야기하면서, 나는 작은 세부사항 한 가지를 말하지 않았다. 일단 애플 노트북을 선택하면, 그것을 40여 가지가 넘는 다른 환경으로 설정할 수 있다는 점이다. 여기에는 복잡함이 존재하지만, 애플이 가장 잘한 일은 그와는 별도로 심플함이라는 인식을 창조해낸 것이다.

상품이나 서비스라인이 얼마나 복잡한지에 상관없이 모든 회사는 이러한 인식을 만들어낼 수 있다. 소매업 분야에서 이것을 굉장히 잘해낸 회사가 바로 컨테이너스토어다. 최고경영자 킵 틴델은 회사가 겪었던 난관에 대해 다음과 같이 이야기한다.

우리는 세계에서 가장 훌륭한 옷걸이 제품을 보유하고 있습니다. 세계에서 가장 좋은 쓰레기통도 보유하고 있지요. 가장 좋은 고리도 있습니다. 다른 회사들이 4개의 대안을 가지고 있다면, 우리에게는 104개가 있습니다. 그러나 저는 너무 많은 상품들은 고객이 결정을 내리지 못하게 만들 수 있다는 점 또한 매우 잘 알고 있습니다.

그는 너무 많은 옵션들이 혼란을 야기할 수 있지만, 광범위한 선택사항이 존재하는 건 컨테이너스토어의 가장 매력적인 요소 중 하나라는 점을 이해했다. 그래서 심플하다는 인식을 주입하는 동시에 상품군 모두를 제시할 수 있는 방법을 찾기 위해 노력했다. 그 답은 바로 '굉장히 친절한 직원들'이 베푸는 훌륭한 서비스였다. 고객이 원하는 완벽한 상품을 신속하게 안내할 수 있도록, 고객과 상품을 잘 이해하는 것이 바로 직원들의 일이다.

저는 모네에 대해 잘 안다고 생각합니다. 하지만 제가 미술관에서 가이드와 함께하거나 오디오투어가 나오는 이어폰을 가지고 있다면, 제 감상 수준은 훨씬 더 높아질 겁니다. 마찬가지로 그러한 가이드, 바로 저를 이해하고 도와주려고 애쓰는 직원이 있다면 제게 꼭 맞는 쓰레기통을 찾을 가능성이 더 높아질 겁니다.

틴델은 전문가의 도움으로 좋은 품질의 상품과 우수한 직원들의 조화를 이루어냈다. 그러한 모든 경험이 바로 한 번 방문한 고객을 다시 돌아오게 만든다고 그는 말한다.

고객들은 구매한 상품을 매우 좋아합니다. 그 상품은 정말 그들을 미소짓게 하지요. 맞습니다. 쓰레기통 하나도 손님을 웃게 할 수 있습니다. 그 쓰레기통이 모서리에 정확히 딱 맞는다면 말이죠. 아주 정확히 말입니다. 손님은 그렇게 잘 맞는 것을 찾을 수 있을 거라고 기대하지도 못했는데 말이죠.

어쩌면 그것은 우리 인간에게, 일상에서 딱 맞다고 느끼는 무언가를 구했을 때 기쁨을 느끼고픈 감정이 이미 내재되어 있기 때문일지도 모른다. 틴델의 표현처럼 "소비자를 춤추게 하는 것"이다. 그가 이 이야기를 하는 동안에도, 한 여성은 컨테이너스토어에서 구입한 옷장이 너무나 마음에 들어서 그것을 볼 때마다 살짝 춤을 출지도 모른다(실제로 몸을 흔들지 않는다면, 머릿속에서라도). 비즈니스를 튼튼하게 만드는 핵심이 바로 이것이다. 그 손님은 자신의 이웃들에게 그 옷장을 자랑하고 싶을 것이고, 그 이웃은 똑같은 옷장을 사고 싶어질지도 모르며, 그러면 다시 **그 이웃도 춤을 출 테니** 말이다.

실제로 애플은 소수의 프리미엄 상품을 준비하고, 프리미엄 고객이 애플의 정책에 동의하도록 만든다. 반면 많은 제조사로부터 공급받은 수천 개의 상품을 제공하는 컨테이너스토어의 비즈니스는 전혀 다른 차원에서 이루어진다.

당신이 굉장히 훌륭한 큐레이터나 에디터라서 모든 사람들이 원하는 바를 안다고 믿는 것은 잘못된 생각입니다. 현실은 그렇지 않아요. 사람들은 너무나 다릅니다. 따라서 가장 나은 옵션을 주는 게 좋습니다. 하지만 그와 함께 최고의 정보와 서비스도 제공해야 합니다. 그때가 바로 우리가 고객들로부터 가장 커다란 마음을 얻는 때입니다.

많은 소매업체들은 매력적인 상품을 발견하여 제조사와 거래하고, 가능한 한 빨리 그 상품을 들여오는 일이 쉽지 않다고 토로한다. 톱숍^{Topshop}, H&M, 유니클로 같은 패션기업들은 각 시즌마다 선두 자리를 유지하기 위해 혜성처럼 빠르게 움직여야 한다.

하지만 컨테이너스토어의 성공 방식은 이와 다르다. 컨테이너스토어는 틈새시장을 잘 개척하여 자리잡았기 때문에, 상품을 선택하고 그 상품을 매장으로 들이는 데 더 긴 시간을 투자할 수 있다. 컨테이너스토어는 납품업체들과 오랜 관계를 유지하고 있으며 또한 오랫동안 꾸준히 사랑받는 제품들을 보유하고 있다.

유니클로 같은 상점들은 아마 석 달에 한 번씩 전 매장의 상품을 바꿀 겁니다. 현재 우리는 1978년 처음 문을 열었을 때와 똑같은 제품들을 여전히 판매하고 있습니다.

물론 컨테이너스토어에서도 상품 목록은 변한다. 하지만 조금 다르고 통제가능한 방식으로 바뀐다. 정기적으로 새 상품을 들여놓기 위해서 판매순위 하위 5~10퍼센트의 상품들을 추려낸다. "잭 웰치가 그랬던 것처럼 말이지요." 그러나 어떠한 이유로도 의식적으로 한번에 많은 상품을 바꾸지 않는다.

우리에게 중요한 것은 상품의 질입니다. 우리는 그 상품이 꾸준히 판매되기를 바랍니다. 다음번에 매장에 들여놓을 상품요? 음, 글쎄요…… 전 현재 상품들이 앞으로 50년은 더 그곳에 있기를 바랍니다.

컨테이너스토어의 고객들에게 심플함의 핵심은 직원으로부터 받는 관심이다. 직원들의 관심과 도움은 방대한 물품 속에서 쇼핑할 때 생기는 혼란과 불편을 없애준다. 세심하게 살피는 전문가 한 사람의 도움으로 고객들은 필요한 것을 떠올리며 가게로 걸어들어왔다가, 꼭 맞는 상품을 들고 가게 밖으로 나갈 수 있다. 이것이 컨테이너스토어를 베드배스앤비욘드Bed Bath & Beyond 같은 경쟁사와 차별화하는 힘이다. 사람들은 베드배스앤비욘드에 대해서는 별다른 애정이 없다.

호주의 웨스트팩 은행 또한 다양한 고객들에게 다양한 상품을 제공하면서도 모든 것이 아주 심플하게 느껴지도록 만드는 방법을 찾아냈다.

심플함이라는 마법의 매트릭스

심플함이라는 전략은 어떤 비즈니스에도 큰 영향을 미칠 수 있지만, 특히 복잡함이 쉽게 기세를 떨치는 금융업에는 더욱더 그렇다.

브라이언 하처가 웨스트팩 은행의 최고경영자 자리에 앉았을 때, 그는 이 은행이 제공하는 상품들이 훌륭하긴 하지만 때로는 너무 많은 옵션 때문에 부정적인 효과가 나타난다는 점을 발견했다. 하처는 애플의 해결책을 떠올렸다.

언젠가 잡스에 대한 일화를 들은 적이 있습니다. 잡스가 애플로 복귀한 직후 열린 이사회 회의에서, 그가 모든 애플 제품들을 선반 하나에 올려놓았던 이야기 말입니다. 하나씩 하나씩, 그는 선반에서 제품들을 빼내 바닥에 내려놓기 시작했고, 마침내 몇 가지 상품만

이 남자 "자, 이게 이제부터 우리가 주력할 것들입니다"라고 말했다 지요.

하처는 웨스트팩을 변화시키는 일에 이 방식을 다소 활용했다. 당시 웨스트팩 은행은 정신없을 정도로 많은 신용카드와 금융상품을 판매하고 있었다. 그것은 별로 합리적인 방식이 아니었다. 어차피 한 고객이 원하는 신용카드는 이율이 낮은 카드, 캐시백 카드, 항공사 마일리지 적립 카드 등 단 몇 가지의 일반적인 유형에 속할 것이기 때문이다. 게다가 그 은행의 고객층은 사회생활을 막 시작한 젊은 세대, 직장인, 은퇴자, 그리고 요구사항이 까다로운 부유층 등으로 한정되어 있었다.

이러한 상품과 고객의 요구를 함께 고려해보면 하나의 매트릭스를 만들 수 있습니다. 저는 직원들에게 기본적으로 그 매트릭스의 각 칸에 하나의 상품만 넣을 수 있다고 말했습니다. 그게 다입니다.

그 결과 굉장히 심플한 한 장짜리 상품 매트릭스가 탄생했다. 그 조건에 맞지 않는 신용카드는 모두 없어졌다. 이런 방식으로 상품을 간소화하자 최전선에 있는 영업 직원들이 고객에게 상품을 설명하기가 더 쉬워졌고 고객들도 더 쉽게 선택할 수 있게 되었다. 하처는 이 결정 덕에 진짜 성과가 나왔다고 말한다.

옵션을 단순화하자 신용카드 판매가 극적으로 증가했습니다. 그게 모두 심플함 덕이라고 말하지는 못하겠지만, 분명히 중요한 기여요인이었습니다. 최전선에 있는 우리 직원들은 더이상 상품에 대해 혼란스러워하지 않았기 때문에 고객과 이야기할 때 더욱 자신감을 갖게 되었습니다. 사람들의 질문에 대답하기가 훨씬 쉬워진 거죠.

고객들을 위한 옵션을 보다 심플하게 만든다는 시도의 일환으로, 한국의 현대카드에서도 이와 비슷한 유형의 상품 가지치기를 했다. 2004년에 판매하던 32개의 신용카드에서(모두 경쟁사들이 제공하는 상품과 비슷한 것이었다) 정태영 부회장은 뚜렷한 특징이 있는 네 가지 카드만 추려냈다. 그리고 원하는 사람들은 추가 비용을 내면 카드에 몇 가지 기능을 더할 수 있게 했다. 이것이 현대카드의 회생에 도움이 된 중요한 요소였다. 복잡함을 제거하자 고객들은 훨씬 더 쉽게 맞는 카드를 선택할 수 있게 되었고, 그 결과 현대카드와의 관계도 소중히 생각하게 되었다.

브라이언 하처는 웨스트팩의 요금제에서 또다른 기회를 찾았다. 당시 요금제에는 처음 10회를 초과한 거래에 다른 금액대의 요금이 붙는 다양한 요금제가 있었는데, 고객들은 별로 선호하지 않았다. 이 요금제는 일부에게는 선택권을 주는 것이었지만, 판매직원을 비롯하여 많은 이들에게는 그저 복잡함을 더하는 것이었다.

단순화하기 위해서 웨스트팩은 월 5000원가량의 정액제 상품을 출시했고 '당신이 필요한 모든 계좌'라 이름붙였다. 다시 한번, 복잡함은 사라지고 판매가 치솟았다. 이 계좌는 사실상 호주 전역의 웨스트 팩 지점에서 베스트 상품이 되었다. 하첫는 다음과 같이 말한다.

> 판매 직원들에게 자신감을 부여하는 '심플함'의 개념이 매우 중요하다고 생각합니다. 이 개념은 다소 과소평가되고 있는 것 같습니다. 당신이 절차에 참여하기 시작하고 그 절차를 통제하고 기술적인 비용을 줄이기 시작할 때, 상품을 단순화하는 것은 파급 효과를 냅니다.

하처가 웨스트팩에 불러온 변화는 심플함이 지닌 사업적 가치를 분명히 보여주었다. 상품라인을 집약적으로 바꾸고 복잡성을 제거하면서, 웨스트팩은 상품들을 이점은 모두 그대로 지니면서도 사용하거나 설명하기 쉽게 만들었다.

자, 상품과 서비스가 시간이 흐르면서 점점 더 복잡해질 수 있는 것처럼 한 회사의 경영 방식을 정의하는 절차도 복잡해질 수 있다. '절차 증가'가 오늘날 비즈니스에서 복잡함을 야기하는 주범이라고 말할 수도 있을 것이다.

심플함에 열정을 가진 리더들은 간소화 작업이 필요한 또다른 부분으로 바로 이 절차를 지적한다.

명확한 판단이 최고의 절차다

호주 시크 사의 최고경영자 앤드루 바셋은 한 회사가 성장하는 과정에서 나타나는 절차의 속성과, 너무 많은 절차가 야기할 수 있는 제약 효과에 대해 자신의 관점을 밝혔다.

그는 직원이 10명 정도라면 절차는 그리 문제되지 않는다고 말한다. 모두가 다른 사람들이 무슨 일을 하고 있는지 알기 때문에 노력 없이도 소통이 원활하게 이루어진다. 그러나 100명 이상의 직원들이 있는 회사로 커지면 복잡한 절차가 뿌리내리기 시작한다. 사람들이 무책임해지거나, 고용되어서는 안 될 사람이 고용되기 시작한 탓이다. 우리는 회사가 훨씬 더 커졌다는 사실을 이해해야 한다. 이전에 그래왔다고 해서 회사가 당연히 올바른 방향으로 가는 중이라 추측해서는 안 된다.

그래서 약간의 절차가 필요합니다. 그렇지 않으면 지나치게 관료주의화되는 것보다, 너무 덜 집중하고 너무 많은 혼동을 겪게 되는 문제가 생깁니다. 우리에게 필요한 건 모든 이들이 서로 잘 알고, 의사소통이 계속되고, 어느 정도의 일관성을 지니도록 만드는 절차입니다.

절차의 필요성은 이해하지만, 바셋은 과도한 절차를 경멸한다. 그는 엄격한 틀이나 조사를 토대로 한 의사결정을 따르게 만들거나, 아니면 책임자가 어깨 너머로 감시하고 있다는 느낌을 주는 절차를 거부한다. 그는 직원들을 믿으며, 또한 그들을 이끄는 회사의 문화를 믿는다.

만약 절차가 지배하는 상황이라면, 판단력이 필요하지 않을 겁니다. 저는 절차에 얽매이기보다 명확한 판단을 선호합니다.

이와 관련한 좋은 사례는 넷플릭스에서 발견할 수 있다. 넷플릭스의 공동설립자 리드 헤이스팅스는 모든 직원들에게 '제한 없는 휴가' 정책을 시행했다. 『블룸버그 비즈니스위크』와의 인터뷰에서 헤이스팅스는 그 정책을 도입하려면 "높은 생산성을 내려고 노력하는 성숙하고 책임감 있는 직원들이 필요하다"고 말했다. 이것은 넷플릭스로 하여금 서류 작업을 없애고, 며칠을 일하느냐가 아니라 어떤 성과를 냈느냐로 직원들을 평가할 수 있도록 만든다. 다른 회사들도 제한 없는 휴가나 유연한 휴일제를 시작하고 있다. 절차보다 실제 평가를 중시하는 것이다.

컨테이너스토어의 최고경영자 킵 틴델도 마찬가지다. 그는 직원들이 회사의 가치관을 공유한다면, 형식적인 절차를 따라야 한다는 부담 없이 회사의 최고 이익에 부합하는 행동을 할 것이라고 믿는다. 그게 바로 틴델이 컨테이너스토어의 설립 원칙을 강화하는 데 그렇게 열정적인 이유다. 앞서 이야기한 대로, 그 설립 원칙은 컨테이너스토어 문화의 중심인 가치관을 잘 드러낸다. 이러한 원칙들은 원활한 소통, 훌륭한 책임자, 최소한의 위계질서 덕분에 계속 살아 숨쉬며 복잡한 절차들을 불필요하게 만든다. "우리는 절차를 강력히 진압했지요." 틴델은 말한다.

스터브허브의 공동설립자 제프 플러 역시 지나친 절차에 반기를 든 인물이다. 회사가 성장할수록 간소한 구조를 갖춰야 한다는 점을 깨달은 그는 '목적을 지닌 절차'를 추구한다. 만약 분명하고 뚜렷한 이유 없이 어떤 절차를 수용한다면, 실제 업무현장에서도 주의가 흩어질 가능성이 크다.

절차가 창의성을 억눌러서는 안 됩니다. 또한 혁신을 방해하거나 유연한 아이디어가 나오는 데 걸림돌이 되어서도 안 됩니다. 균형을 갖춰야 합니다. 따라서 특정한 형식에 얽매이는 것보다 실제 평가가 더 중요합니다.

절차가 간소해지면 직원들을 보다 신뢰하게 된다. 이것은 규칙과 절차 위주의 딱딱한 틀이 아니라 가치관이 살아 있는 문화를 설립하는 것이다. 또 하나 중요한 것은, 너무나 자주 회사들의 덜미를 잡는 모래늪을 제거하는 것이다.

절차가 적을수록 속도는 빨라진다
앞서 우리는 틀에 박히지 않은 리더십을 보여준 현대카드의 정태영 부회장이 어떻게 깊은 적자에 빠져 허우적대는 회사를 높은 수익을 내도록 재건할 수 있었는지 살펴보았다.

빠르게 돌아가는 금융산업에서 경쟁하고 있었기에, 정 부회장은 현대카드를 문제에 보다 기민하게 대처하도록 만드는 것을 최우선과제로 삼았다. 그는 결정을 내리는 절차를 간소화함으로써 이것을 해냈다.

결정 하나를 내리는 데 한 달 이상이 걸리는 회사들도 있습니다. 현대카드에서는 단 하루가 걸립니다. 이것이 우리가 지닌 가장 훌륭한 무기이지요.
저는 우리의 경쟁자들이 멍청하지 않다는 말을 자주 합니다. 시간이 흐르면 경쟁자들은 필연적으로 점점 똑똑해집니다. 그들이 실수하기를 기대하는 것은 이치에 맞지 않습니다. 우리가 경쟁에서 이길 수 있는 유일한 길은 훌륭한 결정을 내리는 것만이 아니라 그들보다 두 배는 빠르게 움직이는 겁니다.

중대한 결정이든 소소한 결정이든, 정 부회장은 옵션을 함께 고려하는 형식적인 절차를 피하려 한다. 그건 그저 시간만 더 잡아먹는 일이기 때문이다. 대신 그는 종종 온라인으로 실시간 토론을 벌이거나 이메일을 통해 간단히 의사를 교환한다.

한 예로, 정 부회장은 2012년 현대카드에 찾아온 어떤 기회에 대해 들려주었다. 현대카드는 이따금씩 고객들을 위해 대형 콘서트를 열었는데, 이때는 레이디 가가가 한국을 방문하고 싶다는 의사를 표현했다. 그는 이 행사를 성사시키려면 상당한 비용을 투자해야 한다는 것을 알았다.

다른 회사였다면 담당자가 "상사에게 이야기해보겠습니다"라고 한

다음, 또다시 "제 상사가 윗선과 논의해본다고 합니다" 등으로 이어지지요. 그런 방식은 몇 주 혹은 몇 달을 잡아먹습니다. 우리에게는 "그럽시다" 또는 "안 되겠습니다"뿐입니다. 우리는 매우 분명합니다. 아주 빠르고 간단하지요. 우리는 두 시간 안에 결정을 내립니다.

그 결정은 레이디 가가를 서울로 데려왔고 현대카드의 브랜드 강화에 엄청난 기여를 했다. 그후에도 현대카드는 2015년 폴 매카트니의 첫 내한공연을 후원하는 등 대중문화에 대한 공헌을 이어가고 있다. 이 역시 신속하게 내린 결정이었다.

이러한 민첩성은 보통 스타트업 회사에서나 기대할 수 있지만, 정 부회장은 대기업의 문화에 민첩성을 심어놓았다. 그는 일부 기본적인 절차는 허용하지만, 상황을 더디게 만드는 몇 단계의 절차를 참을 수 없어한다. 반대로 상황을 빠르게 전개시키는 아이디어를 적극 반긴다.

속도를 위해서 마찰을 줄이는 또다른 방법은 토론을 질질 끌지 않는 것이다. 정 부회장은 '동의하지 않으면 분명하게 의사를 밝히자'라는 정책을 엄격하게 실시한다. 토론은 장려되지만, 모든 사람은 반드시 최종 결정을 받아들여야 한다. 그는 회의시간에는 조용히 앉아 있다가 나중에야 결정에 대해서 이러쿵저러쿵 말하는 이들을 견딜 수 없어한다.

우리는 앞서 JC페니의 론 존슨이 조직을 단순화하기 위해 노력하는 과정에서 마주했던 문제에 대해 들었다. 존슨의 노력은 바로 이러한 이유로 훨씬 더 어려워졌다. 이전에는 그의 방식에 동의하는 듯했던 사람들이 회의장 밖에서는 다른 목소리를 냈던 것이다. 강경하게 대처하지 못한 탓에 성공할 기회를 날려버리곤 하는 '착한' 리더들의 뼈아픈 특징이다.

물론 속도는 모든 기업에서 중요한 요소다. 하지만 100만분의 1초마다 사업이 실행되는 퀀트캐스트Quantcast에서는 특히나 더 그렇다. 아주 정교한 기술을 기반으로, 퀀트캐스트는 광고주를 전 세계의 인터넷 이용자들과 실시간으로 연결한다.

설립자이자 최고경영자인 컨래드 펠드먼은 직원들이 절차에 빠져서 꼼짝도 못하게 되어버리지 않는 것이 중요하다고 강조한다. 개방성과 빠른 개발속도를 강조하는 문화가 이 회사를 심플하게 유지해온 비법이다. 이 문화는 매우 강력히 퍼져 있어 복잡성에 맞서 싸울 다른 방법을 찾을 필요가 없다.

경쟁사들이 규모와 자원 면에서 이점이 있는 데 반해 퀀트캐스트의 장점은 민첩함이다. 이 회사는 반복 점검하고 분석하며, 보다 빠르게 대처하는데 이것은 과중한 절차가 없기 때문에 가능하다. 펠드먼은 다음과 같이 말한다.

회사는 반드시 민첩함의 필요성을 인식하고, 직원들이 각자 맡은 임무를 완수해낼 수 있다는 자신감을 갖게 하는 문화를 육성해야 합니다. 저항심을 느끼기 시작하면 직원들은 노력을 멈춥니다. 회사가 그 지점에 이르면, 혁신 속도도 서서히 멈출 겁니다. 그러면 끝이지요.

지금까지 많은 리더들이 지나친 절차의 폐해에 대해 언급했다. 그런데 앞의 사례와는 조금 다른 흥미로운 이야기가 있다. 바로 절차가 가장 효율적인 단순화 도구가 될 수도 있다는 주장이다. 계속 살펴보자.

'한 장짜리 전략'으로 압축하라

미국 출신의 여성 사업가 로라 앤더슨은 호주로 이민해 기반을 다진 기업전략 분야의 전문가다.

사실 누군가는 그녀가 별로 하는 일이 없다고 말할 수도 있다. 하지만 앤더슨은 자신의 회사 스트래티직 비전글로벌Strategic Vision Global의 회장이며, 참가 인원이 38만 명에 이르렀던 2015년 버진오스트레일리아 멜버른 패션페스티벌 조직회의 회장이자, 호주 그랑프리법인 이사회의 이사직을 맡고 있다. 또한 이전에는 글로벌컨설팅기업 KPMG에서 전략 및 개발 분야를 이끄는 파트너로 10여 년 이상 재직했다.

앤더슨 역시 심플함이 뛰어난 전략에 도달하게 만드는 핵심 열쇠라고 믿는다. 그런데 조금 역설적이게도 그 전략에 도달하는 그녀의 방법은 먼저 복잡함에 빠진 다음 어떤 절차를 통해 고객을 그 복잡함에서 벗어나게 하는 것이다. 그녀는 고객들로 하여금 그들이 지닌 모든 정보를 내려받게 한다. 그 정보가 어쩌면 너무 많을 수도 있지만 말이다. 그녀는 다음과 같이 설명한다.

저는 모든 것을 보고 싶습니다. 본질이 그 안에 있다는 걸 알기 때문이지요. 그 모든 정보 안에 본질이 있고, 당신은 거기서 빛을 발견할 것이며, 앞으로 나아갈 올바른 길을 모색할 겁니다.

이 정보에서 본질을 추출하기 위해 앤더슨은 심플함을 추구하는 데 있어서 가장 강력한 도구라고 믿는 것을 이용한다. 이른바 '세 가지 규칙'이다. 그녀는 기업들에 오랜 시간 철저히 자사를 분석할 것, 그리고 경쟁우위를 얻기 위해 가장 필요하다고 생각하는 것 세 가지를 결정할 것을 조언한다. 여기서 핵심은 초점을 맞추는 것이다.

만약 이 세 가지를 찾아 거침없이 적용한다면, 모든 것은 보다 심플해집니다. 그것은 논점과 목표를 명확하게 만듭니다.

앤더슨은 방위산업, 패션계, 법인사업, 그리고 자신의 일상생활에서도 이 세 가지 규칙을 성공적으로 활용해왔다.

그러나 전략 개발은 그녀가 맡은 임무의 일부일 뿐이다. 진짜 목표는 전략을 '실행할 수 있게 하는 것'이다. 즉, 한 기업 전체에서 전략을 활성화하고 조직의 효율성과 생산성을 높이는 것이다. 이 세 가지 규칙은 그녀가 전략을 개발하는 데 보탬이 되고, 그것은 다시 그녀의 '한 장짜리 전략'의 일부가 된다. 이것은 서식과 디자인이 명확한 단 한 장의 종이가 전략을 실행에 옮기기 위한 청사진이라는 뜻이다.

그녀가 '단 한 장'의 중요성을 강조했을 때 내 눈은 반짝거렸다. 광고업계 경험을 통해 아주 익숙한 무언가와 소름 돋을 정도로 비슷했기 때문이었다. 바로 광고제작서 말이다. 그건 광고를 제작할 크리에이티브팀에게 주어지는 문서다. 회계 담당자나 전략 담당자가 모을 수 있는 모든 정보가 잔뜩 기재된 몇 장짜리 광고제작서를 받는 것보다 최악의 일은 없다. 이것은 엄청난 혼란을 준다. 그렇게 복잡한 상황에서는 획기적인 작품이 나오지 않는다.

실제로 광고업계에서 가장 창의적인 사람들은 단 한 장에 맞춘 제작서를 건네받기 전까지는 작업을 시작하는 것조차 사절한다. 글자 크기를 줄이거나 여백을 줄이는 속임수는 허용되지 않는다. 한 장짜리 제작서를 만드는 것은 사람들이 사고를 집약하고 단순화하도록 강요하는 연습이기도 하다.

앤더슨의 한 장짜리 전략은 한 회사가 현재 어떤 위치에 있는지, 그리고 어떤 동향이 그 지점으로 이끌었는지를 알아내는 데 도움이 된다. 그 전략을 통해 회사의 리더는 언제까지 어느 지점으로 가고 싶은지와 어떻게 거기에 도달할지를 구체적으로 생각할 수 있다. 이것은 또한 비전, 사명, 가치관, 목표, 그리고 성공을 위해 필수적인 여러 요소들을 명확하게 해준다. 앤더슨은 이렇게 설명한다.

우리는 가차없이 목표를 추구합니다. 질질 끄는 전략회의를 하지 않습니다. 회의는 짧고 정확하게 이루어집니다. 심플한 질문들을 합니다. 하지만 다시 한번 말하자면, 우리는 모든 것을 검토하고 싶습니다. 복잡성을 그냥 묵살하면 결코 본질에 도달하지 못할 수도 있기 때문입니다. 모든 것을 찾아 살펴야 하며, 그다음 거기에서 본질을 추려내야 합니다.

심플함이 가져오는 예술을 경험했던 다른 리더들의 방식과 그녀의 방식 사이의 철학적 차이를 이해하는 것이 중요하다. 본능에 의존하는 것을 선호하는 전자에게는 모든 복잡한 요소를 파헤쳐 한 장짜리 전략을 만드는 일이 꽤 짜증나는 일일 수 있다. 그러나 많은 회사들이 심각하게 복잡한 상태에 놓인 현실을 고려하면, 영민하고 합리적인 단순화 절차를 거치는 데 시간을 할애하여 득을 볼 회사도 많을 것이다.

두 방식 모두 성공적일 수 있다. 어떤 방식을 택하든, 심플함의 힘을 믿는 것과, 심플함을 성취하기 위한 헌신이 필요할 뿐이다.

'스타트업 정신' 지키기

앞서 우리는 과거 체코슬로바키아에서 가장 인기 있는 탄산음료였던 코폴라가 벨벳혁명 후 코스타스 사마라스라는 기업가에 의해 부활한 사례를 살펴보았다.

아버지의 뒤를 이어 야니스 사마라스가 코폴라그룹의 최고경영자 자리에 오른 후에도 성장은 계속되었다. 성장하고 있는 모든 회사들과 마찬가지로, 코폴라 역시 성공에 발맞춰 계속 진화해야 했다.

증가하는 수요에 대응하기 위해 코폴라는 직원 수를 늘렸다. 현대적인 소비자의 입맛에 맞추기 위해 과일주스와 생수를 상품라인에 추가했다. 이 모든 것은 사업에 활력을 불어넣기 위한 행동이었지만,

회사가 점점 커질수록 야니스는 성공의 부작용을 걱정하기 시작했다. 그는 코폴라가 심플함의 중요한 규칙 중 하나를 위반한 채 운영되고 있다고 느꼈다. 바로 소비자들의 마음을 다시 사로잡은 신생기업이 아니라, 점점 더 대기업처럼 행동하고 있다는 느낌이었다.

야니스의 이야기를 듣자 내 머릿속에서는 복잡해지는 것을 견딜 수 없어하던 리더들과, 광고대행사 회의에서 겪은 수많은 경험이 떠올랐다. 만약 그 리더들이 우리 대행사의 절차가 너무 형식적이거나 지나치게 분석적으로 변해간다고 생각한다면 우리 얼굴을 철썩 때리는 시늉을 했을지도 모른다. "당신은 꼭 대형 에이전시처럼 행동하고 있잖아!"라고 호통치며 말이다. 그것은 우리가 효율성을 위해서 창의성을 희생하고 있다는 경고였고, 그들이 결코 용납할 수 없는 것이었다.

야니스는 무슨 일이 벌어지고 있는지 깨달았다. 회사가 제대로 발전하고 있는지 감독하기 위해서 코폴라는 글로벌 대기업에서 근무한 경험이 있는 사람들을 고용했다. 그들 중 일부는 코폴라에 입사할 때 대기업 유형의 행동을 함께 들여왔다. 그들은 브랜드를 심플하게 만드는 데 초점을 맞추는 대신 체제, 구조, 보고서, 행정절차에 더 많이 집중했다. 이것은 야니스에게 잘 맞지 않았다.

4년 후, 저는 이곳이 제가 일하고 싶은 회사가 아니라는 걸 깨달았습니다. 우리의 정신이 변질되었습니다. 분위기는 더 딱딱해졌습니다. 그래서 저는 절차를 단순화하고 근본으로 돌아가자는 결정을 내렸습니다. 이 결정을 내리는 건 사실 쉬웠습니다. 회사의 위대한 정신을 살아 있게 하거나, 아니면 그러한 절차가 우리의 정신을 대체하는 걸 지켜보는 겁니다.

야니스는 코스타스가 이 회사를 구상했을 때와 더욱 비슷한 모습인, 훨씬 더 심플한 이전 체제로 돌아갔다. 이것은 코폴라에 스타트업 정신을 다시 불러왔다. 코폴라는 더 일하기 좋은 회사가 되었을 뿐만 아니라 보다 혁신적인 회사가 되었다. 코폴라의 정신을 지키면서 새로운 세대의 입맛을 사로잡을 음료를 개발하는 능력에 회사의 미래가 달려 있었으므로 그 점은 매우 중요했다.

야니스는 코폴라가 빠르게 제품을 쏟아내는 기계로 변하기를 바라지 않는다. 그는 회사의 능력에 집중하고, 신선한 사고를 독려하고 보상하려 노력한다.

창의성은 직원들이 이 회사에서 일하기를 좋아하는 큰 이유입니다. 많은 직원들에게 이 일은 평생직업입니다. 그들은 여기에서 자유와 더 많은 책임감을 느끼며, 제품라인을 확장하는 과정에서 창의력을 발휘할 수 있다고 여깁니다.

코폴라 브랜드를 강화하려는 지속적인 노력에서 혁신정신은 중요한 역할을 한다. 야니스는 창의적인 사람들에게 권한을 주어 그들의 일을 의미 있게 만들고, 그들이 회사에서 목소리를 낼 수 있도록 하는 것이 자신의 임무라고 믿는다. 열정과 재능으로 브랜드를 구현하며, 브랜드의 가치를 창조하는 것이 바로 창의적인 인재들의 임무다. 회사는 그들을 대기업스러운 행동에 흡수되지 않도록 보호하면서 그들의 핵심 가치관이 확실히 전파되도록 한다.

야니스는 절차와 형식도 그렇지만, 회사 자체의 환경도 창의성에 큰 피해를 줄 수 있다는 점을 알게 되었다. 대기업의 가치관이 코폴라의 정신을 퇴색시키는 것을 막기 위해 그가 조치를 취해야 했던 또다른 시기가 있었다. 회사가 점점 커지면서 창의적인 환경이 위태로워지던 때였다.

코폴라가 가장 잘나가던 시절, 근무환경은 신나고 재미있었지만 그리 정돈되어 있지는 않았다.

창의성은 다소 너저분한 환경을 만들 수 있지요. 여기저기 신문과 상품 등이 흩어져 있었습니다. 하지만 일하기에는 환상적인 곳으로 느껴졌습니다.

회사가 성장하면서 주요한 물리적 변화가 일어났다. 늘어나는 직원들을 수용하기 위해서 회사는 더 크고 더 현대적인 건물로 이전했다. 새 사옥에서 상품책임자는 사무실책임자 역할도 맡았다. 그후 끔찍하게도, 모든 것이 아주 깨끗하게 정돈된 환경으로 바뀌었다. 제작에는 적합한 분위기였지만, 창의성은 꽁꽁 얼려버리는 분위기였다. 야니스는 사무실에서 회사의 정신이 사라졌다고 느끼기 시작했다. 물론 담당자는 질서를 확립하겠다는 좋은 의도로 시행한 것이지만, 창의적인 사람들은 그의 가치관을 공유하지 않았다.

그 경험을 거울삼아 야니스는 새로운 정책을 도입했다. 바로 운영진이 절대로 사무실의 분위기에 관여하지 않도록 하는 것이었다.

말하자면 우리는 다시 쓰레기더미로, 그리고 이전의 방식으로 돌아간 겁니다. 우리는 직원들에게 자연스럽게 행동하라고 독려합니다. 복장규정 같은 건 없습니다. 스스로 마음에 드는 옷을 입고 일해야죠. 티셔츠나 반바지요? 왜 안 되요? 기분이 좋을 때 직원들은 직장에 대해서도 더 긍정적으로 느끼고 일도 더 잘합니다.

야니스가 자신의 말을 정말로 중요시한다는 것을 증명하는 사례가 있다. 2011년 언스트앤영이 그를 올해의 기업가로 지명했을 때, 그는 시상식에 참석하기 위해서 말쑥한 정장을 빌려야 했다.

심플함이라는 가치관에 충실한 행동은 실제로 코폴라에 많은 상을 안겼다. 2012년 딜로이트컨설팅은 코폴라를 올해의 가장 창의적인 체코 기업으로 선정했다. 보다 최근에는 유럽비즈니스어워드가 선정한 올해의 기업으로 뽑히기도 했다.

복잡성을 없애겠다는 야니스의 투지 덕에 코폴라는 체코를 넘어 이웃 국가들까지 성공적으로 진출했다. 스타트업 정신이 다시 한번 승리를 거둔 것이다.

간소화의 가치

심플함을 실천하는 리더들에게는 복잡한 과제가 있다. 그들이 마주하는 많은 장애물은 비즈니스에서 심플함이 꼭 자연의 섭리는 아니라는 점을 계속 상기시킨다.

만약 심플함을 이루는 데 필수적인 조처가 하나 있다면, 그것은 바로 **간소화**다. 많은 것을 택한 다음 그것을 더 적게 바꾸어 한 기업을 보다 유연하게 운영하도록 만드는 것이다.

간소화의 가치는 그것이 훨씬 더 매력적인 무언가를 창조하는 길로 이어진다는 점이다. 간소화는 보다 명확한 커뮤니케이션이 이루어질 수 있게 하고, 보다 오래 지속되는 인상을 만들고, 집중하게 만든다.

강력하면서 사용하기도 쉬운 상품에서 간소화의 힘은 확실히 드러난다. 혼란을 일으키지 않고 옵션을 제시하는 제품라인에서도, 규정집이 아닌 아이디어를 중심으로 돌아가는 회사에서도 찾아볼 수 있다.

간소화는 리더들이 정말 중요하다고 여기는 부분에 밝은 불빛을 비추는 방식이다. 마찰을 줄이고 행동을 독려하는 방식이기도 하다.

8장

고객의 사랑을 쟁취하라

사업은 한쪽의 득이 다른 쪽의 손실이 되는 제로섬게임이 아닙니다.
가장 돈을 많이 벌어들이는 기업은
모두를 성공으로 이끄는 시너지 효과를 내는 곳입니다.

_킵 틴델(컨테이너스토어 최고경영자)

왜 심플함이 애초부터 그렇게 강력한 비즈니스 도구인지, 그리고 왜 심플함의 원칙에 기반해 운영하는 리더들이 그 원칙을 그렇게 신뢰하는지를 다시 생각해보기에 좋은 시기가 바로 **지금**이다.

인간이 보다 심플한 것에 끌린다는 사실은 누구도 부정하지 않는다. 똑같은 목적지로 향하는 두 갈래 길이 있다면, 우리는 직선으로 난 보다 빠른 길을 선택한다. 지극히 간단하다.

나아가 우리는 보다 심플한 길을 제시하는 회사를 반긴다. 그런 회사에 애정을 느끼기 시작하며, 시간이 흐르면서 그 회사가 더 심플한 경험을 제공하면 애착도 더욱 커진다. 그리고 우리의 마음을 훔쳐가려는 경쟁사의 유혹에 저항하기도 한다.

스티브 잡스는 이 원칙에 확실히 입각하여 애플의 성공을 이루어냈다. 그에게는 소비자의 마음을 사는 일이 가장 중요했다. 그는 종종 애플이 사람들을 '사랑에 빠지게 하는' 기술을 개발하고 있다고 말하며 그 점을 분명히 했다. 이 원칙은 모든 신상품 개발에 도움이 되었을 뿐 아니라, 다음 상품에 대한 기대도 더했다. 잡스는 상품, 마케팅, 소비자와의 관계를 구축하는 데 있어 심플함을 기반으로 행동하는 것은 브랜드은행에 저축하는 것과 같다고 생각했다. 그것은 소비자들과 정서적 유대감을 맺게 해주었으며, 그들을 전도사로 만들어 친구의 가족, 동료에게 애플에 대한 긍정적인 입소문을 내게 한 핵심이었다.

애플의 초기에도 그는 심플함의 힘을 믿었다. 애플의 첫 주류 히트 상품인 애플II 컴퓨터를 소개하는 브로슈어 표지에는 "심플함이 최고로 세련된 것이다"라는 카피가 실려 있다. 회사의 자료실에만 컴퓨터가 있던 시절, 애플은 컴퓨터 한 대를 내놨다. 맞다. 그 컴퓨터는 사랑스러웠다. 심플함이 소비자의 사랑을 불러온다는 신념은 잡스의 핵심 원칙 중 하나였으며 그가 전체 사용자경험까지 심플함의 원칙을 확장하자 그 신념은 더욱 강력해졌다. 모든 세부사항이 기업에 대한 애착을 낳는 데 기여하는 요소로 작용하기에, 잡스에게는 디테일이 중요했다. 소비자의 마음을 사는 일에는 타협의 여지가 없었다.

잡스처럼 심플함을 소중히 여기는 많은 리더들은 시간이 지나며 더욱더 심플한 경험을 전달하기 위해 막중한 노력을 기울여 새로운 방법을 찾는다. 가장 효과적인 방법 중 하나는 소비자의 입장이 되어보는 것이다. 우리 자신 역시 일상생활에서 대부분 소비자라는 사실을 고려하면, 소비자의 입장이 되어보는 것은 분명 우리 모두에게 매우 익숙한 일이다. 우리는 좋은 경험과 나쁜 경험 간의 차이를 안다. 하지만 어려운 점은 자신의 회사를 객관적으로 보는 것이다.

나는 교육계에서 이와 관련 있는 흥미로운 사례를 하나 찾았다. 호주 멜버른에 위치한 디킨 대학교 부총장 제인 덴 홀랜더는 개인적인 경험에 착안해 디킨 대학교에 거대한 단순화 작업을 도입했다. 그녀의 딸은 명망 높은 런던 대학교의 MBA 과정에 등록하려던 참이었는데, 단 일주일 차이로 등록 마감일을 놓치고 말았다. 비록 수업이 시작하기까지는 석 달이나 남아 있었지만, 꼬박 1년을 더 기다린 후 다시 등록하라는 통지를 받았다. 딸이 받은 충격과 실망감은 엄청나게 컸다.

　　학생들의 입장이 되자 홀랜더 부총장은 이 융통성 없는 정책이 디킨 대학교를 포함하여 많은 대학교에서 명시화되어 있다는 사실을 깨달았다. 이 일을 겪은 후 그녀는 디킨 대학교에 매 학기의 첫주까지는 등록이 가능하도록 허용하는 프로그램을 도입했다. 이 조치는 일과 가족, 교육문제로 고투하는 예비 입학생들에게 환영받는 일종의 유연함을 선사했다.

　　변화는 쉽게 이루어지지 않는다. 디킨 대학교의 노력은 다른 대학들의 체제에도 상당히 많은 재고를 요할 것이다. 하지만 그녀는 그 변화가 디킨 대학교의 차별화 요소가 되리라 믿는다. 그것은 등록절차를 보다 합리적으로 만들고 미래의 학생들에게 디킨 대학교가 그들의 요구를 이해한다는 점을 드러낼 것이다. 어떠한 학생도 그녀의 딸이 느꼈던 절망감을 느끼지 않을 것이다.

　　그 중심에는 심플함이 있다. 학교는 심플한 정책을 통해 학생들의 마음을 얻고 그들과 정서적으로 연결되기 위해 모든 노력을 다하고 있다.

심플함, 애착, 수익은 비즈니스에서 완벽한 선순환관계를 이루고 있다. 소비자들을 위해 당신이 상황을 보다 심플하게 만들면, 고객들은 그 회사에 더 많은 애정을 느낀다. 그리고 더 많은 애정을 느낄수록, 더 많은 수익이 생긴다.

'지역화'는 전략이 아니다

은행처럼 통신사들도 애정을 불러일으키는 기업 이미지와는 거리가 멀다. 만약 당신이 호주의 텔스트라나 중남미의 다이렉티비 라틴아메리카에서 일한다면, "우리의 서비스가 얼마나 훌륭한지와 상관없이, 소비자들이 공룡기업을 사랑하는 게 가능하긴 할까?"라고 자문할지도 모른다.

이 두 기업은 모두 막강한 경쟁사들이 있으며, 나름의 역사를 가지고 있다. 바로 소비자가 서비스 제공사에 별로 호의적이지 않다는 것이다.

텔스트라의 로버트 네이슨은 공룡기업도 소비자의 마음을 얻는 것이 정말로 가능하다고 믿는다. 어쨌든 텔스트라는 고객을 가정, 학교, 회사에서 정말로 중요한 이들에게 연결해준다. 또한 고객들이 집에서 계속 여가시간을 즐길 수 있도록 콘텐츠를 제공한다. 그런데 어째서 사랑받을 수 없다는 걸까?

네이슨은 그 이유를 안다. 그들은 제조사가 아니므로 장비를 향한 애정은 그들의 몫이 아니다. 텔스트라의 비즈니스는 고객들이 장비를 신뢰하는 네트워크에 연결할 수 있도록 하는 것이다.

텔스트라는 다른 종류의 사랑을 얻는 것을 목표로 한다. 바로 소비자를 지지자로 변화시키는 일이다. 비록 어떤 기술이나 자동차 브랜드를 향해 마구 쏟아지는 유의 사랑은 아닐지라도, 지지자 한 사람한 사람은 그 회사에 대해 긍정적인 마음을 갖는다. 네이슨은 이렇게 설명한다.

지지자인 고객은 그렇지 않은 고객보다 더 많은 서비스를 구매하고더 많은 돈을 씁니다. 다른 고객들에 비해 서비스 제공자를 바꿀 가능성도 훨씬 더 낮습니다. 따라서 지지층을 확보하는 것은 상업적인가치가 있지요. 우리는 고객들이 지지자가 되기를 바라기에 그러한투자를 합니다.

음성 및 데이터통신망 접속이 사람들의 일상에서 몹시 중요해졌기 때문에 텔스트라는 빠르고, 믿을 수 있고, 신속하게 반응하는 서비스로 사람들의 마음을 사로잡겠다는 목표를 세웠다. 이 회사는 또한학교, 비즈니스, 지역단체를 지원하기 위해 다각도로 지역사회에 참여하는 프로그램도 진행중이며, 재난시 구조와 복구에도 적극적으로나선다. 이러한 활동은 고객들에게 회사에 애착을 갖게 하며 그들을지지자로 만드는 역할을 한다.

다이렉티비 라틴아메리카가 직면한 난관도 비슷하다. 최고경영자 브루스 처칠 역시 TV콘텐츠 공급사들이 고객으로부터 사랑을 받기엔 역부족이라는 점을 인정한다.

> 특히 우리가 속한 산업에서 고객의 사랑을 받기는 어렵습니다. 경쟁
> 자가 너무나 많고, 그들 모두 광고를 하고 있지요. 우리는 하나의 서
> 비스를 제공하고, 사람들은 그 서비스에 매일 의존합니다. 고객들의
> 기준이 매우 높기 때문에, 서비스업계에서 사랑받는 일은 상당히 어
> 렵습니다.
> 고객만족도 점수를 보면, 다이렉티비는 유료 TV 부문에서 항상 가
> 장 높은 순위를 차지합니다. 하지만 유료 TV는 거의 인기가 없는 분
> 야입니다. 그러니 그건 일종의 비꼬기 칭찬인 셈이지요.

다이렉티비는 '순수 지지자 vs. 순수 비방자'라는 콘셉트에 집중
한다. 이것은 고객들을 지지자로 전환한다는 네이슨의 생각과 유사한
개념이다. 다이렉티비의 목표는 그 서비스를 권유하는 사람(지지자)
의 수가 비난하는 사람(비방자)의 수를 훨씬 뛰어넘도록 국면을 전환
하는 것이다. 긍정적인 감정과 부정적인 감정에 영향을 미치는 가장
큰 요인은 그 회사가 매일 고객과 소통하는 방식, 그리고 얼마나 성공
적으로 고객들의 삶을 심플하게 만드느냐에 달려 있다. 이것을 잘해
내면 지지자의 비율이 증가할 거라고 처칠은 말한다.

심플함의 힘이 어떻게 고객의 사랑을 얻는지 이야기할 때 비즈
니스에서 '사랑'은 상대적인 용어이며, 그 의미는 산업에 따라 다를 수
있다는 점을 이해해야 한다. 중요한 것은 고객의 마음이 움직이는 방

향이다. 고객들이 좀더 심플하고 좀더 보상을 얻는 경험을 하도록 만드는 새로운 방법을 찾으면, 그들의 만족도와 충성심은 증가한다.

뱅크오브멜버른의 최고경영자 스콧 태너도 사람들이 은행에 정서적으로 애착을 느끼게 만드는 일이 얼마나 어려운지에 대해 이야기했다. 그는 전자기기, 자동차, 옷 등 크리에이티브 제품을 만들어내는 기업에는 고객들이 주저 없이 애정을 드러낸다고 말한다. 그러나 은행에 애정을 갖기는 어렵다. 전형적으로 따뜻함이나 포근함과는 거리가 먼 이미지 때문이다.

그러나 태너는 은행 역시 고객의 마음을 얻는 일이 가능하다고 믿는다. 고객과 의미 있는 관계를 형성하는 새로운 방법을 찾는 것이 관건이다. 모든 은행은 사람들이 꿈을 성취하는 것을 돕는다는 근본적인 목표를 갖고 있다.

은행은 이제 막 시작하려는 젊은 커플에게 조언을 해줄 수 있다. 또 그들이 사업을 시작하거나 확장하려고 시도할 때 도움을 줄 수 있다. 보다 행복한 은퇴를 준비하도록 도울 수도 있다. 은행이 이런 일들을 잘 수행한다면, 사람들이 다른 회사에 느끼는 애정보다 그 은행에 정서적인 연대를 느낄 이유가 더 많다고 태너는 말한다.

앞서 살펴본 것처럼, 뱅크오브멜버른은 '지역은행'이라는 개념에 부합하게 모든 행동을 수행함으로써 고객들의 사랑을 받는다. 이 은행은 빅토리아 주의 경제발전에 자사의 미래를 건 유일한 은행이다. 이것은 굉장히 실속 있는 비즈니스다. 지역민과 조직이 번창하면 더 많은 돈을 저축하고 빌리기 때문이다. 태너는 고객들이 새로운 기회에서 이익을 얻도록 도우면서 고객들과 더 깊은 관계를 맺을 수 있다고 확신한다.

제 생각에 은행업은 관계가 전부이고, 관계는 신용이 전부입니다. 그건 밀접하게 연결되어 있어요. 이 관계를 냉소적으로 바라본다면 당신의 행동은 그저 은행에 돈을 벌어들이는 것일 뿐 정말로 고객을 돕는 게 아닙니다. 그렇다면…… 고객은 그 사실을 상당히 빨리 알아채지요.

바꿔 말하면, 고객들의 마음을 얻고 유지하는 것은 바로 진실함이다. 뱅크오브멜버른은 지역은행이라는 정체성을 확립했고, 지역사회에 큰 관심을 기울이는 그들의 행보는 '지역화'가 그저 마케팅 전략이 아니라는 점을 증명해 보였다. 그렇다면 고객들은 회사에 충성함으로써 그 진실함에 보답한다.

많은 매장에서 똑같은 상품을 제공한다는 점을 고려하면, 소매업에서도 소비자의 사랑이 중요한 역할을 한다. 어떤 회사에 대해 애정을 느끼지 않는다면 다른 업체를 제외하고 계속 한 브랜드만 고집할 이유가 없다. 고객의 사랑을 얻는 능력은 소매업의 성공에도 중요한 요소다.

좋아하는 게 아니라 '사랑하게' 만들어라
컨테이너스토어의 최고경영자 킵 틴델의 이야기를 듣고 나니, 그가 고객들로 하여금 회사에 정서적인 애착을 느끼도록 만드는 것을 대단히 중요하게 여긴다는 사실이 놀랍지 않다. 그는 고객들뿐 아니라 직원들에 대해서도 마찬가지라고 이야기한다.

한번 우리 회사에 들어온 직원들은 절대 떠나지 않습니다. 매년 평균적으로 100퍼센트에 가까운 이직률을 보이는 업계에서, 우리 회사의 이직률은 역사적으로 10퍼센트 혹은 그 미만입니다.

35년 전 대학생일 때 틴델은 사우스웨스트 항공사의 설립자 허브 켈러허의 말에 큰 감동을 받았다. "두려움보다 사랑에 기반할 때 훨씬 더 훌륭한 조직을 세울 수 있습니다." 켈러허는 상의하달식에서 벗어난 새로운 유형의 경영철학을 이야기하고 있었다.

이전에 틴델은 누군가 이렇게 말하는 것을 들어본 적이 없었다. 그 철학은 틴델과 그의 룸메이트였던, 그리고 나중에 홀푸드를 공동 설립한 존 매키에게 엄청난 자극을 주었다. 둘은 이 주제를 놓고 많은 대화를 나누었다. 그들은 애정과 수익의 공존 가능성과, 소위 '의식 있는 자본주의'에 그들이 쏟은 열정에 대해서 이야기했다(매키는 2013년에 같은 제목으로 책을 출간했다). 그들은 애정과 수익을 함께 이야기하는 것이 당연히 좋을뿐더러 그렇게 하는 게 중요하다고 생각했다.

틴델은 오직 리더가 이러한 생각을 진짜로 믿을 때에만 그 생각이 조직 내에서 살아날 수 있으며, 관심과 사랑을 받는 직원들은 계약서를 넘어 근속할 것이라고 확신한다. 하여 그는 상당히 많은 시간을 직원들에게 감사하며 보낸다. 비록 모든 직원을 잘 알지는 못하더라도 말이다. 헌신하고 감사하는 마음을 보이면 직원들이 성공하는 환경을 만들 수 있다.

하지만 소비자들에게는 어떻게 마음을 표현해야 하며, 어떻게 그 보답으로 소비자들의 사랑을 얻을 수 있을까? 컨테이너스토어에서 판매하는 상품들이 비용을 넘어선 만족감을 줄 수 있다는 믿음하에, 틴델은 그 답이 **가치**에 있다고 생각한다.

그건 매우 단순한 이치다. 사람들은 가치를 전달하는 브랜드에 애착을 느끼게 된다. 틴델은 자신이 말하는 가치가 꼭 저렴한 가격만을 뜻하는 것은 아니라는 점을 강조한다. 그는 소매업에서 명성을 떨치는 백화점 체인 니먼마커스^{Neiman Marcus}의 스탠리 마커스를 예로 든다. 마커스에 따르면, 가치란 한 상품이 다른 상품보다 20퍼센트 더 비싸지만 200퍼센트는 더 나아 보이는 것이다. 기능이 더 훌륭하고, 더 오래 지속되고, 그 와중에 언제나 멋져 보이기까지 하는 상품이다.

틴델은 그러한 가치의 한 예로 자신이 가장 좋아하는 넥타이를 든다. 그는 버그도프굿맨 백화점에서 한 넥타이를 샀는데, 그가 가진 넥타이 중 가장 비싼 것이었다. 그러나 그 넥타이를 착용하면 언제나 많은 칭찬을 듣게 되고 기분이 아주 좋아진다. 틴델에게 그 넥타이는 투자한 만큼 정서적인 보상을 주므로 가치가 있다는 느낌을 준다.

우리 모두 유사한 경험을 한 적이 있을 것이다. 저마다 가장 좋아하는 자동차가 있고, 가장 좋아하는 신발이 있고, 없으면 못 살 것 같은 스마트폰이 있다. 이런 것들은 정서적인 반응을 일으키는 구매다.

따라서 그러한 물품을 구매하도록 만든 회사에 사람들이 일종의 사랑을 느끼는 것도 자연스럽다.

하지만 틴델은 우리가 판매하는 모든 상품들이 이러한 반응을 일으킬 수는 없다고 말한다. 대신 상품, 디자인, 판매 방식, 박람회 등 모든 경우에 사람들에게 정서적인 반응을 일으킬 수 있는 요소를 찾으려고 노력해야 한다. 소비자들이 단순히 '좋아하는' 것이 아니라 '사랑할' 수 있는 것을 말이다.

만약 당신이 매장을 운영한다면, 관련 있는 모든 사람들로부터 긍정적인 감정을 자아내는 것이 좋을 겁니다. 당신의 고객, 판매사 등 모두에게서요. 우리는 심지어 담당 은행원과 변호사조차 우리 매장을 사랑한다는 농담을 합니다.

틴델은 고객을 위해서라면 모든 것을 한다는 신념을 따른다. 고객의 사랑을 받는 것이 가장 좋은 사업전략이라고 믿기 때문이다. 하지만 먼저 직원들을 잘 대우하는 것이 고객의 사랑을 받는 가장 좋은 길이라는 점을 재차 강조한다.

경제학자 밀턴 프리드먼은 "기업이 존재하는 이유는 주주들에게 최대의 보상을 하기 위해서다"라고 말했습니다.
글쎄요. 그가 노벨 경제학상을 수상한 사실은 잘 알지만 우리는 직원들을 제일 중요하게 생각합니다. 만약 당신이 진심으로 온 마음을 다해 그 누구보다 더 직원을 잘 보살핀다면, 그 직원은 진심으로 온 마음을 다해 그 누구보다 더 고객들을 잘 보살필 겁니다. 그리고 직원과 고객이 열광하면, 주주들도 분명 그럴 겁니다.

알리바바그룹의 회장 마윈의 생각도 비슷하다. 2014년 기록적인 주식상장을 신청하면서 마윈 회장은 "소비자가 1순위, 직원이 2순위, 그리고 주주들은 3순위"라고 말했다. 그러면서 "이 말을 처음 듣는 투자자들은 이해하기가 조금 어려울 것이라는 점을 안다"라고도 덧붙였다.

1순위를 누구로 두어야 하는지에 대해서 두 사람의 생각이 정확히 일치하는 것은 아니지만, 주주들은 최우선순위가 **아니라는** 점은 확실하다. 회사들이 근시안적으로 주주의 이익에 초점을 맞출 때 직원과 고객은 그 점을 감지하고, 그러면 이내 마법은 사라져버린다.

틴델에게 있어서 사랑의 퍼즐을 맞추기 위한 또다른 중요한 조각은 납품업체와의 관계다. 그는 납품업체와 매우 좋은 관계를 유지하고 있어 어떤 때에는 납품업체와 직원들의 차이를 구별하기가 어려울 지경이라고 말한다. 컨테이너스토어는 '납품업체의 가장 좋은 고객'이 되기 위해 최선을 다한다. 그 결과 일부 상품에 대해 독점 판매권을 따냈고, 명절에 인기 제품을 제일 많이 보유하고, 수요가 가장 많은 제품을 가장 좋은 가격으로 판매할 수 있게 되었다.

우리는 회사와 연관된 모든 사람들이 성공하는 비즈니스를 만들려고 노력합니다. 직원, 납품업체, 지역사회 모두가요. 아아, 그렇게만 하면 시너지 효과가 발생합니다. 그게 바로 수익을 내는 핵심이죠.

사업은 한쪽의 득이 다른 쪽의 손실이 되는 제로섬게임이 아닙니다. 가장 돈을 많이 벌어들이는 기업은, 모두를 성공으로 이끄는 시너지 효과를 내는 곳입니다.

그는 한쪽이 다른 쪽을 이용하여 득을 보는 전략은 단기적인 수익은 낼 수 있겠지만, 그런 식으로 운영하는 회사가 오래갈 수는 없을 거라고 확신한다. 오래 지속되며 번영하는 회사를 설립하는 유일한 길은 직원들을 사랑하고 납품업체와 좋은 관계를 맺는 것이다.

찰스슈워브의 전 최고경영자 데이비드 포트럭 또한 정서적 밀착의 중요성에 대해 이야기했다. 증권사인 슈워브는 신용과 자율성을 바탕으로 고객과의 관계를 형성했다. 유대감을 형성하기 위해서 이들은 고객이 회사를 가족처럼 느끼도록 만드는 노력을 시작했으며, 아주 다양한 방법을 활용했다.

먼저 이들은 찰스슈워브가 그저 하나의 회사가 아니라는 점을 명확히 알렸다. 찰스슈워브는 실제 살아 있는 사람이고, 믿을 수 있는 확실한 금융 전문가였다. 그는 '척'이라는 이름의 남자였다. 포트럭은 이렇게 말한다.

이 회사의 모든 것은 척의 개성과 개인적인 가치관으로부터 나오기 때문에, 그가 우리 광고에 출연하고 책을 쓰고 인터뷰하는 것은 정말로 중요했습니다.

흥미로운 점은 이중 어느 것도 척에게 자연스럽지 않았다는 것이다. 기본적으로 그는 내성적인 사람이었다. 대중 앞에 나서는 것은 그에게 쉽지도, 자연스럽지도 않은 일이었다. 그러나 그는 회사가 사랑과 신뢰를 얻기 위해서는 자신이 회사의 얼굴이 되는 게 얼마나 중요한지 이해했다. 그에게는 진실한 방식으로 자신의 능력을 최대한 발휘해 그 역할을 맡을 의지와 능력이 있었다.

그는 아주 훌륭한 회사의 대변인이었습니다. 항상 직원과 고객에게 진심 어린 말을 했기 때문입니다. 언론은 언제나 그를 사랑했습니다. 우리는 사람들이 우리의 리더에게 느끼는 애정과 회사에 느끼는 애정을 모두 강화하고 싶었습니다.

포트럭은 또한 고객이 각 지점에서 일하는 직원에게도 애착을 느끼기를 바랐다. 그 직원이야말로 고객의 사업을 직접적으로 다루는 사람이기 때문이었다. 슈워브는 고객에게 안으로 들어와서 직원들을 알기를 권했다. 이는 경쟁상대가 따라 할 수 없는 것이었다. 슈워브처럼 지점이 그리 많지 않을 뿐만 아니라 사업 대부분이 유선상으로 이루어지고 있었기 때문이었다.

심지어 무료 통화상담시에도 슈워브는 경쟁사들보다 더욱 개별

맞춤형의 경험을 제공했다. 만약 거래 규모가 크고 빈번하다면 전담 팀이 생길 것이며, 우리가 거는 전화는 언제나 그 팀에 연결될 것이다. 그것은 우리가 실제로 아는 직원들과 계속 관계를 맺는다는 의미다. 이를 통해 슈워브는 개인적인 유대감을 형성하고, 이 유대감을 이용하여 고객의 애착을 더욱 키울 수 있었다.

어음 할인 중개시장이 포화상태가 되면서 많은 회사들이 매수되거나 폐업하거나 은행들로 합병되며 사라졌다. 남은 회사들은 이트레이드E*TRADE와 TD에머리트레이드TD Ameritrade 같은 온라인 중개서비스 회사로 바뀌었다. 하지만 고객들이 찰스슈워브를 향해 느끼는 애정까지 모방할 수는 없었다고 포트럭은 말한다.

> 그들은 우리를 모방하려고 노력했지만, 슈워브 모델이 단지 지점을 운영하는 것만이 아니라는 점을 이해하지 못했습니다. 중요한 것은 그 지점 안에서 가치를 높이는 직원들과 함께 우리가 무엇을 하느냐 입니다. 거래 비용이 8000원 정도에 불과할 때, 그 점은 특히 더 중요합니다. 8000원으로 당신은 어떻게 돈을 법니까? 당신은 고객과 관계를 맺는 비즈니스를 해야 하며, 훨씬 더 큰 규모의 계좌가 있는 고객들을 유치해야 합니다.

실제로 찰스슈워브는 1000원 정도를 투자하여 목표를 이룰 수 있었다. 데이브가 슈워브에 합류했을 때, 평균적으로 한 계좌에는 단 700만원 정도가 있었다. 그가 회사를 떠날 즈음 평균 계좌 잔고는 2억원 이상이었다. 비록 수익이 적은 증권사였지만, 그들은 더 많은 고객들이 더 많은 돈을 투자하며 그들을 신뢰하게 만들면서 수익을 증가시켰다.

틴델처럼 포트럭도 고객과 정서적인 애착을 형성하는 것의 가치를 이야기한다. 개인적인 애착관계를 만들어낸 덕에 찰스슈워브는 더 높은 신뢰를 쌓았고, 고객들은 이것을 진정한 가치로 인식했다.

이러한 경우 고객들은 상품이 유형이든 무형이든 그 상품에서 가치를 발견했다. 고객의 사랑을 얻는 이러한 방법은 다소 피상적으로 보일지도 모른다. 엄밀히 말해 그것은 상품이나 서비스의 일부가 아니기 때문이다. 그러나 몹시 중요하다. 그것은 바로 표현하는 것이다.

가치 + 심플함 + 디자인 = 사랑

우리는 어떻게 하나의 상품이 고객의 사랑을 받을 수 있는지 보았다. 그리고 가치 있다는 느낌이 어떻게 정서적인 애착감을 낳을 수 있는지, 어떻게 한 은행이 공감을 통해 고객들의 마음을 녹일 수 있는지도 살펴보았다. 하지만 오직 디지털 공간에만 존재하는 회사는 어떻게 고객의 사랑을 받을 수 있을까?

스터브허브의 공동설립자 제프 플러는 가치, 심플함, 그리고 디자인이라는 세 가지 요소를 통해 가능하다고 말한다. 웹사이트는 반드시 사람들의 삶을 편리하게 만들고, 사용하기 쉽고, 시각적으로 매력적인 서비스를 제공해야 한다.

스터브허브에는 물리적인 상품도 고객과의 대면관계도 없다. 스터브허브는 음악과 스포츠팬들에게 즐거움과 기쁨을 주는 심플하고 멋진 사이트를 만들어 사람들을 연결했다.

디자인은 처음부터 스터브허브에서 중요한 부분이었다. 초기에는 고객에게 물리적인 상품을 제공하기도 했다. 티켓을 실제 구매자의 집으로 배달했던 것이다. 플러와 그의 팀은 긍정적인 인상을 남길 만한 무언가를 디자인하는 데 엄청난 노력을 쏟아부었다. 그들은 질 좋은 종이를 사용하여 독특한 스터브허브 티켓 봉투를 만들었고, 이미 경기장이나 콘서트에 간다는 사실만으로도 신이 나 있던 고객들에게 스터브허브는 '그 봉투를 열어보는 즐거운 경험'까지 선사했다.

그러나 사람들을 정서적으로 연결시킬 만한 상품, 포장지, 웹사이트를 개발하는 일은 비용을 들이지 않고는 불가능하다. 일류 디자이너들이 필요할뿐더러 그들을 고용하는 데 드는 비용은 회사의 예산과 우선순위에 영향을 미칠 수 있다.

내가 경험한 바로는 잡스에게 있어 더 나은 고객경험을 창조하기 위한 기회를 찾는 과정에서 예산을 초과하는 건 이례적인 일이 아니었다. 그에게 투자 대비 수익이 나올 거라는 증거 따위는 필요 없었다. 단지 장기적으로 봤을 때 더 나은 고객경험을 제공하는 것이 자재나 인건비에서 절약할 수 있는 비용보다 훨씬 더 가치가 있을 것이라는 사실을 믿었다. 안타깝게도 경쟁이 극심한 산업에서 많은 회사들은 단기적인 가치보다 장기적인 가치를 선택하는 것을 어려워한다. 그들은 단기적으로 살아남지 못한다면 장기적인 것은 고려할 가치도 없다고 믿는다. 일리 있고 현명하게 들릴지도 모르지만, 사실 그것은 성공하기보다는 살아남는 것이 목표인 회사들의 생각이다.

이 책을 집필할 당시, 플러는 스프리캐스트Spreecast라는 새로운 벤처기업을 운영하고 있었다. 스프리캐스트는 동영상 방송을 양방향의 경험으로 전환하는 사업을 한다. 이들은 화면에 나란히 뜨는 트위터와 페이스북 스트림을 통해 시청자들이 실시간으로 소통할 수 있도록 한다. 접속자 수는 제한이 없으며 영상을 시청하면서 동시에 대화를 나눌 수도 있고, 누군가는 초대를 받아 개인적인 방송을 만들 수도 있다.

디자인은 스프리캐스트에서 몹시 중요하지만 다소 의견조정이 필요한 부분이기도 하다. 플러는 심플하고 아름다운 디자인의 사이트를 원하지만, 신생기업의 경우 예산이 제한적이기 때문에 그렇게 만들기 위해 필요한 기술적인 시간이 문제가 된다. 단지 그래픽의 위치를 수정하는 것만 해도 엔지니어의 시간을 몇 시간이나 잡아먹는다고 플러는 말한다.

우리는 디자인을 훌륭하게 보이도록 만들기 위해서 정말 엄청난 노력을 합니다. 제가 가끔 상품팀과 기술팀의 논쟁에 개입해야 하는 부분 중 하나도 이것이지요. 상품팀이 "그걸 3픽셀 정도 옮겨야 합니다. 잘 안 맞아 보여서요"라고 말하면, 기술팀은 "정말로 그 3픽셀 때문에 더 많은 사람들이 우리 상품을 이용할 거라고 생각합니까?"라고 말할 겁니다. 그러면 상품팀은 "네"라고 맞받겠지요. 저는 자주 "자, 야근합시다"라고 말할 거고요.

322

플러는 수많은 인기 상품에서 디자인이 소비자의 마음을 사로잡는 데 큰 역할을 한다는 증거를 보았다.

우버만이 만들어낸 가치

대부분의 사업전략은 냉정하고 딱딱한 수치를 기초로 한다. 심플함은 다르다. 그것은 인간 행동에 대한 이해를 기반으로 한다. 인간에게는 보다 단순한 경험을 선호하는 경향이 있으며, 그러한 경험을 제공하는 회사에 고객들이 더 애착을 느낀다는 사실을 이해하는 것이다.

우버가 완벽한 본보기다. 우버는 300여 개 이상의 도시에서 택시의 대안으로 성장했다. 우버의 매력은 신뢰할 수 있고 적절한 가격에다, 편안한 차량을 고객이 있는 정확한 위치까지 호출하는 굉장히 심플한 애플리케이션에 있다. 신용카드 기록이 등록되어 있기 때문에 고객은 그저 차에 올라타고 원하는 곳으로 가면 된다. 이동을 위해 사인을 할 필요도 없다. 이보다 심플할 수는 없을 것이다.

우버가 세계적으로 돌풍을 일으키자, 유사한 콘셉트로 더 낮은 비용에 더 나은 대체수단을 제공한다고 주장하는 경쟁사들이 우후죽순 나타나기 시작했다. 그러나 우버의 심플한 시스템과 서비스를 이용하며 겪은 긍정적인 경험 덕분에 우버의 고객 대부분은 여전히 충성을 지키고 있다. 고객이 사랑을 느낄 때 마음을 빼앗아갈 만한 동기는 거의 없다.

이처럼 가장 성공적인 기업은 시간이 흐르면서 심플함을 '창조해내는' 방법을 찾고, 그 과정에서 정서적인 유대감을 형성한 곳이다.

앞에서 보았던 대로, 고객의 사랑을 얻으려는 노력에서 어느 회사도 규모를 변명거리로 삼을 수 없다. 텔스트라와 다이렉티비 라틴 아메리카는 거대 조직조차도 따뜻한·애정을 불러일으킬 수 있다는 것을 증명했다. 비록 그것이 아주 열정적인 감정은 아니더라도 말이다. 우리가 **지지자**를 만들어내든 **순수고객**을 만들어내든 아니면 단지 **팬**을 만들어내든, 용어는 달라도 이야기하는 것은 똑같다. 우리는 고객에게 긍정적인 감정을 일으키고 있으며, 매년 더 많은 보답이 되어 돌아올 충성심을 형성하고 있는 것이다.

고객의 입장이 되어보는 과정을 통해 기업의 리더들은 보다 심플한 경험을 제공하여 고객의 사랑을 얻는 새로운 방법을 찾고 있다. 그들은 보다 심플한 상품을 만들고, 더 심플한 옵션을 제공하고, 더 심플한 광고를 내보내고, 더 심플한 웹사이트를 만들고 있다.

기업을 평가하는 방식에서 객관적인 측정과 조사는 언제나 중요한 역할을 할 것이다. 그러나 고객은 그들이 구매하는 상품만큼이나 경험을 소중히 여기며, 심플함의 정도가 자주 그 호오를 결정짓는다는 사실을 기억하는 것이 중요하다.

9장

본능을 따라서

직감을 따르라는 말의 의미는
정보의 틈새를 메우기 위해 스스로를 믿으라는 뜻입니다.

_론 존슨(애플 소매부문 전 부사장·애플스토어 총책임자)

심플함은 아주 민주적인 개념이다. 모든 사람이 이용할 수 있으며, 완전히 공짜다. 심플함을 이해하고 실천하는 데 경영학 학위가 필요한 것도 아니다.

여기에서 분명한 질문거리가 생긴다. 만약 심플함이 그렇게 강력한 힘을 지녔고 쉽게 이용가능하다면, 왜 더 많은 기업들이 그것을 이용하지 않을까? 가장 적절한 설명은 대부분의 기업들이 형식적인 규칙을 따라 운영하며, 확실한 데이터 없이는 중요한 결정을 내리지 않기 때문일 것이다.

이 책에서 만난 리더들은 공통적으로, 리더에게는 개인적인 신념을 기반으로 결정을 내릴 수 있는 자신감이 있어야 한다고 말했다. 설령 그 결정을 뒷받침하는 확실한 수치가 없다고 해도 말이다. 그들은 딱딱하고 과학적인 요소에 지나치게 의존하면 위험하다는 사실을 안다. 또한 무조건 위원회의 결정을 따르는 경우나 과도한 승인절차가 있는 경우의 위험성도 잘 안다.

이것은 자주 '본능에 따른 행동' '직감에 의한 이끌림' 또는 '마음의 소리에 귀기울이기'라는 말로 표현된다. 이러한 문구들은 부드럽고 덜 미더운 방식을 뜻하는 것 같지만, 사실은 그렇지 않다. 본능은 변덕스러운 기분이 아니다. 그것은 전 생애에 걸쳐 교육, 경험, 관찰, 승리와 실패로부터 얻은 배움에서 계발되는 능력이다.

심플함의 지지자들은 경험으로 얻은 가치를 부인하지 않는다. 객관적인 정보만을 중요시하는 기업은 굉장히 중요하고 인간적인 요소를 놓치고 있다고 믿는다. 고객들의 행동, 원하는 바, 필요한 사항, 소망이 항상 스프레드시트에 나타나는 것은 아니며, 설령 나타난다 해도 해석에 따라 달라질 여지가 있다. 홀푸드의 최고경영자 월터 롭은 다음과 같이 말한다.

전 본능을 따르는 리더입니다. 사업을 할 때 분석과 원칙 그리고 보호장치 같은 것이 모두 필요하긴 합니다. 하지만 저는 본능 없이는, 진짜 마음을 쓰지 않고는 사업의 더 큰 가능성을 놓치게 될 거라고 생각합니다. 비즈니스의 인간적인 측면에서 우리를 성공하게 하는 것은 본능입니다. 그건 결국 사람들을 신나게 하고 감명을 주며 회사를 떠나지 않게 만들죠.

나와 대화를 나눈 다른 많은 리더들의 의견도 비슷했다. 그들은 의심의 눈초리로 구체적인 숫자를 바라보거나, 아니면 적어도 그 수치를 더 큰 맥락에서 살펴봐야 한다고 생각하는 경향이 있다. 그들은 자신의 경험을 믿으며, 내면의 목소리가 다른 방향으로 이끈다면 그 데이터에 반대할 의지가 있다고 이야기한다. "전 제 온몸으로 이것을 믿어요." 그들이 본능을 아주 중요시한다는 것을 보여주는 말이다.

물론 이러한 본능이 있더라도 그 본능을 바탕으로 행동에 나설 의지가 없다면 별로 가치가 없다. 여기에서 필요한 한 가지는 바로 자신감이다. 심플함을 따르는 많은 리더들에게 찾을 수 있는 것이 바로 이 자신감이다.

직감 vs. 자료

스터브허브의 공동 설립자 제프 플러는 흥미로운 길을 걸어왔다. 경험이 거의 없는 상태에서 사업을 시작한 그는 아이디어의 힘과 고객의 마음을 사로잡는 방법, 그리고 아이디어를 성공적인 사업으로 변모시키는 방법을 이해하게 되었다.

그러나 막 사업을 시작했을 때는 오늘날과 같은 직감이 없었다. 그는 스티브 잡스 같은 사람들을 관찰하는 것이 직감을 발달시키고 그것을 고객과 유대감을 갖기 위해 찾은 방법에 적용하는 데 큰 도움이 되었다고 말한다.

그는 시간이 지나며 계속 계발해나갈 수 있는 것이 직감이라고 믿는다. 그는 시장 동향을 이해하고, 소비자가 무엇을 하는지, 그리고 무엇에 반응하는지를 이해하는 데 에너지를 쏟아부으며, 지금도 여전히 직감을 기르는 '연습'을 하고 있다. 또한 다른 산업의 동향을 관찰하고 그것을 어떻게 자신의 산업에 적용할 수 있을지에 대해 고민한다. 이러한 지식은 그의 직감에 현실감각을 부여한다.

직감을 중요시하는 한편, 그는 측정의 중요성도 간과하지 않는다. 웹사이트를 기반으로 하는 사업의 장점 중 한 가지는 고객 앞에 다양한 경험을 펼쳐놓고 그들이 어떻게 반응하는지 즉각적으로 알 수 있다는 점이다. 다양한 방식의 카피, 이미지, 특별 이벤트, 혹은 다른 요소로 실험하여 어느 것이 가장 좋은 반응을 일으키는지 알 수 있었다. 인터넷만큼 빠른 속도로 사업계획을 수정하고 최적화할 수 있다는 것은 엄청난 이점이다.

따라서 플러를 '이성과 **본능**을 따르는' 리더라고 말할 수 있을 것이다. 그는 다음과 같이 설명한다.

만약 당신이 스티브 잡스나 헨리 포드라면, 남보다 훨씬 앞서 있는 겁니다. 전 그런 분들 근처에도 못 가고, 그런 척하지도 않습니다. 제게는 미래를 예측할 능력이 없고 그저 자료를 분석하는 성향이 있을 뿐이거든요. 하지만 저는 아이디어와 창의성이 세상을 발전시키는 상품들로 이어진다는 것을 압니다. 아이폰과 페이스북처럼 말이죠. 그래서 저는 이성과 본능 모두의 가치를 믿습니다.

브루스 처칠이 이끄는 다이렉티비 라틴아메리카는 회사의 실적과 소비자행동을 분석하는 자료를 엄청나게 쏟아낸다. 하지만 그는 자료에 과중하게 의존하려는 유혹을 뿌리치는 것이 중요하다고 생각

330

한다. 그는 회사를 운영할 때 마음의 소리에 귀기울이는 것이 지닌 가치를 안다.

자료는 단지 한 조각의 정보에 불과합니다. 결정적인 요소가 아니죠. 미디어산업에서는 그런 유의 방식이 통하지 않습니다. 이 산업에서 큰 성과를 올리는 대부분의 경우, 사전조사 결과는 분명 "그렇게 하지 마"라고 말할 겁니다.

한 가지 예로 그는 루퍼트 머독과 일했던 경험을 이야기했다. 루퍼트 머독은 분명 그 시대에 대범하고 논란의 소지가 많은 결정을 내렸다. 1993년 머독은 미국 프로미식축구NFL 중계권을 매입하며 폭스 네트워크의 상황을 혼란스럽게 만들었다. 당시에 폭스는 미식축구처럼 큰 경기는커녕, 스포츠 생중계를 전혀 하고 있지 않았다. 하지만 폭스는 4년 계약에 1조 6000억원이라는 어마어마한 비용을 지불했다. 그 계약은 폭스를 완전히 바꾸어놓았다.

"당신들 미쳤소? 절대 그 돈을 회수하지 못할 거요." 당시 그 구매에 대해 이렇듯 부정적인 의견이 대부분이었다. 오늘날 그 금액은 대박 할인가로 보인다. 그러나 처칠은 만약 머독이 전통적인 분석 방법을 따랐다면 그 계약을 단행하지 못했을 거라고 말한다.

우리는 결정에 영향을 미칠 정보를 살펴볼 수 있습니다. 하지만 우리가 완벽한 조사를 할 수 있고 그 조사로 정확한 결과를 도출할 수 있다고 생각한다면, 아주 오랫동안 조사만 거듭하고 있겠지요. 그즈음이면 모두가 우리를 크게 앞지를 거고요.

포장지가 영향을 미칠 수 있는 패키지 상품에서 조사는 아마 효과적일지도 모릅니다. 그런 산업에서라면 결정 하나를 내리는 데 6개월을 쓸 수도 있겠지요. 미디어산업이나 기술산업에서는 그럴 만한 시간이 없습니다.

다시 말하자면, 비즈니스상에서 몇몇 최고의 결정은 자료를 참고하되 직감을 믿고, 그에 따라 행동을 취할 자신감이 있어야 나온다.

자료가 모든 것을 말해주지는 않는다

론 존슨은 스티브 잡스가 애플스토어 프로젝트의 지휘를 맡기기 전에 이미 어느 정도 리더십 기술을 계발했다. 그러나 애플에 합류한 후, 그는 '거장' 아래에서 그 기술을 연마할 기회를 얻었다. 지금까지도 존슨은 잡스의 세계에서 일했던 11년 동안 배운 중요한 교훈에 대해 이야기한다.

존슨은 가장 훌륭한 사업가들은 직관을 따른다고 믿는다. 그들은 제한된 정보에서 올바른 답을 직감적으로 분별할 수 있는 능력과 그 정보만을 가지고 결정을 내릴 수 있는 자신감이 있다. 또한 정신을 집중하면서도 마음의 소리에 귀를 기울인다고 론은 말한다.

스프레드시트 자체에는 오직 역사만 기록되어 있습니다. 그렇지요? 만약 당신이 사실에 의존해 결정을 내린다면, 그 사실을 기반으로 결정을 내리는 모든 사람들과 똑같은 결론에 도달할 겁니다. 단지 중간을 향해 가고 있는 셈이죠.

만약 당신이 두드러지고 싶거나 미래를 향해 나아가고 싶다면, 직감을 따라야 합니다. "나는 퍽이 있는 곳이 아니라, 있을 곳으로 간다"라는 아이스하키 선수 웨인 그레츠키의 말을 잡스가 인용한 것처럼요.

다른 사람들처럼 존슨도 직감을 따르라는 말이 사실을 무시하라는 뜻은 아니라고 강조한다. 직감을 따르라는 말의 의미는 정보의 틈새를 메우기 위해 스스로를 믿으라는 말이다. 자료를 보고 가능한 모든 것은 알아야 하나 '지나치게 분석적'이 되는 덫에 빠지지는 말아야 한다. 숫자들이 일어났던 일을 밝혀줄지는 몰라도 당신이 무엇을 해야 하는지 알려주는 것은 아니기 때문이다.

애플스토어팀에서 많은 자료를 쏟아냈지만, 존슨은 자신의 팀이 숫자에 집착하기를 바라지 않았다. 회사의 사명, 바로 애플의 상품이 어떻게 소비자들의 삶의 욕구를 충족시킬 수 있을지 보여주는 데 집중하는 것이 훨씬 더 중요하다고 믿었다. 그것을 잘해내면 틀림없이 괄목할 만한 판매 수치가 나올 터였다.

매일 엄청나게 방대한 양의 자료가 쏟아지는 애플 같은 규모의 회사에서는 그 모든 자료를 처리하는 일이 더 중요한 일을 하는 것보다 우선시되지 않도록 해야 하는데, 사실 이것이 어려운 문제다. 우리도 경험했듯이 어떤 사람들에게는 자신이 일을 아주 잘한다는 것을 증명하기 위해서 그래프와 도표를 대량으로 만들어내고 싶어하는 선천적인 욕구가 있는 듯하다. 그들은 결과가 아니라 절차에 집중한다.

존슨의 해결책은 절차가 아닌 사명 주도로 움직이는 사람들을 고용하는 것이었다. 그는 또한 애플 소매팀이 사용할 매우 심플한 보고서 양식도 만들었다.

우리는 너무 많은 자료 속에 파묻혀 허우적대지 않았습니다. 결코 그것이 복잡해지게 놔두지 않았지요. 얼마나 많은 사람들이 매장에 올까, 얼마나 많이 구매를 할까, 그들이 무엇을 살까만 생각했습니다. 쾅! 그게 다였죠.

다시 심플함으로 돌아간 겁니다. 진짜로 신경써야 하는 자료는 아주 소수에 불과합니다. 복잡한 자료가 너무 많으면 고려해야 할 요소도 너무 많아집니다. 하지만 가장 중요한 것에 집중하는 편이 좋습니다.

존슨의 설명은 애플에서 내가 느끼고 경험했던 바와 일치하며, 인텔이나 델 같은 대기업과는 천지 차이다. 큰 조직에서 마음의 소리보다 이성을 강조하는 일은 아주 흔하다. 그런 복잡한 회사에서는 즉각적인 투자수익률을 증명하는 스프레드시트 없이는 어떠한 프로젝트도 시작하지 못한다. 또한 어떠한 중요한 광고 아이디어도 광범위한 포커스그룹 테스트와 수정 없이는 승인받지 못한다. 이것이 사업을 하는 데 확실한 방법처럼 들릴지 몰라도, 다년간의 리더십과 경험에서 얻은 본능의 혜택을 쓸모없게 만들어버리는 것이다.

그래서 나는 텔스트라의 로버트 네이슨이 이성과 본능에 대한 견해를 이야기했을 때 굉장히 매료되었다. 많은 주주와 분석가 들이 감독하는 거대 상장기업에서 본능을 기반으로 어떤 결정을 합리화하는 것은 몹시 힘든 일이라고 로버트는 말한다.

그럼에도 불구하고, 텔스트라는 안건에 따라 다르게 접근해야 할 필요가 있다는 점을 이해한다. 예를 들어 그 회사의 현재 상품이나 서비스 부분에서 고객경험을 개선하려고 할 때, 그들은 포커스그룹을 이용해 연구를 하고 고객 피드백을 받는다. 그리고 소비자들이 가장 선호하는 것을 찾아낸다. 또한 회사의 제품과 액세서리에 고객들이 얼마나 만족하는지도 알아낸다. 현재 존재하는 무언가를 개선하려고 시도할 때, 그러한 유의 피드백은 유용하고 필수적이다.

그러나 텔스트라에는 고객이 상상하지 못한 무언가를 제공하려는 계획도 있다. 이럴 경우 테스트가 제한적이거나 쓸모가 없을 때도 있다. 회사는 자유롭게 실험할 수 있어야 하며, 직원들이 새로운 아이디어를 떠올리도록 장려하고 새로운 것을 시도해볼 여유를 주어야 한다. 그게 바로 본능이 효력을 발휘하는 지점이다.

우리는 시도할 것이고 그 시도가 효과를 내는지 볼 겁니다. 팀을 한데 모아서 무언가를 해보고 그게 어떻게 전개되는지 볼 겁니다. 매우 작은 계획일 수도 있고 큰 계획이 될 수도 있습니다.

　지나치게 많은 자료를 추려내는 것은 보다 심플하게 일하는 방법이다. 네이슨은 시험 삼아 진행했던 한 프로젝트의 사례를 들었다. 그 프로젝트는 순전히 본능을 따른 것으로, 거기엔 어떠한 고객 피드백도 반영되지 않았다. 그리고 결국 텔스트라의 가장 눈에 띄는 성공 프로젝트 중 하나로 이어졌다.

　호주의 잦은 산불을 걱정한 텔스트라의 한 직원이 정부 당국을 위한 시스템을 개발하자고 제안했다. 산불이 나면 그 지역 내에 있는 모든 사람들에게, 산불이 번지고 있으니 대피하라는 내용이 담긴 문자메시지를 보내는 것이었다. 텔스트라는 이 기술을 개발했고 추가 비용 없이 모든 고객들에게 그 기술을 제공하여 산불이 많이 발생하는 철에 주민들을 더욱 안전하게 보호했다.

　텔스트라의 임원들은 본능적으로 그것이 올바른 일이라는 것을 알았기 때문에 아무도 손익을 계산하거나 산불 경고시스템을 개발하는 일의 성공 가능성을 따지지 않았다. 그것은 사람들이 텔스트라에 조금 더 애정을 갖게 하는 또 하나의 요소가 되었다.

　네이슨을 비롯하여 내가 대화를 나누었던 많은 리더들은 본능에 따라 행동할 의지와, 직원과 고객의 눈에 보다 심플한 사업으로 보이게 만드는 능력 사이에 상관관계가 있다고 믿었다. 심지어 상황을 보다 부드럽게 만드는 것이 목적일 때에도, 몇 배로 계속 복잡해지기만 하는 것은 지나치게 자료에 의존하거나 방대한 양의 자료가 없이는 행동에 나서려는 의지가 없는 것이다.

본능을 따라 회사를 이끄는 데 자신이 있는 리더는 자료와 절차를 적절한 수준에서 유지하는 능력이 있다.

숫자는 당신의 삶을 다스리지 못한다

내가 크리에이티브업계에 속해 있기 때문인지, 나는 매우 많은 리더들이 자료를 받아들이되 그 자료가 결정을 좌우해서는 안 된다고 이야기하는 것을 들었을 때 몹시 흐뭇했다.

존 맥그래스는 객관적인 숫자에 전적으로 의존하는 회사는 절대로 사람들의 관심을 사로잡을 수 없다고 단호하게 말한다. 그는 자신의 방식을 90퍼센트는 본능을 따르고 10퍼센트는 머리를 따르는 것이라 묘사한다. 물론 그 역시 연구결과를 참조하지만 만약 그 숫자가 본능에 반대되는 방향을 가리킨다면, 그는 바로 "미안하지만 나는 그 숫자들에 동의하지 않네"라고 말한다. 맥그래스는 다음과 같이 이야기한다.

숫자는 당신을 한 방향이나 다른 방향으로 안내할 수 있습니다. 숫자를 무시하는 건 아닙니다. 그건 미친 짓이죠. 그러나 나는 그 숫자가 내 삶을 다스리지 못하게 합니다. 숫자들은 그저 어떤 결정을 내리는 데 고려하는 작은 요소일 뿐입니다.

비록 본능이 인간의 특성이긴 하지만, 맥그래스는 타고난 본능의 정도는 사람마다 큰 차이가 있다고 믿는다. 제프 플러처럼 그 역시 경험, 관찰, 호기심을 통해서 본능을 더욱 발달시킬 수 있다고 생각한다. 그러나 본능은 시간이 지나면서 더욱 날카로워질 수 있는 반면, 적절한 훈련을 하지 않으면 무뎌질 수도 있다. 회사의 규모와 성공을 고려해보면, 본능은 그에게 확실히 큰 도움이 되었다.

본능과 자신감의 조합은 전통적인 방식으로 사업을 운영하는 것에 대한 열정을 사그라지게 했다. 예를 들어, 부동산산업에서 대부분의 대기업들은 포커스그룹 테스트를 광범위하게 이용한다. 하지만 맥그래스는 포커스그룹 테스트가 질문에 따라 왜곡될 수 있기 때문에, 이러한 조사가 언제나 정확한 결과를 산출하는 것은 아니라고 생각한다. 그는 **경험**이 더 나은 측정수단이라고 느낀다.

너무 건방지게 들리지 않았으면 합니다만, 저는 사람들이 원하는 것을 그들이 아는 것보다 더 많은 부분까지 안다고 생각합니다. 저는 사람들이 부동산을 팔려고 할 때 원하는 것을 압니다. 이 일을 아주 오랫동안 해왔기 때문이지요. 저는 훌륭한 경험이 어떠한 형태인지 압니다. 그리고 그 경험을 어떻게 전달하는지도 압니다.

사람들이 그렇게 자주 주택을 구입하는 것은 아니기 때문에, 맥그래스는 사람들에게 부동산 매매절차에 대해서 의견을 묻는 것은 별로 의미가 없다고 생각한다. 포커스그룹 테스트를 통해 나온 결과는 '대부분 기본적으로 쓰레기'와 같다. 그는 포커스그룹 응답자들의 대답은 전형적으로 그 산업에서 일을 잘하는 사람이라면 누구나 다 아는 상식적인 수준의 의견이라고 생각한다.

한 예로, 맥그래스는 부동산 목록에서 '비용안내' 부분에 대해 이야기한다. 거주용 부동산 한 건이 경매에 나오면, 정해진 가격이라는 것은 없다. 만약 맥그래스가 자사의 전문자료를 근거로 그 주택이 결국 9억원에서 10억원 사이에 팔릴 것이라고 판단한다면, 그 금액을 자사의 비용안내 목록에 싣는다. 호주에서 대부분의 부동산 중개업자들은 이렇게 하지 않는다. 단지 경매가 열릴 테니 그 경매 날짜를 알려주겠다고 한다.

만약 주택 구입을 희망하는 사람이 다른 부동산업체에 전화를 걸어 "얼마 정도 할 거라고 생각하세요?"라고 묻는다면, 중개인은 "확실히는 모르죠. 와서 한번 보시는 건 어떠세요?"라고 대답할 것이다.

맥그래스는 그건 터무니없다고 생각한다. 그에게는 그런 게 터무니없다고 말해줄 포커스그룹은 필요하지 않다. 그건 업계에서 쌓아온 경험과 인간 행동에 대한 지식을 기초로 한 순전히 본능적인 판단이다. 만약 맥그래스 자신이 고객이라면, 절대로 자신이 감당할 수 없는 가격의 부동산을 보느라 시간을 낭비하고 싶지 않을 것이다. 따라서 그는 직원들에게 판매자와 가격에 대해 논의하고, 그 가격을 목록에 넣어도 될지 승인받으라고 지시한다. 이것은 그저 예비 구매자들에 대한 배려이며, 그들을 존중하며 대우하는 또다른 방법이다.

그런 건 아주 기본적인 생각인 것 같은데 말이죠, 당신은 분명 이 얘기를 듣고 '아이고, 저런'이라고 생각하겠지요. 하지만 이게 바로 우리 업계에서 많은 이들이 하고 있는 방식입니다. 전 그건 미친 짓이라고 생각합니다. 그러한 조사에 참여하는 것은 고사하고, 그것을 논의해야 하는 이유조차 상상할 수 없습니다.

존 맥그래스가 이러한 주제들에 대해 자신의 거침없는 면모를 마구 드러내는 모습은 대단히 재미있었다. 우리 모두는 비즈니스상에서 거의 가치가 없거나 시간을 너무 많이 허비하게 만드는 일이 벌어지는 것을 보아왔기 때문이다. 맥그래스처럼 본능을 중요시하고 행동에 옮기는 힘이 있는 리더의 말을 듣는 것은 참으로 기운나는 일이다. 이 책에서 만난 많은 리더들처럼, 그 역시 단순히 자신의 고객에게 최고의 경험을 선사하려고 노력중이다. 그는 교묘한 계책으로 새로운 고객들을 '낚는' 방법을 찾지 않는다.

그는 소셜미디어 사용과 관련해서도 자신의 본능을 따랐다. 그의 회사 역시 페이스북 계정을 운영하나, 그곳에 판매중인 매물은 올리지 않는다. 부동산과 관련한 최신 동향, 신선한 디자인, 해외에 막 건축된 멋진 건물, 가장 인기 있는 건축물 등에 대한 이야기를 나누며 회사와 고객이 관계를 발전시킬 수 있는 곳이어야 한다고 생각한다. 소셜미디어를 운영하는 목적은 맥그래스 사의 이미지를 품격 있는 주택 판매사이자 부동산업계의 권위자로 발전시키는 것이다. 누군가 부동산을 팔고 싶어한다면, 소셜미디어 대신 그 회사의 웹사이트를 이용하면 된다.

그건 정말로 큰 반향을 불러일으켰습니다. 다시 한번 말하지만, 어떤 방식이 맞는지 알기 위해서 포커스그룹 테스트를 진행할 필요는 없었습니다. 사람들은 부동산 목록을 보기 위해 우리 웹사이트를 방문합니다. 그리고 의견, 안내, 지혜, 현상황에 대한 어떤 감을 잡기 위해서는 우리의 페이스북 페이지를 방문합니다.

일부 마케팅 직원들은 페이스북 페이지에도 상품을 올려야 한다고 말했지만, 저는 그저 "아니오, 그렇게 하지 않을 겁니다"라고 말했습니다. 제게는 그게 맞다는 걸 증명할 조사가 필요하지 않으며, 그에 대해 토론할 필요도 없습니다. 소셜미디어 계정은 고객들을 연결하고 우리의 브랜드를 형성하기 위한 겁니다.

맥그래스의 사례는 본능에 따른 행동이, 의미 없는 분석으로 고민하며 보내는 몇 주를 단축할 수 있다는 사실을 증명한다. 경험으로 얻은 지혜와 현실적인 지식을 기반으로 할 때 사업은 더 빠르게 발전하고 보다 똑똑한 전략을 세울 수 있다.

맥그래스와 마찬가지로 정태영 부회장도 조사와 자료를 지나치게 강조하는 기업들은 매우 중요한 것을 놓치고 있다고 생각한다.

숫자가 말하지 않는 것들

본질적으로 현대카드는 금융기업이기에 분명 숫자를 무시할 수는 없다. 그러나 정태영 부회장은 인간에 대한 이해가 현대카드를 경쟁사들과 차별화한 요소라고 확고히 믿는다. '이성 대 본능'을 주제로 한 대화에서, 그는 단호하게 본능에 대한 믿음을 보였다.

대학 시절의 전공은 문학이었지만, 저는 MIT에 진학했습니다. 거기
에서는 모든 것이 숫자 위주였죠. 아마도 그곳에서 숫자를 너무 많
이 다루었기 때문에, 오히려 저는 숫자가 말해주지 못하는 것들을
알고 싶어하게 된 것 같습니다.

정 부회장은 우리가 살아가면서 내리는 수많은 결정을 보면 합리
적인 것보다는 감정적인 것이 더 많다고 설명한다. 예를 들어 자동차
한 대를 구매할 때 우리는 가격, 유지 비용, 되팔 때의 가격, 그리고 다
른 객관적인 정보를 살핀다. 그러나 결국 그 결정을 좌우하는 것은 숫
자가 아닌 경우가 많다. 라이프스타일, 즐거움을 주는 요소, 그리고
그 차가 우리에게 어떤 기분을 느끼게 하느냐가 최종 결정에 더 많이
반영된다.

따라서 그는 현대카드에서도 숫자만을 토대로 결정을 내리는 건
어리석은 짓이라고 생각한다. 책임이 막중한 리더로서 반드시 자료
를 검토할 필요는 있지만, 그는 자료를 주로 소비자들의 욕구와 소망
을 감지하고 그들이 어떻게 살고 싶은지를 더 잘 이해하기 위해 활용
한다.

저는 진짜 정신 나간 행동은 못 합니다. 그러나 우리의 열정을 바탕
으로 결정을 내릴 수 있고, 그렇게 합니다. 저는 종종 제 팀에게 숫

342

자를 무시하라고 말합니다. 대신 우리가 무엇을 하고 싶은지, 그리고 무엇을 할 수 있는지에 대해 이야기합니다. 우리가 바라는 회사의 모습에 대해서도 이야기합니다. 좀 솔직해질 필요가 있어요.

그는 자신의 일에 열정이 넘치는 사람들을 고용했다는 점을 자랑스러워하며, 직원들에게 각자 편안하게 느끼는 방식으로 일하라고 독려한다. 직원들을 융통성 없는 업무 방식에 옭아매고 싶지 않기에, 그는 직원들에게 기계가 아니라 보다 인간답게 일하라고 북돋는다. 그는 금융회사를 포함하여 모든 기업은 고객들과 정서적인 연결고리를 만들어야 한다고 생각한다. 그러기 위해서는 반드시 사람들이 정말로 마음을 쓰는 부분을 이해하고 기억해야 한다고 믿는다.

그는 회사의 가치관을 전달하는 가장 효율적인 방법 중 하나가 마케팅이라고 믿는데, 마케팅의 아주 많은 부분은 시각적인 이미지가 차지한다. 사람, 장소, 집, 등 우리가 살아가면서 접하고 결정을 내리는 많은 부분이 시각적 이미지에 기초하듯이, 우리가 한 기업에 대해 느끼는 감정의 큰 부분도 우리 눈에 보이는 것에 따라 만들어진 결과다. 그러므로 숫자만으로는 안 된다. 그는 디자인이 사무실 환경을 조성하고 새로운 상품들을 개발하는 데만 중요한 게 아니라 마케팅에도 필수적이라고 말한다. 반드시 고객의 마음속에 어떤 이미지를 만들어내야 한다.

광고의 시대는 끝났습니다. 지금은 표현의 시대이며, 표현에 관한 한 디자인은 가장 중요한 요소 중 하나입니다. 그것이 바로 제가 현재 디자인을 굉장히 중요시하는 이유지요. 특히 금융기업에서, 게다가 엄청난 적자를 내던 때에 사람들은 그걸 미쳤다고 생각했어도 말이지요.

이미지의 중요성에 대해 이야기할 때 그는 스프레드시트와 금융조사와는 완전히 동떨어진 이야기를 하고 있었다. 그는 내면에 존재하는 신념을 따라 말하고 회사를 이끌어간다. 지난 10여 년간 현대카드가 이루어낸 성공에 대해 이야기할 때 그는 창의성, 디자인, 그리고 무엇보다 인간에 대한 이해를 성공요인으로 꼽았다. 확실히 숫자에 대한 맹목적인 헌신은 아니었다.

본능은 훌륭한 단순화 기제다

이 장에서 이야기를 나눈 리더들은 자료가 귀중한 통찰력을 제공한다는 점에는 동의하지만, 기업을 운영하고 단순화하는 데는 본능이 필수라고 강조한다. 본능은 인간적인 관점에서 나타난다.

본능은 사업경험과 인생경험 모두를 통해 형성된다. 지혜, 개인적인 신념, 공감, 유머, 상식 등이 축적된 결과다. 그것은 불완전하거나 상반되는 증거가 있을 때, 어느 길을 택해야 할지 '감으로' 아는 것이다.

웨스트팩 은행의 브라이언 하처는 플러와 네이슨의 생각에 완전히 동의한다. 그리고 '이성 대 본능'은 양자택일의 문제가 아니라고 덧붙인다. 대형은행에서 경영진은 회사가 나아갈 방향을 정하기 위해 객관적인 자료에 의존한다. 자료는 그 조직 내에서 어떤 부분이 충분히 잘 기능하는지 아닌지를 진단하거나 혹은 개선이 필요한 부분이 무엇인지 정확하게 포착하는 데 도움이 된다.

하지만 하처는 자신이 해야 하는 가장 중요한 일 중 하나는 고객의 관점에서 은행을 돌아보는 것이라고 생각한다. 이건 마음이 하는 일에 더욱 가깝다. 그는 돈에 대한 생각이 사람들의 '마음속'에 자리 잡고 있기 때문에 은행업은 객관적인 사업이 아니라 감정적인 사업에 가깝다고 주장한다. 금융은 사람들의 정체성의 일부다. 은행의 업무 방식은 고객의 자부심, 정체성, 안정성, 그리고 자기관리에 대한 관념 형성에 영향을 미친다.

이렇듯 금융업이 감정과 연관된 영역에 존재한다고 생각하기 때문에 하처는 사람들이 금융과 관련된 중요한 결정을 내려야 하는 순간에 의심과 혼란을 주지 않는 상품과 정책을 만들려고 노력한다. 이것은 고객과 진정한 유대감을 형성하기 위한 유일한 방법이며 조사나 연구와는 거의 관계가 없다.

하처가 이성과 본능 모두의 가치에 대해서 이야기하는 한편, 조민란은 조프레시의 성공을 전적으로 본능 덕으로 돌린다. 그가 패션 산업에 종사하기 때문이지만, 또한 본능의 장점을 믿기 때문이기도 하다. 슈퍼마켓 안에서 새 브랜드의 판매를 시작한다는 전략은 위험 요소가 있으므로, 아마 당신은 포커스그룹 테스트와 깊이 있는 분석이 필요하다고 생각할 것이다. 그러나 민란은 자신의 브랜드를 돌보이게 한 것은 조사와 분석이 **아니었다**고 말한다. 그는 모든 일이 어떻게 시작되었는지를 잘 기억하고 있었다.

마케팅 조사는 하지 않았습니다. 단지 본능만 믿었습니다. 전 회사를 차별화하기 위해서는 직감이 있어야 한다고 생각합니다. 차별화는 필수죠. 만약 당신이 경쟁사들을 관찰하고 그들의 방식대로 경쟁한다면, 바로 곤경에 빠질 겁니다. 우리가 한 일은 정확히 차별화였습니다. 본능만으로 그렇게 했지요.

우리는 전혀 다른 산업 분야(기술, 식료품, 부동산, 신용카드, 패션 등)의 리더들이 자료 말고도 중요한 것을 꿰뚫어보는 자신의 능력을 자랑스러워하는 경우를 살펴보았다. 실제로 직감은 그들의 사업계획에서 필수적인 부분이다.

마음의 소리에 귀기울이는 것은 나약함의 신호가 아니다. 오히려 그 반대다. 너무나 많은 기업들이 과학과 절차에 의존하고 있는 때에 직감을 바탕으로 결정을 내리려면 용기가 필요하다. 그러나 이러한 결정은 보다 심플한 회사를 만들고 고객과 더 단단한 관계를 맺게 하는 경우가 많다.

346

10장

심플함으로 가는 나만의 길을 찾다

이제 우리에게 진정 필요한 것은 계획이다.
회사나 부서에서 단순화 작업을 시작하기 위한
가장 훌륭한 방법은 무엇일까?

앞서 우리는 자신의 성공요인으로 심플함을 꼽는 기업 리더 40여 명의 생각을 들여다보았다. 심플함은 그들의 성공에 아주 크게 기여했다. 하지만 여기서 훨씬 더 중요한 것은 심플함이 우리에게 어떤 도움이 될 것인가다.

리더들의 생각이 이끄는 지점은 딱 여기까지다. 이제 우리에게 진정 필요한 것은 계획이다. 회사나 부서에서 단순화 작업을 시작하기 위한 가장 훌륭한 방법은 무엇일까?

나는 이 책의 리더들로부터 어떤 힌트를 얻고 시작하기를 바란다. 하지만 대부분의 기업은 하룻밤 사이에 변할 수 없다는 기본적인 사실도 기억하라. 심플함을 향해 가는 가장 좋은 방법은 한 번에 한 걸음씩 체계적으로 나아가는 것이다. 특히 복잡한 조직이라면 더더욱 그렇다. 그러한 노력을 위해서는 반드시 지지를 얻어야 한다.

모든 회사는 독특하다. 당신의 회사는 어쩌면 물리적인 상품을 판매하는 곳일 수도 있고, 서비스를 제공하는 곳일 수도 있고, 아니면 온라인상에서만 운영되는 곳인지도 모른다. 또한 한 지역에서만 사업을 할 수도 있고 아니면 전 세계에 지사가 있을지도 모른다. 따라서 심플함으로 향하는 보편적인 로드맵 같은 것은 없다.

대신 당신만의 지침을 개발하기 위해 다음 사항들을 참조하라. 심플함의 힘을 활용하기 위한 노력을 시작할 때 당신이 취할 수 있는 행동과, 고려할 전략의 윤곽으로 말이다.

헌신은 필수적이다

한 회사로 심플함을 도입하는 일은 부업의 개념이 아니다. 심플함은 우리가 상상하는 것보다 훨씬 더 많은 에너지를 필요로 한다. 우리는 아마도 비관적이거나, 저항하거나, 더 나쁜 경우에는 심하게 반대하는 이들을 상대해야 할지도 모른다. 바로 그러한 이유로, 심플함을 실행하기 위한 첫번째 필요조건은 바로 헌신이다.

JC페니의 불운은 부분적으로는 헌신이 부족했던 탓으로 생각할 수 있다. 이 회사는 급진적인 변화를 모색했지만 머지않아 바로 포기해버렸다. 수년이 지났어도 여전히 회복하지 못한 상태다. 만약 모든 전문가들이 처음에는 열광했던 그 계획을 끝까지 고수했다면 오늘날 어떤 모습일지 누가 알겠는가?

회사의 규모에 상관없이, 심플함을 위한 노력에서 헌신은 핵심적인 요소다. 호주의 최대 통신사인 텔스트라에서는 리더의 강력한 지지가 있었기에 단순화 과정이 뿌리내릴 수 있었다. 리더의 헌신은 직원들의 눈에 보였고, 직원들의 사기를 높였으며, 그 과정에 참여하도록 만들었다.

당신의 회사는 심플함을 달성하기 위해 헌신하고 있는가? 경영진은 그 결정을 계속 고수할 것인가? 설령 그러한 결정이 분노를 일으킨다 해도?

팀원을 직접 선택하라

회사가 작다면 혼자서도 심플함을 이룰 수 있을지 모른다. 그러나 조직이 크고 복잡하다면, 우리에게는 팀이 필요하다. 이 경우 우리는 "상황이 힘들어질 때 어떤 사람과 한 팀에 있고 싶은가?"라고 질문해야 한다.

당신의 팀은 눈앞의 시련을 이해해야 하며, 단호한 입장을 취해야 할 때 주저하지 말아야 한다. 아마 당신에게는 계획을 실행에 옮길 때 타협하지 않는 태도가 필요할 것이다. 그러니 팀원들부터 타협 없이 선택하라.

우리가 선택한 사람들이 지닌 특수한 전문성에 대해서 생각해보자. 회사의 규모에 따라 다르지만, 다양한 부서에서 팀원을 선발하는게 좋을 것이다. 가장 중요한 점은 당신의 팀원들 역시 심플함을 이루기 위해 헌신한다는 목표를 공유하고 있는가, 그리고 그들이 사업의 모든 부분을 신선한 시각으로 보려는 의지를 지니고 있느냐다. 일종의 스컹크워크스팀 같은 태도가 큰 도움이 된다.

사명을 지녀라

사명은 결정, 행동, 상품개발의 지침 역할을 하면서 회사가 순조롭게 앞으로 나아가도록 하는 강력한 도구다.

당신의 회사에는 사명이 있는가? 간결하고 영감을 주는 사명인가? 사명이 없다면 하나를 만들어라. 혹시 이미 있다면 그 사명을 자세히 들여다보고 필요하다면 개선하라.

론 존슨이 '삶의 질을 개선한다'는 아이디어 하나로 어떻게 애플스토어에 영감을 주었는지 떠올려보라. 또한 제프 플러가 사명 하나 없이 스터브허브를 시작했다가 나중에서야 사명이 회사의 성장에 필수적이라는 사실을 깨달았던 점을 기억하라. 또 사명을 중심에 두고 심플하고 훌륭한 브랜드를 세운 벤앤제리스의 교훈에 귀기울여라.

사명은 형식을 갖추어야 할 필요도, 틀에 맞추어야 할 필요도, 경의를 표하는 대상이 될 필요도 없다. 조직 내에서 잘 알려지기만 하면 된다. 사명이 직원들의 마음속에 자리잡으면, 직원들을 통합하고 회사를 심플하게 만드는 힘을 발휘한다.

속속들이 관찰하라

심플함으로 이끄는 주체로서 냉정하고 객관적인 시각으로 (a) 회사의 구조, (b) 회사의 절차, (c) 고객경험을 살펴보라. 필요한 도구는 눈, 귀, 그리고 메모지가 전부다.

이것은 애플의 임시 최고경영자로 지명되기 전부터 잡스가 취했던 방법이었다. 그는 내부인은 물론 회사 외부의 핵심 인물들과 이야기를 나누고 그들이 애플에 대해 느낀 점을 상세히 메모해두었다. 그러한 메모는 잡스가 이사회에 무언가를 권유할 때 근거로 사용되었다.

가서 사람들과 이야기하라. 무엇이 그들을 신나게 하는지, 그리고 무엇이 그들을 실망시키는지에 대한 감을 얻어라. 당신이 알아내면 좋을 만한 몇 가지 주제는 다음과 같다.

—**직원들이 사명을 받아들이는가?** 책임자가 회사의 사명을 읊을 수 있는 것 말고, 일반 직원들이 얼마나 잘 그것을 이해하고 있는가? 사명이 얼마나 깊게 사내 문화에 스며들어 있는가? 사명이 있다는 것은 단순히 일자리가 있는 것보다 더욱 성취감을 느끼는 일이다.

—**절차가 너무 복잡해졌는가? 아니면 너무 엄격해졌는가?** 일을 처리하는 데 얼마나 오래 걸리는가? 복잡한 절차는 아이디어를 흐릿하게 만들고, 직원들로 하여금 불만을 품게 하고, 시간과 돈을 낭비하게 만드는 경향이 있다. 당신이 문제를 해결하려고 노력하는 중이 아니라는 점을 기억하라. 지금은 단지 문제를 이해하려는 중이다.

—**의사결정권자가 그 과정에 참여하는가?** 직원들이 의사결정권자로부터 조언을 얻고 있다고 느끼는가, 아니면 의사결정권자의 생각을 간접적으로 듣고 있다고 느끼는가? 브라이언 하처가 웨스트팩 은행에서 이룬 성공이 증명하듯, 의사결정권자가 시작부터 참여하면 시간이 절약될 뿐만 아니라 직원들에게 영감을 줄 수 있다.

—**근속 기간이 얼마나 되나?** 높은 이직률은 조직이 복잡하다는 증거다.

—**월요일 아침에 직원들은 어떤 기분을 느끼는가?** 월요일 아침에 직원들이 활기차고 열정적이라면, 그것은 아주 좋은 징조다. 만약 직원들이 매주 월요일에 일하러 갈 기분이 들지 않는다면, 복잡함 탓에 피해를 보고 있을 가능성이 크다.

직원들의 참여를 이끌어내라

일반 직원들이 급격한 변화를 납득하는 것은 어려운 일이다. 하지만 심플함은 다르다. 심플함은 즉각적인 지지를 얻는 변화다. 사람들이 바라는 것은 심플함이다. 반면 복잡함은 사람들을 떠나게 만든다. 그 점을 이용하라.

먼저 계획을 세워라. 그리고 직원들에게 당신이 가져올 변화를 그저 지지하라고 청하지 말고, 그 변화의 일부가 되고 조직을 더욱더 발전시킬 새로운 아이디어를 제안하라고 권고하라. 참여한 이들에게는 보상하라.

우리는 대형은행과 통신사의 리더들에게 심플함을 위한 가장 훌륭한 아이디어 대부분은 직원들로부터 나온다는 이야기를 들었다. 홀푸드의 월터 롭은 직원들에게 동기를 부여하고 자율권을 주는 정책이 보다 건강한 삶의 방식과 건강한 지구를 만든다는 회사의 사명을 이행하는 데 얼마나 큰 도움이 되었는지 설명했다.

심플함은 평소처럼 행동한다고 달성할 수 있는 것이 아니며, 위로부터의 지시로 이룰 수 있는 것도 아니다. 문화의 일부가 되어야 한다.

고객의 입장에서 몇 가지 질문을 던져라

우리 회사가 얼마나 심플한지 판단할 수 있는 유일하고 진실한 평가자는 고객이다. 심플함으로 이끌 책임을 지닌 사람으로서, 우리는 고객의 입장이 되어 전체 경험을 평가해보아야 한다.

만약 우리가 보고 느낀 것에 대해서 잔인하리만치 솔직할 수 있다면, 부정적인 소비자경험을 일으키는 복잡한 특성을 걸러내는 일은 어렵지 않을 것이다. 이것이 바로 텔스트라와 다이렉티비 같은 대기업의 리더들이 단순화 작업을 시도하면서 썼던 방법이며, 스타브허브 같은 스타트업이 성장하면서 회사를 심플하게 유지할 수 있었던 방법이다. 이 과정에서 스스로에게 물어볼 기본적인 질문 몇 가지는 다음과 같다.

—**일관된 고객경험을 제공하는가?** 고객이 구매를 하거나 서비스를 주문하기 전, 하는 동안, 그리고 그후까지의 전체 경험을 살펴보라. 당신의 광고, 홍보, 웹사이트, 매장, 포장 방식, 기술 지원 등으로부터 고객들이 무엇을 경험하는지 들여다보라. 그리고 그 경험을 세세하게 설계하라. 그 과정 내내 일관적인 메시지가 있는가? 일관적인 가치관이 있는가? 시각적으로 일관된 스타일이 있는가?

—**그 경험이 고객을 전도사로 만들 수 있을까?** 고객들이 특별히 애를 써가면서까지 친구, 가족, 동료에게 극찬할 만한 굉장히 훌륭한 경험을 제공하고 있는가? 아니면 고객들이 그리하기를 망설일 것 같은가? 그렇다면 그 이유는 무엇인가?

—**무엇을 판매하고 있는가?** 제공하는 옵션이 분명하지 않거나 혼란스럽지는 않은가? 고객이 쉽게 선택할 수 있을 만큼 상품들 간에 차이가 큰가? 그 상품들은 모두 회사의 사명에 부합하는가?

—**마케팅에는 일관된 초점이 있는가?** 아니면 고객이 이해하기에 너무나 많은 메시지를 보내고 있는가? 모든 광고는 사명에 부합하고 브랜드를 강화하는가?

—**웹사이트는 사람들을 '몰입'하게 하는가?** 방문자가 본능적으로 돌아다닐 수 있도록 설계되어 있는가? 아니면 가능한 모든 자료가 웹사이트에 빽빽하게 올라와 있는가? 아무리 멋진 디자인이라도, 정신을 산만하게 하는 것은 그저 정신을 산만하게 하는 것일 뿐이다.

—**상품의 분위기에도 이야기가 담겨 있는가?** 만약 물리적인 상품을 만든다면, 그 상품의 포장에도 회사의 가치관이 반영되어 있는가? 디자인은 중요하다. 예를 들어, 티파니 브랜드 고유의 푸른빛 패키지 박스는 시간을 초월한 그 브랜드의 우아함을 분명히 전달한다. 갈색 판지 상자라면 그렇지 못할 것이다.

—**고객과 관계를 맺기 위해 노력하거나, 관계를 형성하고 있는가?** 처음 제품을 경험한 후 고객은 우리 회사에 애착을 느끼는가? 우리는 그 애착을 유도하는가 아니면 무시하는가?

실무자에게 권한을 부여하라

애플이 혁신가의 이미지를 다시 세우려고 아등바등할 때, 회사의 부활에 핵심 역할을 했던 조너선 아이브와 그의 디자인팀이 사실은 그 전부터 계속 애플에 있었다는 점은 역설적이면서도 아주 흥미롭다. 회사가 점점 더 복잡해질수록 그들은 그저 변두리에 내처진 것 같은 기분을 느끼고 있었다. 이 팀에게 권한을 부여하면서 잡스는 애플의 역사적인 부활에 불을 붙였다.

로버트 네이슨 역시 텔스트라에서 이와 유사한 방식으로 직원들에게 권한을 부여했다. 고객서비스 개선에 새롭게 주목한 네이슨은 고객과 직접적으로 교류하는 직원들의 사기를 높였다. 단순화 과정에서 그 직원들에게 보다 큰 힘을 실어주고 권한을 부여하면서, 그는 텔스트라가 더 나은 고객경험을 만드는 데 초점을 맞추도록 도왔다. 변화를 가져올 수 있는 이들에게 권한을 주면, 정말로 변화가 일어난다.

최대한 심플한 옵션을 제시하라

앞서 우리는 선택의 개념에 대해 살펴보았고, 많은 옵션으로 득을 얻기보다 얼마나 큰 해를 끼칠 수 있는지 보여준 많은 기업들의 사례도 보았다. 심플함이 가장 빛을 발할 수 있는 부분이 바로 제공하는 상품 수에 관한 것이다.

옵션이 줄어들었을 때 웨스트팩 은행의 신용카드 판매가 급증했던 것을 기억하라. 중복된 상품은 혼란을 일으키기 쉽다.

만들 수 있어서가 아니라 필요하기 때문에 상품을 제작하는 것이 이상적이다. 옵션을 더 적게 제공한다고 회사가 약해지는 것은 아니다. 오히려 반대로, 더 적은 상품만을 제공하는 것이 고객의 요구를 진정 이해하고 있다는 느낌을 줄 수 있다.

또한 상품 안내가 상품 자체만큼이나 중요하다는 점도 기억하라. 복잡한 상품라인조차도 보다 심플한 방법으로 제시될 수 있다. 고객들을 사로잡는 것은 심플하다는 **인식** 그 자체임을 기억하라.

상품명에 대해서도 고민하라. 상품의 이름은 고객들로 하여금 무언가를 연상하고 기억하게 하면서 우리가 판매하는 제품에 대해 많은 것들을 이야기한다. '소니 BDPS3200'이라고 불리는 블루레이 플레이어에 대해 당신은 얼마나 잘 말할 수 있겠는가? '에이수스 E402MA'라 불리는 노트북은 어떤가? 다시 한번, 고객의 눈으로 상품을 바라보라. 고객을 위해 무언가를 보다 심플하게 만드는 매 시간, 사랑이 쌓이고 있는 것이다.

높은 목표를 세워라

서서히 지속적으로 개선하는 것은 훌륭하고 건강한 일이다. 만약 어떤 기업이 지속적으로 개선되지 않는다면 무언가 심각하게 잘못되고 있다는 이야기다.

그러나 지금은 작은 변화를 생각할 때가 아니다. 변화를 일으키고 싶다면, 그 변화는 영감을 주는 것이어야 한다. 보다 심플한 회사를 만들겠다는 큰 비전은 직원들의 열정을 타오르게 만들고, 그 과정에 직원들이 참여하도록 동기를 부여할 것이다.

물살을 거슬러오르라

많은 회사에서 직원들은 모든 것이 더욱 심플했던 '좋았던 옛 시절'에 대해 향수를 느끼곤 한다. 대부분 **예전에는** 더욱 심플했다. 그건 단지 회사가 더 작았기 때문은 아니다.

예전 상황이 어땠는지 알아보려면 물살을 거슬러올라가보아야 한다는 웨스트팩의 최고경영자 브라이언 하처의 말은 진정 옳았다. 모든 스마트한 이들이 새겨야 할 대목이다. 필수적이고 중요한 몇몇 개선이 있지만, 어떤 것은 그저 복잡성의 층을 더할 뿐인지도 모른다.

덜 복잡한 상태를 찾기 위해 물살을 거슬러올라가라. 시간이 지나면서 아무렇게나 덧붙인 것들을 가려내 그것이 정말로 당신의 회사에 기여한 부분이 얼마나 되는지 재평가하라.

세 가지를 간소화하라

간소화는 복잡성의 해독제다. 실제로 간소화할 기회가 부족한 회사는 거의 없다. 절차와 상품라인처럼 일단 간소화를 시작하기에 명확한 곳들이 많다. 그러나 더 깊게 들여다보라. 복잡성은 쉽게 퍼지기 때문이다.

—**마케팅을 간소화하라.** 많은 기업들은 타깃을 너무 세분화해 마케팅 효과를 약화시키곤 한다. 그렇게 하면 자원이 금방 소모될 수 있다. 너무 많은 사람들에게 너무 많은 것을 이야기하고 있지는 않은가? 다양한 소비자를 대상으로 단 하나의 대범한 메시지에 자원을 집중할 수 있는가? 종종 지나친 분석은 불필요한 복잡성을 야기한다.

—**조직을 간소화하라.** 전체 조직을 심플함의 시각으로 들여다보

라. 언제나 존재했던 부서라고 해서 반드시 계속 있어야 할 필요는 없다. 어려운 시기에 규모를 축소하고 나서야 간소화된 조직이 보다 효율적이라는 사실을 깨달은 기업들이 많다. 지나치게 직원이 많은 부서와 중복되는 업무는 시간을 낭비하고 복잡성을 키운다.

　　—승인절차를 간소화하라. 한 아이디어가 승인을 받기까지 얼마나 많은 단계를 거쳐야 하는가? 그 과정에서 최고결정권자는 얼마나 빨리 개입하는가? 심플함을 중요하게 여기는 조직에서는 첫날부터 결정권자가 개입한다. 최고결정권자를 그 과정의 마지막에 참여하도록 만드는 것은 불만을 일으키고 시간을 낭비하는 요소다.

스타트업처럼 생각하라

이 책에 등장한 리더들이 공유한 가치관 중 하나는 기업가정신에 대한 존중이었다. 그들은 복잡한 내부 구조, 과중한 절차, 불필요한 회의를 공통적으로 거부했다. 또한 이러한 것들이 결국 고객을 쫓아버리는 대기업의 덫이라는 점을 이해했다.

　　중간관리자 직급을 없애는 것을 고려해보라. 뱅크오브멜버른의 스콧 태너는 관리자 아래에 다시 여러 직급의 직원이 있는 형태를 원하지 않았다. 그는 관리자가 각자의 팀에서 소매를 걷어붙이고 열심히 일하는 팀원이길 바랐다.

　　스타트업과 유사한 형태로 조직을 간소화하는 것을 두려워하지 말라. 스타트업 정신은 대기업의 성공을 이끄는 효율적인 동인이 될 수 있다.

스스로를 믿어라

심플함으로 이끄는 이들은 스스로의 직감에 자신감을 보인다. 그들은 일생 동안 쌓아온 지식과 경험이 있으며 각자의 분야에서 전문가이다.

정태영 부회장은 숫자가 몹시 중요한 금융업에서 회사의 부흥을 이끌었지만, 그의 성공은 사실 인간에 대한 이해에서 비롯된 것이다. 존 맥그래스는 고객이 스스로를 아는 것보다 더 고객을 잘 안다고 느꼈고, 자신의 본능을 이용하여 경쟁사를 앞지를 수 있었다. 킵 틴델은 본능적으로 한 기업의 가능성을 믿었기 때문에 비즈니스의 전통적인 가치를 거부했다.

자료는 당신의 친구가 될 수 있다. 하지만 무엇이 더 중요한지를 기억하라. 숫자는 강력한 힘을 지니지만, 사업가로서만이 아니라 한 인간으로서 당신이 이용할 수 있는 경험의 힘도 마찬가지다.

디자이너가 되어라

디자인의 발흥은 우리 시대의 가장 큰 비즈니스 화두 중 하나다. 다양한 상품이 등장하고 디자인의 가치에 대한 인식이 증가하면서 이제 디자인에 대한 소비자들의 요구도 커졌다. 오늘날 기업들은 상품과 서비스의 디자인을 멋지게 만들면서 수익을 낼 뿐만 아니라, 디자인을 중시하는 관점에서 조직을 바라보며 발전에 박차를 가하기도 한다.

심플함에 대해 이야기할 때, 그건 바로 디자인이 잘된 기업을 이야기하는 것이다. 당신의 조직을 많은 부품들이 동시에 움직이는 하나의 기계라고 생각하라. 그리고 그 부품들이 낭비나 불편을 일으키지 않으면서 완벽하게 함께 돌아가도록 디자인하라.

회사의 디자인을 평가하는 가장 좋은 방법은 작가 생텍쥐페리의 "완벽함이란 더이상 더할 것이 없을 때가 아니라, 더이상 뺄 것이 없을 때 이루어진다"라는 말을 받아들이는 것이다.

대부분의 회사에는 빼야 할 부분이 아주 많다. 때때로 그것은 명확하게 드러나지만 어떤 때는 깊숙이 숨어 있기도 하다. 목표는 더 적은 것을 가지고 더 많은 일을 해내는 것이며, 길고도 험한 길에서 직선으로 뻗은 길을 택하는 것이다.

디자인이 잘된 회사의 기본이 바로 심플함이다. 좋은 디자인은 직원과 고객의 마음을 사로잡을 수 있을 것이다. 우리 모두 알다시피, 심플함을 사랑하기란 아주 쉽기 때문이다.

오직 단호한 자세를 가져라

이 책을 시작하면서 나는 심플함은 사실 심플하지 않다고 설명했다. 300여 쪽 이상을 쓴 후에도 그 생각에는 변함이 없다.

우리가 만나본 기업 리더들 중 어느 한 사람도 심플함이 경영 지시 하나를 내리는 것만큼 쉽다고 말하지 않았다. 한 기업을 보다 심플하게 만들기 위해서는 강철 같은 투지, 가차없는 추진력, 마라톤을 하는 것 같은 인내심이 필요하다. 그러나 분별 있는 리더들이 모두 단순화 작업을 시작하는 데는 그만한 이유가 있다. 바로 그만큼 가치 있는 일이기 때문이다.

심플함은 성공과 시련, 만족과 좌절감, 발전과 침체 사이를 가르는 차이가 될 수 있다. 그것은 기업을 성장시킬 수도, 커리어를 발전시킬 수도 있다. 비즈니스에 있어서 심플함이 가장 강력한 무기라는 생각에 의심의 여지가 없다. 특히 이 책에 등장한 리더들과 대화를 나눈 뒤 더욱더 확신을 갖게 되었다.

회사를 보다 심플한 곳으로 변화시키는 여정에서 우리는 분명 곤란한 상황에 부딪힐 것이다. 하지만 열정과 투지로 사람들의 마음을 변화시킬 수 있다. 처음에는 작은 계획으로 시작했더라도 쉽게 진전될 수 있다.

스티브 잡스 역시 결코 심플함을 달성하는 데 드는 어려움을 가볍게 평하지 않았다. 그는 심플해지는 것이 얼마나 어려운지에 대해 자주 이야기했다. 그러나 동시에, 일단 단순화를 이루는 데 성공하면 "당신은 산도 움직일 수 있다"고 말했다.

잡스에 대한 이야기가 아니다. 바로 당신에 대해 이야기하는 것이다. 그가 밝힌 철학은 어느 회사, 어느 산업에 종사하든 상관없이 모든 사람이 받아들일 수 있다. 먼저 단호한 자세를 취하는 것부터 시작하라.

산을 움직이는 여정에 행운이 함께하기를 바란다.

단순화 비법을 공유하라

지금까지 우리는 다양한 산업군에 종사하는 기업 리더들에게 심플함에 대한 생각을 들었다. 어떤 이들은 작은 회사가 점점 성장하는 상황에서 심플함을 유지하는 방법을 찾았고, 다른 이들은 거대한 조직의 발전을 막는 복잡함의 요소를 제거하는 방법을 찾았다.

그러나 아주 중요한 것이 빠졌다. 당신의 이야기 말이다. 다른 회사들은 심플함의 힘을 활용하는 방법을 어떻게 찾았는지 몹시 듣고 싶다. 그리고 당신의 아이디어와 방법을 내 웹사이트와 전 세계에서 진행중인 강연회, 그리고 이후 출간할 책에서 사람들과 공유하고 싶다. 만약 당신의 회사가 심플함을 통해 득을 보고 있다면, 축하한다. 나는 그게 얼마나 대단한 일인지 안다. 당신의 이야기를 통해 다른 이들에게도 영감을 줄 차례다. 연락을 기다리겠다.

켄 시걸

도와주신 분들

이 책이 빛을 볼 수 있도록 기꺼이 시간을 내주신 많은 기업 리더분들께 정말 큰 신세를 졌습니다. 대단히 감사합니다.

로라 앤더슨 Anderson, Laura | 호주 멜버른, 스트래티직 비전글로벌 회장

크리스천 바넷 Barnett, Christian | 영국 런던, 크리에이티브 전략가

앤드루 바셋 Bassat, Andrew | 호주 시드니, 시크 공동설립자 겸 최고경영자

랜들 비어드 Beard, Randall | 미국 뉴욕, 닐슨컴퍼니 최고마케팅책임자

아트 창 Chang, Art | 미국 뉴욕, 티핑포인트파트너스 설립자 겸 최고경영자

제라르 크레티앙 Chretien, Gerard | 프랑스 라탈로디에르, 포컬스피커스 상무이사

정태영Chung, Ted | 대한민국 서울, 현대카드 대표이사·부회장

브루스 처칠 Churchill, Bruce | 미국 뉴욕, 다이렉티비 라틴아메리카 최고경영자

제인 덴 홀랜더den Hollander, Jane | 호주 멜버른, 디킨 대학교 부총장

닐스 두에 옌센 Due Jensen, Niels | 덴마크 비에링브로, 그룬포스 회장

367

컨래드 펠드먼 Feldman, Konrad | 미국 뉴욕, 퀸트캐스트 최고경영자

제프 플러 Fluhr, Jeff | 미국 샌프란시스코, 스터브허브 공동설립자

제리 그린필드 Greenfield, Jerry | 미국 벌링턴, 벤앤제리스 아이스크림 공동설립자

브라이언 하처 Hartzer, Brian | 호주 시드니, 웨스트팩 은행 최고경영자

스티브 헤이든 Hayden, Steve | 미국 뉴욕, 오길비 전 부회장

콜린 히긴스 Higgins, Colin | 호주 멜버른, 디킨 경영대학원 부교수 겸 MBA 과정 책임자

론 존슨 Johnson, Ron | 미국 쿠퍼티노, 애플 소매부문 전 부사장

미국 멘로파크, 엔조이 설립자 겸 최고경영자

존 케이멘 Kamen, Jon | 미국 뉴욕, 래디컬미디어 설립자 겸 파트너

줄스 크롤 Kroll, Jules | 미국 뉴욕, K2인텔리전스 회장

존 맥그래스 McGrath, John | 호주 시드니, 맥그래스 최고경영자

스티븐 밀스 Mills, Steven | 미국 아몽크, IBM 소프트웨어앤시스템 부사장

조 밈란 Mimran, Joe | 미국 뉴욕, 조프레시 패션 디자이너

로버트 네이슨 Nason, Robert | 호주 시드니, 텔스트라 전 사업 지원 및 개선 부문 임원

브라이언 니더 Neider, Bryan | 미국 멘로파크, 일렉트로닉아츠 최고업무책임자

앨런 올리보 Olivo, Allen | 미국 새너제이, 페이팔 마케팅 부사장

데이브 포트럭 Pottruck, Dave | 미국 샌프란시스코, 찰스슈워브 전 회장 겸 최고경영자

스콧 레츨러 Rechler, Scott | 미국 뉴욕, RXR리얼티 회장 겸 최고경영자

월터 롭 Robb, Walter | 미국 오스틴, 홀푸드 최고경영자

리타 로스스테피 Ross-Steffey, Letha | 미국 리우드, AMC극장 스튜디오 파트너십 부사장

프랭크 셰머 Scherma, Frank | 미국 로스앤젤레스, 래디컬미디어 공동설립자 겸 파트너

케빈 셀라스 Sellars, Kevin | 미국 샌타클라라, 인텔 전 광고 및 디지털마케팅 부사장

마크 실버맨 Silverman, Mark | 미국 덴버, 기업가

스티븐 소넨필드 Sonnenfeld, Stephen | 미국 스탬포드, 톰슨로이터 마케팅 부사장

톰 수터 Suiter, Tom | 미국 우드사이드, 톰수터 크리에이티브 대표

애플 전 크리에이티브 디렉터

스콧 태너 Tanner, Scott | 호주 멜버른, 뱅크오브멜버른 최고경영자

하워드 티슐러 Tischler, Howard | 미국 컬럼비아, 에버세이프 설립자 겸 최고경영자

킵 틴델 Tindell, Kip | 미국 코펠, 컨테이너스토어 회장 겸 최고경영자

스티브 윌하이트 Wilhite, Steve | 미국 쿠퍼티노, 애플 전 마케팅 부사장

크리스 윙크 Wink, Chris | 미국 뉴욕, 블루맨그룹 최고경영자 겸 최고크리에이티브책임자

톰 우드 Wood, Tom | 영국 런던, 풀프루프 공동설립자 겸 파트너

감사의 말

2005년 스탠퍼드 대학교 졸업식 연설에서 스티브 잡스는 이렇게 말했다. "여러분은 앞으로 다가올 점들을 연결할 수 없습니다. 단지 지나온 점들만을 연결할 뿐입니다."

그 말의 첫번째 증거가 바로 내 인생이다. 나 역시 앞으로 다가올 점들을 도저히 연결할 수 없었다. 하지만 뒤를 돌아보니 신기하게도 과거에 일어났던 모든 일들이 이해가 된다.

10대 때 나는 삼촌이 운영하던 저지 쇼 지역의 핫도그 가판대에서 일하며 비즈니스의 기초를 배웠다. 에드 시걸 삼촌, 감사합니다. 몇 년 후 록밴드 드러머로 미래에 대해 혼란스러워하던 무렵, 당시 광고대행사에서 일하던 예전 핫도그점 동료가 광고계에서 일을 구해보라고 조언해주었다. 마사 모스코 디아다모, 고맙다.

광고대행사 샤이엇데이 LA지사가 제작부서 보조 직원을 찾고 있을 때, 나는 그 일에 딱 맞는 사람이었다. 거기서 나는 스티브 헤이든,

370

리 클로, 그리고 전설적인 제이 샤이엇을 만났다. 제이 샤이엇은 당시 애플의 광고(그 유명한 '1984' 광고를 포함해)를 제작중이었다.

어찌된 일인지 그 모든 것이 나를 애플의 광고 작업으로 이끌었고 그후 넥스트, 그리고 다시 애플과 함께 일하도록 만들었다. 제정신이라면 누구든 이렇게 미리 계획을 짤 수는 없었을 것이다. 하지만 그렇게 일이 흘러갔다. 샤이엇, 잡스, 헤이든, 클로, 크리에이티브팀 사람들, 회계팀 사람들, 그리고 함께 일할 영광을 준 모든 고객들에게 정말 감사하다. 그들 모두는 내가 심플함에 매료되도록 만들었고, 이 책에 쓰인 모든 아이디어에 영향을 미쳤다.

그 외에도 감사를 전해야 할 사람들이 많다. 다음 분들의 도움에도 진심으로 감사하다.

—**메리 마틴**^{Matin, Mary}: 조사의 달인. 메리는 심플함 감지능력을 타고났다. 그 점으로 인해 나는 영원히 큰 은혜를 입었다.

—**엘리 슈워츠**^{Schwartz, Ellie}: 소셜미디어 전문가. 실제로 그녀의 본업은 소셜미디어 전문가다. 그리고 밤마다 내 인터뷰를 정리하고 기록해주었다. 그녀가 이 책을 위해 얼마나 많은 시간을 들였는지 세어보기가 두려울 정도다. 정말 고마워, 엘리.

—**내털리 호르바체프스키**^{Horbachevsky, Natalie}: 편집자이자 마술사. 내털리에게는 내 작은 뇌로는 도저히 불가능한 방식으로 생각을 정리하는 재능이 있다. 처음부터 끝까지, 좋을 때나 안 좋을 때나 나와 함께해주어서 고맙다.

—**애드리언 잭하임**^{Zackheim, Adrian}: 포르폴리오 출판사 발행인. 그의 확신과 지지가 없었다면 이 책은 나오지 못했을 것이다. 아니, 어쩌면 제목조차 갖지 못했을지도 모른다.

—**크레이그 프레이저**^{Frazier, Craig}: 일러스트레이터이자 작가. 프레이저는 실제로 그냥 스케치북에 몇 번 펜을 쓱쓱 움직여 이 책의 미국판 표지 디자인을 탄생시켰다. 얼마나 뛰어난 재능인지! 그가 내 책의 표지 작업을 굉장히 하고 싶어했다는 점이 영광이다.

—**닐 로벤브라운**^{Lowenbraun, Neil}**과 엘리자베스 고든**^{Gordon, Elizabeth}: 이 열정적인 2인조의 지지와 수년간의 우정, 그리고 몇몇 중요한 인물들을 연결해준 수고에 감사한다.

—**스튜 케네디**^{Kennedy, Stew}: 아래 등장하는 매력적인 인물들을 소개해준 시드니의 비밀 대리인이자 안내자.

—**잭 필립스**^{Phillips, Jac}: 멜버른에서 가장 친절한 사람 중 한 명일 뿐 아니라 가장 많은 도움을 준 사람. 그는 또한 『미친듯이 심플』에 대한 내 설명을 가장 많이 참고 들어준 사람이기도 하다.

—**제러미 시걸**^{Segall, Jeremy}: 그렇다, 내 아들이다. 이미 3년 전에 이 아이는 "단순하게 생각하라"라고 말하면서 제 아버지를 능가했다. 내가 왜 미처 그 생각을 못했을까?

—**카일리 라이트 포드**^{Ford, Kylie Wright}: 월드피프티^{World50}의 최고 운영 및 전략 경영자. 일찍이 조사 단계에서 그녀의 조언과 연줄은 큰 도움이 되었다.

—**지타 시걸 네토**^{Neto, Zita Segall}: 교열 전문가이자 문법학자이며 자

문 역할까지 하는 누나가 있다는 것은 큰 행운이다. 누군가에게 비용을 지불하는 것보다 훨씬 낫다. 더불어 그녀가 영어 외에 포르투갈어도 가능하다는 사실을 밝혀둔다.

—**이 책의 교정팀**: 내 첫 책을 맡았던 팀이 다시 한번 큰일을 해냈다. 지타와 함께 마이클 라이랜더, 톰 위트, 밸러리 하우스라덴, 그리고 올해 새로 들어온 엘리 슈워츠와 전 양조기술자였던 샘 버렌드가 이 책을 탄생시켰다.

—**크리스티 플레처**Fletcher, Christy: 굉장히 훌륭한 내 저작권 에이전트. 4년 전 즈음, 첫 책을 출간하는 작가에게서 희미한 한 가닥 희망을 발견한 그녀의 능력에 나는 평생 은혜를 입었다. 그녀는 지혜가 가득한 사람이고, 항상 조언을 아끼지 않으며 사기를 북돋아주는 원천이기도 하다.

—**친구들과 가족**: 조사와 집필과정에서 꽤 오랫동안 만나지 못한 점에 대해 모두에게 사과한다. 내게 당신이 어떤 존재인지 알 것이다. 나는 단지 여러분이 나라는 존재를 기억해주었으면 한다.

—끝으로 다시 한번 인사해야 할 것 같다. 이 책에 참여하느라 귀중한 시간을 내주신, 이제껏 만났던 사람들 중 그 누구보다 많은 영감을 준 기업 리더들에게 다시 한번 감사의 말씀을 전한다.

주

1 www.youtube.com/watch?v=4QrX047-v-s

2 티타늄상은 칸 국제광고제에서 '업계를 자극하고 새로운 방향으로 이끄는 획기적인 발상'에 수여되는 특별상이다.

3 제이크루 최고경영자이자 회장. 갭의 전 최고경영자.

4 70여 개의 브랜드로 이루어진 세계 최대의 명품기업. 각각의 브랜드는 명품시장의 주요 분야에서 최고 품질의 제품을 만들어내고 있다.

5 "Steve Jobs: There's Sanity Returning," interview with BusinessWeek correspondent Andy Reinhardt, *BusinessWeek*, 1998. 5. 25.

6 www.lockheedmartin.com/us/aeronautics/skunkworks/origin.html.

7 www.linkedin.com/pulse/10-mcstakes-mcdonalds-made-aaron-d-allen

옮긴이 **박수성**

연세대학교 정치외교학과를 졸업하고 성균관대학교 대학원에서 번역학 석사학위를 받았다. 우리은행, 인터내셔널헤럴드트리뷴 코리아중앙데일리에서 근무했으며, 현재 뉴욕에 거주하면서 번역에이전시 엔터스코리아에서 전문 번역가로 활동중이다. 옮긴 책으로는『저커버그 이야기』『퓨처 스마트』『나폴레옹에게서 배우는 권력의 리더십』『어떤 사람이 최고의 자리에 오르는가』 등이 있다.

싱크 심플

1판 1쇄   2016년 12월 5일
1판 4쇄   2023년 2월 23일

지은이 켄 시걸 | 옮긴이 박수성
책임편집 황은주 | 편집 이경록
디자인 김현우 최미영 | 저작권 박지영 형소진 이영은
마케팅 정민호 이숙재 김도윤 한민아 이민경 안남영 김수현 왕지경 황승현 김혜원
브랜딩 함유지 함근아 박민재 김희숙 고보미 정승민
제작 강신은 김동욱 임현식 | 제작처 한영문화사(인쇄) 신안제책(제본)

펴낸곳 (주)문학동네 | 펴낸이 김소영
출판등록 1993년 10월 22일 제2003-000045호
주소 10881 경기도 파주시 회동길 210
전자우편 editor@munhak.com
대표전화 031) 955-8888 | 팩스 031) 955-8855
문의전화 031) 955-2696(마케팅) 031) 955-1925(편집)
문학동네카페 http://cafe.naver.com/mhdn
인스타그램 @munhakdongne | 트위터 @munhakdongne
북클럽문학동네 http://bookclubmunhak.com

ISBN 978-89-546-4334-4 03320

www.munhak.com